农业经济管理与发展探究

孙金勇　侯黎杰　王俊晓 ◎著

吉林科学技术出版社

图书在版编目（CIP）数据

农业经济管理与发展探究 / 孙金勇，侯黎杰，王俊晓著. -- 长春：吉林科学技术出版社，2023.3

ISBN 978-7-5744-0167-9

Ⅰ．①农… Ⅱ．①孙… ②侯… ③王… Ⅲ．①农业经济管理－研究 Ⅳ．①F302

中国国家版本馆 CIP 数据核字(2023)第 053843 号

农业经济管理与发展探究

作 者	孙金勇　侯黎杰　王俊晓	
出 版 人	宛 霞	
责任编辑	金方建	
幅面尺寸	185 mm×260mm	
开 本	16	
字 数	300 千字	
印 张	13.25	
版 次	2023 年 3 月第 1 版	
印 次	2023 年 3 月第 1 次印刷	

出　版　吉林科学技术出版社
发　行　吉林科学技术出版社
地　址　长春市净月区福祉大路 5788 号
邮　编　130118
发行部电话/传真　0431-81629529　81629530　81629531
　　　　　　　　　　81629532　81629533　81629534

储运部电话　0431-86059116

编辑部电话　0431-81629518

印　刷　北京四海锦诚印刷技术有限公司

书　号　ISBN 978-7-5744-0167-9
定　价　80.00 元

前　言

　　21 世纪以来，随着农业科技的进步和农业经济的发展，我国从一个传统型农业大国逐渐向农业现代化、信息化迈进，由旧有的粗放型农业增长方式开始转变成更为科学化、合理化的增长方式，同时，农业生产经营方式也日趋市场化。农业发展过程中出现的这些变化必然对农业经济管理提出更高的要求。农业经济管理是对农业生产经营过程中生产、交换、分配和消费等经济活动进行的计划、组织、控制等行为，以实现一定的经济目标。目前，我国已将农业经济管理作为一项长期的农业发展战略来实施，并已成为农业农村工作的重点。这也是我国农业经济发展的主要内容，它能够根据市场需求对农业进行宏观调控，将劳动力、土地、资金及政策倾向进行更加科学、合理的调度，从而获得最优的经济效益和国家利益。

　　本书首先从农业的基本概念和特征，以及农业的地位和作用出发，进而引入了农业经济管理的相关理论，对农业和农业经济管理进行了总体概述。其次详细介绍了农业生产要素的管理，主要包括农业自然资源的管理、劳动力的管理、资金管理、农业科技管理；同时，通过对农业产业结构和布局、农业经营预测与决策、农产品市场与营销管理、农业经济核算与效益评价等理论与实践操作管理的探讨，充分体现新时期进行农业经济管理的重要性。再次，对中国区域差异与区域经济做了研究，分析了城乡二元结构与农村区域发展问题。最后，展望21世纪农业发展的趋势，进一步介绍农业循环经济与农业的产业化经营。

　　本书在编写过程中，编者参阅了大量的文献资料，引用了一些学者的最新研究成果，在此，一并予以感谢。由于编者时间和精力有限，书中难免存在不足之处，恳请广大读者批评指正，不胜感激。

作者

2022 年 1 月

目 录

第一章　农业与农业经济管理

第一节　农业的起源与发展

一、农业的概念与起源

（一）农业的概念及内涵

农业一般是指栽培农作物和饲养家畜、家禽的生产事业。农业是人类社会与大自然关系最为密切的物质生产部门，也是最古老的物质生产部门。农业是国民经济的基础，是农村经济中的主要组成部分。

农业属于第一产业，农业的劳动对象是有生命的动植物，获得的产品是动植物本身。我们把利用动物、植物等生物的生长发育规律，通过人工培育来获得产品的各部门，统称为农业。农业是支撑国民经济建设与发展的基础产业。农业是人们利用动植物体的生活机能，把自然界的物质转化为人类需要的产品的生产部门。现阶段的农业分为植物栽培和动物饲养两大类。土地是农业中不可替代的基本生产资料，劳动对象主要是有生命的动植物，生产时间与劳动时间不一致，受自然条件影响大，有明显的区域性和季节性。农业是人类衣食之源、生存之本，是一切生产的首要条件。它为国民经济其他部门提供粮食、副食品、工业原料、资金和出口物资。农村又是工业品的最大市场和劳动力的来源。

（二）广义的农业与狭义的农业

农业是一个综合性范畴。利用土地资源进行种植生产的部门是种植业；利用土地上水域空间进行水产养殖的是水产业，又叫渔业；利用土地资源培育采伐林木的部门是林业；利用土地资源培育或者直接利用草地发展动物养殖的是畜牧业；对这些产品进行小规模加工或者制作的是副业。它们都是农业的有机组成部分。

广义的农业包括种植业、林业、畜牧业、渔业、副业五种产业形式。狭义的农业仅指种植业，包括生产粮食作物、经济作物、饲料作物和绿肥等农作物的生产活动。通常我们讲的农业，一般是指广义的农业，本书也是如此。

（三）农业的分类

根据生产力的性质和状况，农业可分为原始农业、古代农业、近代农业和现代农业。原始农业、古代农业主要使用手工农具和畜力农具，农业生产主要依靠劳动者的直接经验，生产效率较低，仅能满足自给自足的需求；近代农业是指由手工农具和畜力农具向机械化农具转变、由劳动者直接经验向近代科学技术转变、由自给自足的生产向商品化生产转变的农业；现代农业是指广泛应用现代科学技术、现代工业提供的生产资料和现代生产管理方法的社会化农业。

按地理、气候条件和栽培制度的不同，农业可分为热带农业、亚热带农业、温带农业和寒温带农业。

按照农业的分布地域，农业又可分为农区农业、半农半牧区农业和牧区农业。

二、农业的发展阶段

农业作为人类物质生产活动最古老的部门，迄今为止经历了上万年的发展，先后经历了原始农业、传统农业、现代农业三个发展阶段。这是一个生产力由低级向高级不断发展的过程，也是人类征服自然和改造自然的过程。

（一）原始农业阶段

原始农业是指主要使用石器工具从事简单农事活动的农业，一般认为始于一万多年前的新石器时代，到两千多年前的铁器农具出现为止。原始农业是由采集经济发展而来的，在新石器时代以前，人类社会生产以采集和渔猎为主，采集和渔猎是人类获得生活资料的主要方式。随着生产经验的积累和生产工具的改进，人类逐渐了解一些动植物的生活习性和发育过程，开始懂得栽培植物和驯养动物，制造和使用这些活动所需要的工具，原始农业开始产生。农业的出现是人类改造自然、利用自然的第一次大变革，开创了人类社会第一个生产部门——农业，使人类由采集经济向农业生产过渡，形成了最早的农业系统。

原始农业生态系统受人的影响很小。人使用原始的生产工具对自然的作用十分有限，只能利用自然，而不能改造自然，没有物质和能量的人为循环。其系统结构即物种结构、食物链关系和能量金字塔均未受到破坏，还保持它的自然风貌。生物种群之间、生物种群与非生物环境内部之间呈现出互利共生、相互抑制、平衡发展的局面。原始农业技术系统的特点是"刀耕火种、广种薄收"，当时人们只是从自然界选择少数可供衣食的动植物，使用石器、木棒等简陋的原始农具，采取刀耕火种的耕种方式，根本谈不上什么生产原理和生产技术，实行以简单协作为主的集体劳动，进行十分粗放的饲养栽培。原始农业经济系统由于生产发展水平低而呈现出相当简单的结构，即由劳动力、工具、劳动对象、简单分配关系组成，各要素内部还没有形成一定的结构关系。从经济角度说，它完全是一种自然型经济，自给自足，缺少社会分工。

这一阶段的农业生产力十分落后，生产力水平极低，主要是依靠大自然的恩赐，人们只能获取有限的生活资料来维持低水平的共同生活需要，农业是当时社会唯一的生产部门。

（二）传统农业阶段

传统农业是在原始农业基础上，随着铁器农具的出现和长期积累的生产经验而发展起来的。传统农业是指使用铁木农具，凭借或主要凭借直接经验从事生产活动的农业。大体上是指从铁器农具出现开始，一直到用机械取代手工劳动之前这一段时期的农业，即从奴隶社会过渡到封建社会，一直到资本主义工业化以前的农业。传统农业比原始农业有了很大进步，较为先进的铁木农具代替了原始的石器，畜力成为生产的主要动力，一整套农业技术措施逐步形成。其本质特征在于生态的原始性、技术的传统性和经济的封闭性。

生态的原始性，是指农业内部生物要素的生物学特性基本保持原始的状态，也是指农业内部物质能量流动的自然属性。首先，农业系统的生物要素和粮食作物直接从大自然中选择出来，人为成分很少；其次，这一时期农业生产过程中物质转化和能量循环，从方向和规模看——从自然继承过来，取自农业又返回农业，在农业系统内部周而复始封闭式循环，没有增加多少新的成分和人为因素。

传统农业的技术表现出较多的传统性，以手工工具、人、畜力和自然肥力为基础，人们从事农业生产所掌握的生产技巧，主要是世代继承积累下来的传统经验，依靠人的器官直觉观察和直接操作，人对农业生产过程仅仅作为一种连接和辅助活动，人们对自然界的依赖性很大，对外界环境的控制能力低，生产状况更多地决定于自然状况，而不是人的因素。

传统农业经济的封闭性表现在，多数农民是自给农民，生产以自给自足为其特征，农业生产要素来自农户内部，生产的主要投入要素是劳力和土地，地多人少以输入土地为主，地少人多则以输入劳力为主。资金等输入极少，生产过程也在农户内部完成，男耕女织，一家一户地生产。生产的产品基本上是在农户内部消费，投入能量和物质较少，产出的物质和能量很低，基本上是一种自给自足的自然经济形态的农业。传统农业的重大成就是精耕细作，用地养地结合，基本上维持了自然生态的平衡。然而，传统农业是以世代相传的生产要素为基础，生产技术（包括物质资本、技术以及火的技术知识）没有任何重大变化，农业的产量、农业劳动生产率、土地生产率均很低下。

（三）现代农业阶段

现代农业，又称工业式农业或石油农业时期，是在现代工业和现代科学技术基础上发展起来的农业，萌发于18世纪60年代的英国，逐步扩大发展到整个欧洲、北美和日本，主要是指第二次世界大战以后才形成的发达农业。现代农业是广泛应用现代科学技术、现代工业提供的生产资料和科学管理方法的社会化农业。它与传统农业有很大不同，由生态的原始性变为科学性，技术的传统性变为现代性，经济的封闭性变为开放性。

生态的科学性是指现代农业生态系统完全脱离了原来的自然属性，在人的干预下运转，通过大量投入石油、化工物质来强化系统的稳定性，保证农业生产顺利进行。人们对农业生物本身及其环境因素的客观规律认识不断加深，所采取的农业技术措施更加符合客观规律的要求，改变和控制生物生长环境的能力显著提高，良好的高效能的生态系统逐步形成。赋予农业的不仅仅是生产农产品的职能，而且越来越要求农业具有改善生态环境的职能，自觉促使良性生态循环，保持农业的生态平衡。

技术的现代性主要是指现代的科学技术在农业中广泛应用，由依赖传统经验变为依靠科学，使农业生产建立在现代科学基础上，成为科学化的农业，如，在植物学、动物学、遗传学、物理学、化学等科学发展的基础上，育种、栽培、饲养、植物保护等农业科学技术迅速发展和广泛应用。农业技术系统的结构发生了质的变化，农业的动力已不是人、畜力，而是石油或电力机械，其占总动力的比例达90%以上；劳动工具已不是铁犁或单机，而是机器体系；每个劳动力的机器装备程度很高。劳动对象已不是自然的土地和普通的动植物品种，而是经过不断改良的土地和培育出的优良品种；劳动的组织和管理不再是凭经验，而是靠科学；劳动者本身已不是普通农民，而是经过培养教育，有文化、有科技知识技能的劳动者。

经济的开放性带动了农业经济系统物质和能量的"开放式循环"，农业生产系统和部门大量的物质与能量投入到农业系统，加大了物质能量的循环圈，从而提高了劳动生产率和土地生产率，为社会换取了大量的农产品，打破了物质和能量局限在农业系统内部的封闭式循环，系统的运转越来越依靠与外界进行大量的物质和能量交换，交换的范围不仅涉及国内，还涉及国外。

第二节　农业的地位、作用与特征

一、农业在国民经济中的地位

农业是人类的第一个物质生产部门。从农业产生至今，人类社会先后经历了三次大的社会分工。在现代国民经济结构中，农业仅仅是若干经济部门中的一个。尽管在今天，农业已不像在工业社会以前那样占据绝对经济地位，但在各个国家的国民经济结构中，农业仍具有一种特殊的重要地位，制约着其他部门和整个社会经济生活的发展。

（一）农业是国民经济的基础

农业的重要地位不在于它给国民经济创造多少价值、在国民经济中占有多大比重，而在于它是其他部门得以发展的基础，特别是像我国这样一个农业人口占人口大多数的发展中国家，农业在整个国民经济中的基础地位就更加突出。

农业之所以是国民经济的基础，首先，是由于农业是人类生存资料的物质生产部门。从人类的需要层次来看，生存是第一需要，而生存具体表现为人类对衣食的需要。因此，在人类各种物质生产活动中，摆在第一位的就是谋取衣食的农业生产活动，没有农业的存在和发展，就不可能有人类的存在和发展。无论在任何社会，农业都是人类得以生存和发展的先决条件。其次，农业的发展是国民经济其他部门得以独立和发展的必要前提。马克思精辟地指出："超过劳动者个人所需要的农业劳动生产率，是一切社会的基础。""社会为生产小麦、牲畜所需要的时间越少，它所赢得的从事其他生产，物质的或精神的生产的时间就越多。"从人类社会生产活动分工发展来看，没有农业的发展就没有社会其他部门的发展。在现代经济社会中，企业在社会物质生产中所占的份额呈现越来越少的趋势，这不但不能说明农业基础地位的下降，反而恰恰说明了农业基础地位的坚实，因为农业有能力为其他部门的发展提供日益增长的生产、生活资料和劳动力。

无论是在过去、现在还是将来，无论是在发展中国家还是在发达国家，都不能改变农业在国民经济中的基础地位、农业是国民经济的基础这一客观规律。尽管在某些国家，农业经济十分脆弱，不能担负起整个国民经济基础的作用，但它也必须依赖于别国的农业，为本国的经济发展提供食品和原料。因此，不能由此否认农业是国民经济发展的基础这一规律的正确性，人们只有认识和遵循这一规律，千方百计地加强和巩固农业的基础地位，才能促进整个国民经济的发展。

（二）农业对经济发展做出了巨大贡献

农业在国民经济中的基础地位，具体由农业在经济发展中的贡献表现出来。对此，经典作家们有若干明确的论述，这些贡献具体表现为：

1. 提供产品的贡献

农业一方面提供了人们所需要的所有食品，使人类得以生存和发展；另一方面，又提供了大量的工业原料。在我国轻工业产值中，以农产品为原料的产值占有重要比重。

2. 扩大市场的贡献

在我国这样一个农村人口占大多数的国家中，由于农业的绝对规模，使其必然成为工业品的主要市场。仅从我国轻工业产品来看，就有三分之二销往农村。农民购买工业品是通过商品交换进行的，即只有农民卖出农产品，获得货币，才有可能购买更多的工业品，所以农业的基础地位越雄厚，可供交换的农产品就越多，购买工业品的能力就越强。因而，充分发挥农业的基础作用，可以收到工业品市场和农产品市场同时扩大的效应。

3. 对生产要素的贡献

农业越发达，社会用来生产农产品的资源所占的相对份额就越少，这意味着农业中的资源向其他部门转移，即有越来越多的资金和劳动力在从事非农产品的生产，这就是农业对社会经济发展所产生的提供生产要素的作用。在我国，乡镇工业的发展，实际上就是农业中的资金和劳动力向工业部门的转移，我国目前的财政收入直接或间接来自农业的达40%，农业所发挥的生产要素作用是不可低估的。

4. 对积累外汇的贡献

在发展中国家中，以初级产品作为出口产品的主体是一个重要特征，我国也不例外。国民经济处于起飞阶段，充分发挥农业的基础作用，增强其创汇能力，对加速国民经济的技术改造、推动现代化进程是十分必要的。农业是积累国民经济建设资金的重要来源。进行国民经济建设需要大量的资金，由于我国的工业化起步较晚、起点低、基础薄弱，农业不但要为自身发展积累资金，而且还担负着为工业发展提供原始积累的使命。目前，国家从农业取得的财政收入，主要通过以下三个渠道获得：一是国家征收的农业税、农业特产税和工商税；二是通过工业为农村提供生产、生活资料所取得的税收和利润；三是通过农业产品的加工、运输和销售等形式所取得的税收和利润。国家通过税收和工农业产品交换的"剪刀差"的形式从农业中积累资金，是国家积累的重要源泉。因此，农业的发展速度，与国家财政收入的增长速度关系极大。同时，为了加快我国现代化建设，需要引进一些先进的技术设备，这就需要一定数量的资金，而外汇的重要来源是通过外贸出口农产品及其加工制品而取得的。因此，农业经济是否发展、农产品是否丰富，也直接关系到国家建设所需外汇和平衡国际收支。多年的实践证明，哪一年农业丰收了，哪一年国民经济和各项事业的发展就快，国家财政经济的日子就好过；反之，哪一年农业遭受灾害和挫折，国民经济和各项事业的发展就缓慢，国家财政的日子就难过。因此，我国政府一直把农业和农村工作放在首位，切实解决农业中存在的问题，使农业取得了巨大的进步。农业为国民经济建设积累的资金也越来越多。从以上三方面可以说明，农业在我国国民经济发展中所起的作用，决定其是国民经济的基础。

由以上分析可见，农业的经济地位及其作用是不可忽视的。强调农业的基础地位及其作用，并非出自对农业的特殊偏爱。事实上，对农业基础地位及其作用的阐述正是从国民经济这个系统出发，从各部门之间的相互制约关系的分析中得出的结论。

二、农业生产的特征

农业生产的基本特征在于它是经济再生产与自然再生产有机交织在一起的过程。从这一基本特征出发，我们可以归纳出农业有别于其他生产部门的几个主要特征，如：土地的特殊重要性，生产的周期性、季节性，等等。

（一）土地对农业生产具有特殊重要性

土地是农业生产中不可替代的最重要、最基本的生产资料。在其他部门的生产过程中，土地仅仅是劳动场所或空间载体。而在农业生产中，土地是提供植物生长发育所必需的水分和养分的主要来源，是动植物生长发育的重要环境条件。因此，土地的数量和质量都是农业生产的重要制约因素。

正是因为土地在农业生产中的特殊重要性，很多国家都注意保护农用土地，特别是保护耕地。我国更是将"合理利用土地，切实保护耕地"作为一项基本国策。

（二）农业生产受到自然环境的强烈影响

自然环境对农业生产的影响首先表现为在各地区不同的气候、地形、土壤和植被等条件下，形成的各地独特的农业生产类型、品种、耕作制度和栽培技术，农业生产具有明显的区域化特点。

自然环境对农业生产的影响还表现为农业生产的波动性。由于气候变化，尤其是灾害性天气，如：旱、涝、风、冰雹、日照、低温等，都可能导致农产品年度间的剧烈变化，病虫害的暴发往往也与气候变化有关，由此可能导致农业严重减产。

（三）农业生产具有周期性和季节性

农业具有生产周期长，生产时间和劳动时间不一致的特点。农业生产的周期取决于动植物的生长发育周期，通常时间达数月。动植物的生长发育过程贯穿于整个生产过程中，但农民劳动并不需要持续整个生产过程，即农民的劳动时间仅仅占动植物生长周期的一小部分。

农业生产同时具有比较强的季节性。由于动植物生长发育的周期受自然环境条件的影响，各种农业生产的适宜时间通常固定在一定月份，劳动时间也集中在某些日期。

（四）农业生产中的动植物生产是生态循环系统中紧密联系的重要环节

对农业生产来说，植物生产属于第一性生产，它吸收土壤中的养分、水分和空气中的二氧化碳，通过光合作用，形成植物能。它的生产实质是最大限度地提高作物对太阳能的利用率。

养殖业生产主要以植物产品为养料，通过动物的生理机能，再将植物能转化为各种动物性产品，提高动物对植物能的利用率和能量转化率，是畜牧和水产养殖业生产的实质；同时，再将一部分动物不能吸收利用的物质，加工成有机肥，再返还给土地。植物生产和动物生产是整个生态循环中的两个重要环节。

（五）农业生产适合于家庭经营

农业是农民熟悉的产业。家庭经营农业，灵活性强，节省生产成本，既适合于采用传统技术和经验实行小规模家庭经营，精耕细作，较少资本投入，从而生产成本很低；又适合于较大规模的家庭经营，即采用先进的科学技术，实行规模经营，取得规模收益。

家庭经营，可以集农牧结合之利，充分利用剩余劳动力和各种农副产品资源，以及农牧民积累的各种传统经验，增加家庭收入。

第三节　农业经济管理

一、农业经济管理的内涵

概括地说，农业经济管理是指对农业生产部门物质资料的生产、交换、消费等经济活动，通过预测、决策、计划、组织、指挥、控制等管理职能，以实现管理者预定目标的一系列工作。农业经济管理属于管理学科。

农业经济管理主要工作包括：充分利用各种农业自然资源和社会经济资源合理组织农业生产与正确处理生产关系和上层建筑两个方面。在组织农业生产力方面，如正确确定农业各部门的生产结构；处理农、林、牧、副、渔五业的相互关系；正确利用农业各种资源、生产资金和生产资料等。在处理生产关系和上层建筑的方面，正确处理国家、地方和企业之间，地方与地方之间，企业与企业之间以及企业与个人之间，个人与个人之间在生产、交换、分配和消费等方面的相互关系。

二、农业经济管理的性质与内容

农业经济管理是一种管理活动过程。农业经济管理的过程就是对农业经济活动中的各个要素进行合理配置与协调，在这个过程中，包括了人与人、人与物、物与物的关系协调处理。因此，农业经济的管理，必然表现出生产力合理组织方面的活动和工作，也必然表现出正确地维护和调整生产关系方面的活动和工作。

（一）农业经济管理的两重性

1. 自然属性

农业经济管理有与生产力相联系的一面，即生产力的水平来决定的特性，也叫作农业经济管理的自然属性。在管理活动中，对生产力的合理组织，表现为管理活动的自然属性。对生产力合理组织就是把人、土地等自然资源以及生产资料等生产要素，作为一种具有自然属性的使用价值来对待。具体表现为：土地等自然资源的合理开发和利用，劳动力的合理组织，农业生产资料的合理配备和使用等，以最大限度地发挥生产要素和自然资源的最大效益。

2.社会属性

农业经济管理也有与生产关系相联系的一面，即生产关系的性质来决定的特性，也叫作农业经济管理的社会属性。这里主要讲的是农业管理在经济方面，要由一定的生产关系的性质来决定。比如，在人民公社制度下，实行土地公有、集体劳动、按劳分配，农民及家庭只是一个生产成员。目前的联产承包责任制度，保留了土地的集体所有制，建立了集体和农民家庭双层经营体制，把土地所有权与经营权分开，农民家庭既是一个自主生产单位，又是一个自负盈亏的经营单位。农业经济管理在生产关系方面发生了巨大的变化。

（二）农业经济管理的两重性源于农业生产过程的两重性

农业再生产过程，一方面，是"人与自然"的结合过程，也就是物质的再生产过程，主要是生产要素的合理配置和组合等，要求在组织管理等方面与之相适应；另一方面，农业再生产过程也是人与人的结合过程，也就是生产关系的再生产过程。比如，生产资料（土地、农机具等）归谁所有、产品如何分配、人与人之间是一种什么关系等。农业经济管理是因农业经济活动的要求而产生的，是为农业经济活动服务的，所以农业经济活动的这些要求，必然要反映到农业经济管理上面来，这就产生了农业经济管理的两重性。生产力决定生产关系，生产关系必须适应生产力的要求，生产力和生产关系构成了一定社会的生产方式。管理是上层建筑，上层建筑必须要为经济基础服务，从这个理论上来说，农业经济管理必然具有两重性。

不同国家生产力组织的区别主要由各国的自然、技术条件和经济发展水平决定；生产关系调整的区别，主要由各个国家的社会意识形态、所有制性质的区别所决定。

（三）农业经济管理的内容

农业经济管理的内容是由其涉及的范围和属性决定的。就其涉及的范围而言，农业经济管理的内容包括农业宏观管理和微观管理两部分；就其属性而言，农业经济管理的内容涵盖农业生产力和农业生产关系两个方面。

我国的农业经济管理是社会主义经济管理的组成部分，它包括整个农业部门经济管理和农业经营主体的经营管理。

农业部门的经济管理包括农业经济管理的机构和管理体制、农业经济结构管理、农业自然资源管理、农业生产布局管理、农业计划管理、农业劳动力资源管理、农业机械化管理、农业技术管理、农用物资管理、农产品流通管理和农业资金管理等宏观经济管理。

农业经营主体的经营管理包括集体所有制农业企业和全民所有制农业企业等各类农

业经营主体的经营管理，内容有决策管理、计划管理、劳动管理、机务管理、物资管理、财务管理和收益分配等微观经济管理。

宏观的农业经济管理与微观的农业经济管理，是整体和局部的关系，两者相互依存、相互促进、相互制约，两者都涉及完善生产关系、调整上层建筑、合理组织和有效利用生产力的问题。

三、农业经济管理的职能与目标

（一）农业经济管理的职能

农业经济管理具有两重性：一是由生产力、社会化生产所决定的自然属性（或称共同性）；二是由生产关系、社会制度所决定的社会属性（或称特殊性）。农业经济管理的两重性决定了它有两个基本职能，即合理组织生产力与正确维护和调节生产关系。这两个基本职能是适应农业经济发展的要求而产生的。这两个基本职能相匹配的具体职能就是计划、组织、指挥、协调、控制等。

（二）农业经济管理的目标

农业经济管理的目标是指国家在农业经济管理方面所要达到的农业经济运行状态的预定目标。农业经济管理的目标决定着管理的重点、内容和着力方向；同时，它也是评价农业经济管理工作的重要依据。现实中，农业经济管理的目标包括以下几点：

1. 实现农业增效、农民增收

实现农业增效、农民增收是市场经济条件下政府管理农业经济的首要目标，也是提升农业竞争力、调动农民积极性的核心问题。必须把调动广大农民的生产积极性作为制定农村政策的首要出发点，在经济上切实维护农民的物质利益，在政治上充分保障农民的民主权利。尤其是在近年来农民收入增长缓慢、城乡居民收入差距不断扩大的新形势下，更要把农业增效、农民增收作为农业经济管理的首要目标，这是保证农业和农村经济长足发展的动力源泉。

2. 保障粮食安全和其他农产品的有效供给

尽管农业的功能在不断拓展，但为生产生活提供质优价廉、数量充足的农产品仍旧是农业的基本功能。农业经济管理的目标之一就是根据不同历史时期农产品供求关系的变化，制定合理的农业经济政策，并利用财政、信贷、价格、利息杠杆对农产品的生产与供应进行宏观调控，引导农产品的生产与供应。在保证粮食生产安全的前提下，根据人们消费向营养、安全、健康、多样化方向发展的趋势，大力推进农业绿色食品产业的发展，增加绿色食品的市场供给。

3. 优化农业结构，提升产业层次

农业产业结构的合理与否，对于农业经济的良性循环和长足发展，对于农业整体效能的提升，意义重大。因此，调整优化农业产业结构，提升农业产业层次始终是农业经济管理的重要目标之一。尤其是在我国当前农产品供给总量平衡、结构性矛盾突出的情况下，进行农业结构的战略性调整，推动农业产业结构的不断优化和升级，是我国农业步入新阶段的必然趋势，也是当前农业经济管理工作的中心任务。

4. 转变农业增长方式，提高农业生产效率

促进农业经济增长方式由粗放经营向集约经营转变，由资源依赖型向技术驱动型转变，是改造传统农业、建设现代农业的必然要求，也是大幅度提高农业劳动生产率、土地生产率的根本途径。

5. 实现农民充分就业

有国外学者预言，在21世纪，中国要解决占世界人口六分之一之众的农民的就业问题，其难度要大大超过20世纪解决他们吃饭问题的难度。农民就业不充分是农民收入增长缓慢、农村市场购买力不足、农业规模效益低的深层次根源。因此，研究探索实现农民充分就业的途径，理应成为农业经济管理的具体目标。

四、农业经济管理方法

农业经济管理的实施需要借助于一系列的方法来实现既定的目标和任务。农业经济管理是由多种方法组成的系统，其中包括法律的、行政的、经济技术的、思想政治的和教育的等方法。各种管理方法只有相互配合，灵活利用，才能达到预期的效果。

（一）管理方法

管理方法是指为保证管理活动顺利进行，达到管理目标，在管理过程中管理主体对客体实施管理的各种方式、手段、办法、措施、途径的综合。

根据方法的性质与适用范围，可将管理方法分为管理的哲学方法、管理的一般方法和管理的具体方法。按照管理对象的范围可划分为宏观管理方法、中观管理方法和微观管理方法；按照所运用方法的量化程度可划分为定性方法和定量方法等。

（二）法律方法

法律方法是指国家根据广大人民群众的根本利益，通过各种法律、法令、条例和司法、仲裁工作，调整社会经济的总体活动和各企业、单位在微观活动中所发生的各种关系，以保证和促进社会经济发展的管理方法。

法律方法运用的形式多种多样，但就其主要形式来说，包括以下几种：立法、司法、仲裁和法律教育。

（三）行政方法

行政方法是指管理主体依靠组织的权利和权威，按照自上而下的行政隶属关系，通过下达指令、发布命令、做出规定等强制性行政手段，直接对被管理者进行指挥和控制。它的实质是通过行政组织中的职务和职位来进行管理。它特别强调职责、职权、职位，而并非个人的能力。行政方法的主要形式包括：命令、指令、指示、决议、决定、通知和通告等，都是自上而下发挥作用。

（四）经济方法

经济方法是指管理主体按照经济规律的客观要求，运用各种经济手段，通过调节各种经济利益关系，以引导组织和个人的行为，保证管理目标顺利实现的管理方法。

经济方法是政府调节宏观经济的有力工具，同时也是调动组织和个人的积极性的重要手段。

（五）思想政治教育方法

思想政治教育方法是管理活动中最为灵活的管理方法，它需要针对不同的对象，根据不同的情况采取不同的形式。它以人为中心，通过教育，不断提高人的政治思想素质、文化知识素质、专业水平素质。

（六）技术方法

技术方法是指组织中各个层次的管理者（包括高层管理者、中层管理者和基层管理者）根据管理活动的需要，自觉地运用自己或他人所掌握的各类技术，以提高管理的效率和效果的管理方法。这里所说的各类技术，主要包括信息技术、网络技术、预测技术、决策技术、计划技术、组织技术和控制技术等。

第二章　农业微观经济组织

第一节　农业家庭经营

一、农业家庭经营概述

所谓农业家庭经营，是指以农民家庭为相对独立的生产经营单位，以家庭劳动力为主所从事的农业生产经营活动，因此又称其为农户经营或家庭农场经营。

它突出了主要经营对象的产业特征，即农业，而不是其他产业；经营主体是农民家庭，主要实行的是家长制或户主制管理，不存在管理分层的内部治理结构；它强调以使用家庭劳动力为主，而不是以雇工经营为主。

二、家庭经营作为农业主要经营形式的理论分析

（一）农业的产业特点与农业家庭经营

农业生产过程是人们通过有生命力的动植物利用阳光、空气、水分、风力和各种养分来生产动植物产品的过程。在这个过程中，生物对环境所表现出来的、主动的选择性反应不同于非生命体所表现出来的那种被动的、直接的反应。机械的、物理的、化学的反应是由外部提供的物质和能量所决定的，而生物体的反应则取决于生物体内部的机能状况，并且是在自身调控机制作用下进行的。随着科学技术的进步，人类可以局部改变生物内部的构造和生物所需的外部环境，但人类绝不可能否定生命运动的特性，也无法完全改变生物所需的外部环境。这就决定了农业生产具有以下特点：

1. 农产品是不可间断的生命连续生长过程的结果，各个生产环节只有继起性，不可能像工业那样具有并列性。在工业中，生产的产品是无生命的东西，从投料到出成品，可以按照人的意志来设计，其程序可变更，其作业可交叉，可以多条流水线同时作业。其劳动工具和劳动对象可以集中在一起，可以在一个单位时间内集中很多劳动力和生产资料，生产出大量产品，并取得很高的效率。在农业生产中，各种作物的生长有各自的季节和周期，生长的各个阶段有比较严格的间隔和时限，只能由一个阶段到另一个阶段依次而不间断地

进行。

2. 农业生产活动有严格的季节性和地域性，农业的生产时间和劳动时间不一致，复杂交错，因此农业劳动支出具有不均衡性。在农业劳动时间以外，动植物还要有一段时间来吸收养分和生长过程，因此劳动时间要比生产时间短得多。各种农产品都有它们最适宜的自然生长条件，这样可以更好地发挥自然的优势，生产出更多更好的农产品，提高土地生产率和劳动生产率。因此，农产品生产必须因地制宜，不能随意地改变生产地点。

3. 在光照条件下，农业生产一般不可叠加，具有广阔的地域性。农业生产特别是种植业生产需要进行光合作用，因而一般情况下不能够叠加。而工业生产却可以叠加，可以在厂房中集中大量的劳动力和生产资料，进行相当集约的规模化生产。

这些特点，使得农业生产区别于工业生产。近现代以来，农业科学技术取得了惊人的进步。第一类成果是大规模地把以机器为中心的工程技术引进到农业中，似乎使农业生产方式向工业靠拢。但事实并非如此，机器的运用缩短了农业劳动时间，但任何农业机器的运用都不能直接加速动植物的生长过程，更不能中断、更改和叠加生物发育的顺序。第二类成果是各种新型化肥，开拓了农业利用自然力的空间，但这也不能改变生物生长过程。第三类是生物技术的发展，开发出各种新型生物品种，改变了生物发育的性能，但这也要遵循生命生长过程的基本规律。因此，农业科学技术的进步并不能改变农业生产的基本特性。

农业劳动采取什么样的组织形式，这是一个有争议的问题，如果不考虑内部激励和监督问题，雇佣劳动、集体劳动这些农业工厂化劳动可能也会有效率，因为他们比家庭劳动更容易实现规模效率，更容易采用先进技术，这是原社会主义国家发展集体农场或农业生产合作社的根本动因。但是如果把内部激励和监督问题考虑进来，情况就不一样了。要解决激励问题，首先要准确计量劳动者劳动的质与量，并与报酬联系起来。但农业生产，地域辽阔，自然条件千差万别，其劳动很少有中间产品，成果大多表现在最终产品上，劳动者在生产过程中各环节的劳动支出状况，只能在最终产品上表现出来。这就决定了在农业劳动中，各个劳动者在每时每地的劳动支出时，其对最终产品的有效作用程度是难以计量的。只有将农业生产者在生产过程中的各项劳动与最终的劳动成果及其分配直接挂起钩来，才能充分调动劳动者的生产积极性，而这只有在家庭经营的条件下才能更好地做到。如果经济组织的计量能力很差，报酬和生产率之间只有松散的联系，生产率将较低，但如果经济组织的计量能力很强，生产率就较高。农业自然环境的复杂多变性和不可控制性，要求农业的经营管理要具有灵活性、及时性和具体性。种植决策、生产决策、经营决策都要因时、因地、因条件制宜，要准、要快、要活。要做到这一点，只有将农业生产经营管理的决策权分散到直接生产者，即将劳动者和经营管理者结合起来，才能取得好的效益。从某种意义上说，农业劳动和经营管理有较强的分散性，其成果有很大的差异性。农民的劳动成果，在很大程度上要靠每位农民对生产经营进行合理的安排，靠其对全过程细心地作业和管理，以及对市场的准确预测。这些特点决定了家庭经营是农业生产的一种较为合适的组织形式。

人们也考虑是否可以通过劳动力市场，让潜在的劳动者与在职的劳动者竞争，解雇不符合要求的劳动者，让新的劳动者来替代旧有的劳动者，来解决农业雇佣劳动的激励问题。但是，既然计量和监督劳动是一个根本难题，因此，新的劳动者代替旧有的劳动者以后仍然会产生同样的问题。

（二）分工协作与农业家庭经营

工业的发展经历了从简单协作到分工协作，再到机械化生产的过程。所谓协作，是指许多人在同一生产过程中，或在不同的但互相联系的生产过程中，有计划地一起协同劳动。劳动者之间没有固定分工的协作叫作简单协作。劳动者之间有比较固定分工的协作叫作分工协作。分工协作使劳动者积累了经验，改进了劳动技能，提高了劳动强度；生产工具更能够发挥作用，提高了劳动生产率；劳动更加具有连续性、划一性、规划性、秩序性。但农业中的分工协作并没向工业中那样高度发展，这是由农业生产自身的性质所决定的。

从协作的第一种方式来看，即把不同专长的劳动者集中在一起共同生产一种产品。在工业中，例如，生产一辆马车要有车匠、锁匠、漆匠、描金匠等，这些工匠协力完成一辆马车，可以提高劳动生产率。但对于农业生产来说，农业劳动对象生长发育的规律，决定了农业生产过程中协作的简单性和稀少性。作物生长的季节性、周期性，生产过程的有序性，决定了农业生产只能按自然界的时间，即受季节约束的生长过程依次进行各种作业。农业一般固定在土地上，不宜移动，不能像工业生产那样把非常大量的生产条件进行集结，采取多种和大量作业同步并进的办法。在农业生产过程中，同一时期的作业比较单一，不同时期的不同作业多数又往往可以由同一劳动者连续完成。

从协作的第二种方式来看，即把具有相同专长的劳动集中在一起，生产相同的产品。农业生产过程中的协作多是简单协作。简单协作在许多人手同时共同完成同一不可分割的操作时优于独立劳动，例如，播种、抢收、抗灾、兴修水利设施等生产活动，通过协作，可以及时完成作业，不误农时，做到丰产丰收。但超过此范围，至多不过是单个劳动者力量的机械总和。在管理水平不高的情况下，甚至往往还不如单个劳动者力量的总和。因为这既要增加监督成本，又可能产生偷懒行为，还可能造成窝工浪费。因此，对农业的协作方式，一定要进行具体的分析，不能将工业中的协作方式生搬硬套到农业中。由于农业生产的大部分作业不能实行严格的分工协作,甚至一些简单的协作也不能取得明显的效果,因此,农业生产不适合采用工厂化劳动,而更适合采取家庭经营的方式。

(三)农业技术进步与农业家庭经营

农业现代化过程中所采用的农业技术主要分为两类:一类是机械技术,包括各种机械设备,使生产过程机械化、自动化。农业机械技术的本质是以物力代替人畜力,扩大每个劳动力生产和经营的范围和数量,通过提高劳动生产率来增加经济效益。另一类是生物、化学技术,包括种子、化肥、农药、生长激素和配合饲料等,这类技术主要是直接改变生物本身,为动植物创造良好的生长环境,通过提高土地生产率和动物的生产率来增加经济效益。从研究和推广的角度来看,农业技术和工业技术一样,需要众多科研工作者的集体协作才能完成。但在应用上,农业技术与工业技术要求的条件有所不同。

1. 多数农业技术的运用可以由单个人进行。农业生物、化学技术一般可以由单个人来完成,多数农业机械也是可以由单个人操作。工业技术则不完全是这样,许多机械设备非要由多个人或众多人通力协作,否则就无法正常运作。农业机械可以由单个人使用,在很大程度上要归功于农业机械技术的进步,农业机械的小型化,并且由于社会劳动生产率的提高而大幅度地降低了价格,小农户既用得了,也用得起。农业机械的小型化与农业生产本身的性质有很大的关系。农业机械的性能要服从于生物生长的需要,特别是种植业机械,其作业不仅要服从于生物的生长规律,而且还要在广阔的田野上分散流动作业,在作物间穿行。这些特点决定了农业机械不可能像工业机械那样形成大型化的生产线,只能小型化才便于在农业生产中使用。

2. 不同类型的农业技术关联性较小。在农业现代化过程中,地广人稀的国家首先选择了农业机械化技术,通过扩大耕地面积,实现了农业总产量的增加;人多地少的国家则首先选择了生物和化学技术,通过提高单产,也实现了农业总产量的增加。农业机械技术、生物和化学技术虽然都作用于同一生物,但并不一定同时使用。即使是农业机械技术,其关联性也比较弱。就农业生产过程来说,可以在某一作业环节使用农业机械,而在另一作业环节不使用农业机械。例如,在播种、收割和运输时使用农业机械,而在中耕、除草时不使用农业机械。农业生物与化学技术运用的关联性就更小。因此,农业技术进步与农业生产组织之间的关系具有很大的弹性。

3. 许多农业技术的运用可以不受家庭经营规模的限制。即使有的农业技术的运用要求有最低的作业规模,但是通过社会化服务体系可以突破单个家庭经营规模的限制。通过合作社或专业公司实行社会化服务,也可以实现某些农业技术运用的外部规模化经营。如:

农民联合购买或共同拥有或共同使用由合作社或专业公司所经营的大型播种机、联合收割机，农民家庭也可以实现农业机械技术的进步。至于生物、化学技术具有较强的可分性，基本不受农场经营规模的限制。

（四）家庭的社会经济特性与农业家庭经营

1.家庭成员具有利益目标的认同感，使得农业家庭经营的管理成本最小，劳动激励多样。家庭既不是单纯的经济组织，也不是单纯的文化或政治组织，维系家庭存在的，决不限于经济利益这根纽带，而且还有血缘、感情、心理、伦理和文化等一系列超经济的纽带。这就使家庭成员可以从许多方面对家庭的整体目标和利益产生认同，即把家庭其他成员的要求、利益和价值取向，比较自愿地当成自己的要求、利益和价值取向。多半是这种互补机制的存在，使得家庭无须靠纯经济利益的激励，就能够保持对其自身的目标和利益的基本一致性。由于家庭的婚姻、血缘关系，使得家庭经营组织具有较持久的稳定性，上一代对下一代的多方面寄托所形成的继承机制，使得家庭经营一般具有较长的预期，并能为实现这种预期而长时间自愿地协作。这使得农业家庭经营表现出其他经济组织都不具有的激励规则。家庭成员努力工作，无须以家庭内部精密的劳动计量并同报酬挂钩来激发。因此，农业的家庭经营一般无须监督，管理成本差不多是最小的。

2.家庭成员在性别、年龄、体质、技能上的差别有利于分工和劳动力的充分利用。农业实行家庭经营，家庭劳动者及其家庭成员合理分工，劳动时间和劳动力都得到了充分利用。传统社会的"男耕女织"使家庭成为一个"小而全"的生产单位，在当代这种分工协作的功能仍然存在。在劳动安排上，平时一人为主，忙时全家齐上阵，必要时还可雇工，农闲时除照管人员以外，其余均可外出兼业。在劳动时间被分割得相当细碎的农业活动中，一些闲散和辅助劳动力也得到了充分利用。这在严格分工的企业组织中往往难以做到，而家庭的自然分工却能较好地满足这种要求。

三、农业家庭经营的兼业化

（一）农户兼业化的原因

1.农业强烈的季节性、生产周期长以及劳动过程和生产过程的不一致是农户兼业经营的客观基础。农业生产的对象是有生命的动植物，生物必须被动地适应外界环境，当不利于生物生长的季节来临时，一般的农业生产活动就停止了，这就是农闲季节。即使是在农作物的生长季节，也因劳动投入过程与农作物生产过程交错进行，也使农业劳动力和农业生产工具使用具有阶段性和间歇性。农业的这些特点给单纯经营农业的农户带来三个不利的影响：一是带来农业劳动力和生产工具在使用上的忙闲不均，出现了农闲季节劳动力季节性剩余和生产工具的季节性闲置；二是由于农业生产周期特别长，资金周转缓慢，且收入不均衡，只有农产品收获后才有一次性收入，平时只有投入没有收入；三是农业容易受到各种自然灾害的侵袭，单一经营农业风险很大。农户为了充分地利用剩余的劳动力和闲置的生产工具，加速资金周转，取得均衡收入，提高抗灾能力，必然寻求农业兼业化的发展道路。

2. 农业贸易条件的恶化及比较利益的下降使得农户兼业化成为必然的选择。农业是提供人们生活必需品的产业部门，依据恩格尔定律，人们的收入越增加，恩格尔系数就越下降，进而人们对农产品的需求就相对减少；而随着科学技术的进步和农业劳动生产率的提高，农产品的供给却不断增加。这使得农产品的贸易条件必然不断恶化，使得农业所实现的国民收入趋于下降，农业的比较利益降低，务工经商的收入一般要高于农业收入。农民为了追求收入最大化，必然向兼业化方向发展。

3. 对农户来说，保有土地是一种较为可靠的生活保障和一笔不断增加的财富。无论在何种社会制度下，农户都不肯轻易放弃土地。在市场经济条件下，农户自己经营非农产业或农户劳动力外出就业，在变幻莫测的经济环境中，难免存在着破产、失业的危险。当危机到来时，农户兼业的劳动力就可以回到土地上去经营农业。这样进退自如，得心应手。在土地私有制的条件下，随着城市的扩展，非农产业发展对土地需求急剧增加，土地价格不断攀升，成为价值不断扩大的财产，这样就增加了农民对土地的惜售心理，把土地当作宝贵的财富保存下来而不愿放弃。

4. 农业外部条件的改善也使得农户的兼业成为可能。在非农产业就业，一般实行五天工作制，每周休息两天；农业机械化水平的提高，农业各种投入物质的丰富；农业科学技术的进步，社会化水平的提高，大大方便了农户的农业经营，务农的劳动强度降低，使得退休者、体弱的人和劳力不足的农户也可以经营农业。随着经济的发展，整个社会高度城市化，"城市病"开始出现，城市生活环境质量下降了，随着交通工具、道路的现代化，城市人口开始向农村分散。农村环境优美、安静、空气新鲜，是居住的理想场所。这也为农户的兼业提供了生存和发展的条件。

（二）农户兼业化的利弊得失与发展趋势

目前，农户兼业化是世界各国农业的普遍现象。然而，兼业农户在世界范围内急剧增长还是进入 20 世纪以后的事情。许多经济发达国家自 20 世纪 60 年代以来，兼业农户已占到总农户的 50% 以上。国际上兼业农户的发展呈现出这样几个趋势：一是专业农户不断减少，兼业农户不断增加；二是在兼业农户中，以农业收入为主的一兼农户不断减少，以农业收入为辅的二兼农户不断增加；三是土地经营规模越小，兼业比重越大。

兼业农户的这种发展趋势，使得世界各国对兼业农户的认识有了很大转变。以前国际上大多数人认为，兼业农户是社会经济发展过程中的一种过渡现象，是社会经济不发达的一种表现，随着农业人口向非农业人口的大量转移会自动消失。因此，世界主要发达国家政府对兼业农户采取限制和漠不关心的态度，可是后来发现兼业农户的存在对社会经济发展有许多好处。

兼业农户与专业农户一样都能生产商品性农产品；兼业农户的出现和大量发展，为农业剩余劳动力的转移开辟了新的途径，对改善农民生活，缩小城乡差距有积极作用；也为城市工商业、服务业的发展提供了廉价劳动力；兼业农户由于有多种收入来源，推动了整个农村经济的发展，并从资金、技术等方面帮助农业生产的发展；由于兼业农户大多住在农村，家中又有人在城市或非农产业就业，使其具有了双重身份，这对兼业农户在经济危机期间为自己提供就业和生活保障，缓解大量农民涌向城市，防止城市的过度膨胀，避免农村人口的过度萎缩和农村社会的衰落，都是有好处的。

但在兼业农户当中，也有许多是规模狭小、技术水平不高、资金短缺、商品率低、不适合农业现代化要求、不利于农业发展的农户。在他们当中，有的因规模过小，财力物力不足，无力或者不宜于采用先进技术；有的则因青壮劳动力在外做工，剩下老人、妇女在家务农；有的平时主要时间外出，只是假日和业余闲暇时间回家种田。许多农户收入主要不靠农业，无心经营农业，缺乏务农的志向和热情，更谈不上精耕细作，因而这部分人经营的农业往往处于衰退荒废状态，缺乏市场竞争力。

在大生产排挤下，有许多兼业农户会被淘汰和消失。他们的命运可能有三种：一是被大农场、大企业吞并或收买；二是将土地租给专业农户或大型农场；三是某些小的农户自发地采取各种形式的联合，利用合作社和社会上的服务力量，完成各种作业，并且靠农业外的收入补贴等来获得生存。在今后相当长的时期内，农户兼业这种经济现象，还会占有相当大的比重，并且还会有所发展，至于发展速度的快慢、兼业化程度的高低，则取决于各国国内外的条件、社会经济技术的发展状况以及各国政府所采取的政策。

四、中国农业家庭承包经营

（一）农业家庭承包经营的绩效

农业家庭承包经营是在坚持土地等生产资料集体所有的前提下将土地承包给农户，确立了家庭经营的主体地位，赋予了农民充分的生产经营自主权。农民通过承包本集体的土地，得到的是对本集体土地的使用权，即土地承包经营权。农民的土地承包经营权集中体现在农民对所承包的土地有了经营自主权和收益权，农民可以根据市场的供求关系，选择效益好的农作物进行种植，打破了过去那种统一计划的经营模式。农业家庭承包经营激发了农民的生产积极性，使中国的农业生产和农民生活水平都有了极大的提高。

要准确地测算制度安排的绩效是极其困难的，这不仅是因为制度功能的实现要受到其他制度的影响，而且将自然科学技术进步的贡献与制度的贡献分开也是困难的，因为技术变迁不仅受到制度变迁的影响，而且还受到其他因素的影响。中国农业实行家庭承包经营制度的绩效主要表现为以下几点：

1. 激励功能增强

在家庭承包经营制度下，农户成为独立的产权主体和利益主体，在完成规定的承包任务或遵守国家相关法律法规的情况下，拥有完全的剩余索取权和相应的处置权，并且由于允许农户拥有对非土地资产的私有产权，产权的排他性大大增强，即使考虑到家庭内部的"搭便车"问题，由于其成员规模大大减小，激励功能也会大大增强。其结果是：家庭责任制下的劳动者努力的激励最高，这不仅是因为他获得了他努力的边际报酬率的全部份额，而且还因为他节约了监督费用。从生产队制度到家庭承包制的创新，不仅节约了"评工记分、统一分配"的费用，而且在某种程度上避免了因劳动努力程度降低导致的产出损失以及集体资产的滥用和流失。

2. 资源配置效率的提高

由于家庭获得了相对独立的经营自主权和激励功能的增强，使得农业资源的配置效率提高，生产可能性边界右移。农户从对自身利益的关心出发，根据相对价格信号适时调整资源配置，以实现收益最大化。而在人民公社时期，资源配置是由生产队长、大队长甚至公社书记做出，由于这种决策不能与责任和利益挂起钩来，因而资源配置效率低下。

（二）农业家庭承包经营的进一步发展与完善

1. 稳定农业家庭承包经营，正确处理农地产权关系，在有条件的地区促进农业规模经营的形成。国家农业法和农村土地承包法已经就农业家庭承包经营、特别是土地承包问题做出了较为明确的规定，依法进行家庭承包经营将会使这一最重要的农业微观经济组织发挥更大的作用。国内外的历史事实已经证明，家庭经营在农业中具有旺盛的生命力，这一点应该坚定不移。让农民依法进行家庭承包经营，不允许个别人以自己的主观偏好来干扰家庭承包经营。农业家庭承包经营的核心是农地产权关系的处理，农村土地承包法的贯彻与实施不仅有利于维护农民的经营自主权和稳定农业家庭承包经营，而且有利于农地二级市场的建立，有利于农地的有序流转，进而有利于农业规模经营的形成和农业国际竞争力的提高。在一些经济发达地区，农业增加值在社会的总产值中所占的比重已在5%以下，农业劳动力在整个社会中劳动力中所占的比重已在10%以下，农业具备了实行规模经营的条件。这就需要地方政府根据本地社会经济发展的具体情况，制定本地的政策法规，通过农地的依法流转，促进本地农业规模经营的形成。

2.农业家庭承包经营组织化特别是产业关联程度的提升。随着农业现代化水平的提高，农业的社会化分工会越来越细，产业关联程度会越来越强。以新制度经济学的观点来看，当市场经济发展到一定程度，市场主体之间的关系不能单纯依赖市场交易来维持，社会经济的发展产生了用非市场组织代替市场交易的需求。为了解决农业家庭承包经营的分散性、不经济性，为了满足社会日益增长的农产食品的需求，需要在坚持家庭承包经营的基础上，通过合同制、专业合作经济组织、一体化经营等多种形式加强农户的组织化特别是产业关联程度。

3.提高农业家庭承包经营自身的经营管理水平和社会化服务水平。目前，我国绝大多数农户还是融生产和消费于一体，生产的农产品当中自我消费所占的比例还比较高，他们很少进行严格的经济核算。但农业中的专业大户或企业不断涌现，各级政府应帮助他们建立自己的账簿，进行严格的经济核算，在此基础上开展科学的经营管理。完善和发展农业社会化服务体系，是农业家庭承包经营能够在社会化大生产中延续下来的关键因素。首先，社会化服务体系使家庭承包经营和工商业联系起来，改变了小农经济的孤立性和自给自足状态。其次，通过社会化服务体系，解决了单家独户难以解决的问题，克服了家庭小规模经营的局限性。最后，通过社会化服务体系，解决了农业技术推广、农业机械作业面积的最小规模限制等问题，改变了小农经济的技术落后状态。农业家庭承包经营的社会化有利于发挥分工协作的优势，使得各个农户、各个地区可以根据各自生产力要素的特点，发挥自己的优势，获得更大的经济效益；有利于打破农户和农业部门本身的限制，从农业外部输入更多的物质和能量；有利于打破自给、半自给的传统农业经营模式所难以克服的狭隘、保守、缺乏进取精神和不讲求经济效益的落后状况，使农户在市场竞争的压力下，按照市场需求进行商品农产品的生产。

第二节　农业合作社

一、农业合作社的含义、原则与作用

（一）农业合作社的不同含义

在这里，我们把合作社、合作制与合作经济组织看成是同义的概念，而不加严格的区分。在合作社的历史发展过程中，由于思想渊源或学术流派以及政治立场不同，人们对合作社有各种各样的定义，但基本上可以分为两派。

1. 合作社的社会制度观点

德国经济学家李弗曼（R.Liefmann）认为，合作社是以共同经营业务的方法，并以促进或改善社员家计或生产经济为目的的经济制度。这种说法是把合作社当作一种制度看，包括的范围很广。[①]

德国经济学家戈龙费尔德（E.Grunfeld）认为，合作社是中小经营者基于自己意志的结合；由于共同对私有经济利益的追求，以实现社会政策目标。这种制度，在其活动的范围内，排斥自由市场经济。他把合作社看成是一种在追求私人利益的同时，实现社会政策目标的经济制度。[②]

马克思、列宁认为，合作社就是生产者联合劳动的制度，要以这种制度代替资本主义雇佣劳动制度。可见他们把合作社看成是一种社会经济制度。

2. 合作社的企业观点

美国合作经济学家巴克尔（J.Baker）认为，合作社是社员自有自享的团体，全体社员有平等的分配权，并以社员对合作社的利用额为依据分配其盈余，合作社是与私人企业、公司制企业不相同的一种事业。这个定义从微观的角度提出，接近于当前世界上的普遍看法。[③]

国际合作社联盟对合作社的定义是，合作社是人们自愿联合、通过共同所有和民主管

---

① 何秀荣 . 农业合作社的起源、发展和变革［J］. 社会科学战线，2022（10）：66-75.

② 何秀荣 . 农业合作社的起源、发展和变革［J］. 社会科学战线，2022（10）：66-75.

③ 何秀荣 . 农业合作社的起源、发展和变革［J］. 社会科学战线，2022（10）：66-75.

理的企业来满足他们共同的经济和社会需求的自治组织。这个概念首先确定了人们建立合作社是自愿的，不能强迫人们加入合作社，在合作社的目标和资源内，社员有加入或退出的自由；合作社是一个共同所有和民主管理的企业，这句话强调了合作社的所有权是在民主的基础上归全体社员，合作社是一个企业，并且是与股份制和政府管理的企业有区别的企业；合作社是自治组织，即尽可能地独立于政府部门和私营企业；合作社满足社员共同的经济和社会需求的规定，强调了合作社的经营目标是要为社员服务。

我国的《农民专业合作社法》规定，农民专业合作社是在农村家庭承包经营基础上，同类农产品的生产经营者或者同类农业生产经营服务的提供者、利用者，自愿联合、民主管理的互助性经济组织。农民专业合作社以其成员为主要服务对象，提供农业生产资料的购买，农产品的销售、加工、运输、贮藏以及与农业生产经营有关的技术、信息等服务。这一定义首先肯定了农民专业合作社是建立在家庭承包经营的基础之上，农民专业合作社的建立不是对家庭承包经营的否定；同类农产品的生产经营者或者同类农业生产经营的服务者由于有共同的利益诉求，更容易走到一起；自愿联合、民主管理突出强调了农民专业合作社建立和管理的基本原则；将农民专业合作社定义为是互助性的经济组织，等于说合作社是企业，在互助的基础上为社员提供服务，阐明了农民专业合作社是与股份制企业相区别的企业。

把农业合作社定义为企业，这在整个世界已取得基本共识。在市场经济条件下，人们已不把农业合作社的建立和发展与社会制度联系起来。在中国来说，农业合作社，是指在农业家庭承包经营的基础上，按照自愿和民主管理的原则，遵守合作社的法律和规章制度，联合从事特定经济活动所组成的企业组织形式。

农业合作社是独立经营的企业，虽然它有教育社员，代表社员利益与政府对话，协助政府推行某种政策、法令的职能，但它不是政治组织、文化组织、社会组织或群众组织。农业合作社必须有共同经营的内容，自负盈亏，实行独立的经济核算。那些不以赢利为目的、无经营内容、不实行严格独立核算的农民技术协会等则不属于合作社的范畴。

（二）农业合作社的原则

1. 国际合作社联盟的合作社原则

合作社的发展在世界上已有 170 多年的历史。尽管世界各国合作社产生的背景、发展的环境及发展的类型各不相同，但就合作社作为市场经济发展的产物，作为一种国际运动，各国合作社的发展却有一定的共性。国际合作运动中有不同的合作学派，不同的理论观点，对合作社有不同的定义，因而所遵循的基本原则也有所差别。但当前大多数合作社及合作学者们仍信奉传统原则，即在1860年罗虚代尔公平先锋社提出的"行为规则与组织要点"12条原则的基础上，1966年国际合作社联盟提出了合作社入社自由、民主管理、资本报酬适度、盈余返回、合作社的教育与合作社之间的合作六项原则。1995年，国际合作社联盟在曼彻斯特大会上，经过修改后确定了合作社七项原则，前三项原则是各合作社内部所拥有的典型特征；后四项原则既影响合作社内部活动，又影响合作社与外部的关系。

①自愿与开放的社员。合作社是自愿的组织，对所有能利用合作社服务和愿意承担社员义务的人开放，无性别、社会、种族、政治和宗教信仰的限制。

②社员民主管理。合作社是由社员管理的民主的组织，合作社的方针和重大事项由社员积极参与决定。选举产生的代表，无论男女，都要对社员负责。在基层合作社，社员有平等的选举权（一人一票），其他层次的合作社也要实行民主管理。

③社员经济参与。社员要公平地入股并民主管理合作社的资金，但是入股只是作为社员身份的一个条件，若分红要受到限制。合作社盈余按以下某项或各项进行分配：用于不可分割的公积金，以进一步发展合作社；按社员与合作社的交易量分红；用于社员（代表）大会通过的其他活动。

④自主和自立。合作社是由社员管理的自主、自助的组织，合作社若与其他组织包括政府达成协议，或从其他渠道募集资金时，必须保证社员的民主管理，并保持合作社的自主性。

⑤教育、培训与信息。合作社要为社员、获选的代表、管理者和雇员提供教育与培训，以更好地推动合作社的发展。合作社要向公众特别是青年人和舆论名流宣传有关合作社的性质和益处。

⑥合作社间的合作。合作社通过地方的、全国的、区域的和世界的合作社间的合作，为社员提供最有效的服务，并促进合作社的发展。

⑦关注社会。合作社在满足社员需求的同时，有责任保护和促进其所在地区经济、社会、文化教育、环境等方面的可持续发展。

2. 中国农民专业合作社原则

我国农民专业合作社法规定，农民专业合作社应当遵循下列原则：

①成员以农民为主体。

②以服务成员为宗旨，谋求全体成员的共同利益。

③入社自愿、退社自由。

④成员地位平等，实行民主管理。

⑤盈余主要按照成员与农民专业合作社的交易量（额）比例返还。

该法所规定的合作社原则与国际合作社联盟所规定的合作社原则具有基本内容的一致性。

（三）农业合作社的作用

1. 农业合作社有助于促进社会分工与生产专业化

社会分工是商品生产存在的基本条件之一，农业生产越专业化、商品化，就越要求进行各种形式的合作与联合，这说明社会分工和生产专业化是农业合作社产生的基本条件之一。一旦农民建立合作社以后，会进一步促进社会分工和生产专业化。这是由于农民建立合作社以后，一方面，可以将自己搞不好或搞不了的事情交给合作社来经营，按照合作社的要求自己专注于某项产品或某个生产环节的生产；另一方面，合作社可以为农民提供农业技术、农用生产资料、农业信息和农产品加工、贮藏和销售等服务。这使得农业生产的社会化水平和专业化水平都提高了。

2. 农业合作社有助于减少农产品交易的不确定性

市场经济的发展，把众多的农户推向了市场，而市场则由价值法则这只看不见的手来诱导资源的配置，通过价格围绕价值上下波动来引导生产。分散的农户面对变幻莫测的市场，风险陡增。农业合作社是对市场的某种替代，但这种替代并不是取消了市场，而是将外部市场内部化，由此形成合作社与社员之间的一个市场，农民的交易行为被内在化到合作社当中来进行。由于合作社是社员自己的企业，合作社和社员的利益具有高度的一致性，社员按照合作社的要求进行农产品的生产，并将符合要求的农产品交售给合作社，大大降低了农产品交易的不确定性。

3. 农业合作社有助于减少农产品和农业专有资产的损失

大部分农产品具有易腐性，特别是蔬菜、水果、畜产品等，这些产品一旦成熟或采摘以后，如果不进行贮藏或加工，就必须马上卖掉；否则就会腐烂，农民会因此遭受巨大损失。因而农民自然会有合作的愿望，以解决农产品不耐贮藏这一令人头痛的问题。农业生产当中所购买或建设的许多资产带有专有性，如：农民饲养畜禽所建的棚舍，养奶牛所购买的挤奶器，种蔬菜所盖的大棚等，都是带有专有性的资产。如果不用于所经营的种养业，将难有它用，处理这些资产的价值将非常低廉。为了减少由此所造成的损失，农民也在寻求长久的合作。农民加入合作社以后，建立了长久的合作关系，农产品有了可靠的销路，各种农业专有资产可以得到长期的充分利用。

4. 农业合作社有助于节约交易成本和寻求规模经济

一般来说，农户的经营规模狭小，单独采购生产资料难以获得价格优惠和运输上的经济，单独出售农产品也难以卖上好价钱，在生产中单独使用某种大型农业机械或采用某种先进农业生产技术也可能变得不经济。农民在激烈的市场竞争中，为了降低成本，提高盈利，就需要通过合作社联合起来，借助外部交易规模的扩大来节约交易成本，提高在市场竞争中的地位，形成某种程度的垄断，提高产品的售价；通过扩大外部经营规模来提高农业机械等设备的利用率，寻求规模经济。

5. 农业合作社有助于市场经济的完善

市场经济的发展是农业合作社发展的基础和前提条件，市场经济的扩张是农业合作社产生的土壤，而农业合作社是市场经济发展到一定阶段的产物，并为它的进一步协调发展起推动作用。农业合作社作为连接农民与市场的中介，对于推动市场经济的发展，维持农产品市场和农业要素市场的稳定与均衡，改善农民的社会与经济地位起到了极其重要的作用。

二、农业合作社的运行机制

（一）农业合作社运行的基本特征

1. 经营目标的双重性，即服务性与营利性的相统一

农业合作社一方面要向各个社员提供生产经营服务，是一种互利关系；另一方面又要最大限度地追求利润，是一种互竞关系。在市场经济不断发展的情况下，农业家庭经营亟须得到产前、产中、产后等诸环节的优质服务。农业合作社正是适应缩小生产经营风险，扩大生产经营规模，提高劳动生产率的需要而建立起来的，它必须为社员提供相应的服务，才具备存在的前提。当合作社与其社员发生经济往来时，不是以追求利润最大化为目标，它可以为社员提供有偿、低偿或无偿的服务，力求经营成本最小化。但当它与外部发生经济往来时，必须以追求利润最大化为目标。只有如此，它才能够生存，才能够更好地为其社员提供优质的服务。因此，农业合作社是具有追求利润和为其社员提供服务双重目标的企业组织。

2. 经营结构的双层次性，即约定统一经营与分散经营相结合

以合作占有为核心，在个体制基础上形成合作制，主要是指在以家庭为基本生产经营单位的前提下，整个生产过程的一定环节由这些农民共同组成的合作社来完成，从而使他

们的合作关系，即通过完成这些经营环节的经济组织迂回地体现出来。在某个一定环节上，家庭经营为合作经营所替代，而在其他的环节上还基本保持着家庭经营的特性。凡适合于合作社生产、加工、贮藏、营销和服务的项目，都由合作社统一经营；对某些生产要素的使用和某些生产环节的协调，也由合作社统一安排。当然，合作社并不是对家庭经营的否定，而是构筑在家庭经营的基础之上，并为其提供有效服务。在非合作的项目上，家庭经营仍保持其独立性。因而，合作社是约定统一经营与分散经营相结合，具有经营结构的双层次性。

3.管理的民主性，即自主与自愿的有效结合

农业合作社必须按照自愿的原则，通过民主协商制定一系列切实可行的章程和制度，将有关问题以文字形式确定下来，具有一定的法律效力。农业合作社是完全建立在自愿组合的基础上，在没有外界干预的条件下，农民所做出的自主选择，联合各方彼此信任，需求基本一致。自愿避免了由于人为组合或行政撮合所带来的消极逆反心理，使全体社员始终保持应有的责任感和生产与合作热情，这是合作社具有旺盛生命力的重要原因。同时，由于自愿，联合对分离不具有排他性。社员在合作社经营过程中，拥有充分重新选择的权力。他既可以离开原有的合作社，又可以是几个合作社的成员。这种自愿组合与自愿分离两种机制的交互作用，既催发了新企业的诞生，又加速了旧企业的强大或瓦解，从而形成了经济发展的强大推动力。

（二）农业合作社的特殊性质与生存空间

1.农业合作社既可以降低交易成本，又可以保持社员的积极主动性

从新古典的视角看，农业合作社是农民应对不对称的市场力量以及农产品流通和加工市场不充分竞争的产物；从交易成本经济学的视角看，农业合作社是在农业专业化生产过程中，农民应对由于契约的不完全性而产生的机会主义行为的纵向一体化行动。因此，农业合作社的存在和发展不仅可以维护农民自己的利益，而且有助于节约交易费用。这是因为农业合作社与社员的纵向一体化是部分的、不完全的一体化，社员仍然是独立的生产者，他们和合作社之间的关系介于纯市场关系与科层关系之间。农业合作社一方面降低了将生产过程大规模延伸到农业生产领域需要花费的大量监督成本；另一方面通过农业合作社的经营增加了社员收益，仍然为社员提供了作为独立生产者的充分激励。

农业合作社作为一种有助于节约交易费用的制度安排，一般主要产生在与社员之间交易费用较高的领域，即农业合作社主要产生在资产专用性程度较高、信息不完全和非对称程度严重以及外部性影响较明显的领域。现代农业为了实现专业化生产，需要有不断增加

的基础设施投资，这些农业基础设施一般与土地相结合，不具有移动性，变现会遭受巨大的损失；专业化生产的很多蔬菜、水果、肉蛋奶等易腐农产品不耐贮藏，也带有专有资产的性质；大部分农产品作为经验品和信任品，其质量安全信息在生产者、经营者和消费者之间具有很强的不对称性；森林、草原、湿地等具有很强的正外部性，而畜牧业的排泄物如果得不到妥善处理会产生很大的负外部性，通过农业合作社的组织方式可以使外部性内部化，使正的外部性产生经济效益，减低处理负外部性的成本并提高有效性，使废物资源化和无害化；通过农业合作社来利用农业机械、种畜和开展病虫害防治等可实现外部的规模经济。

2. 农业合作社在农业发展中的作用空间是有限的

不能把农业合作社作为解决所有农业发展问题的灵丹妙药。这是因为：第一，农业合作社是农业市场经济发展到一定阶段的产物，如果农业的专业化、商品化、规模化发展程度较低，农民就可能没有合作的需求；第二，农业合作社的发展与农业分支产业或产品的属性紧密相关，带有专有资产属性的农产品，需要形成紧密的协作关系才能保证质量并实现价值，例如，在奶业、蔬菜、水果等产业采取合作社经营的形式就比较普遍；第三，在农业合作社中集体行动的困难增加了合作社内部的协调成本，保持凝聚力的努力也使得合作社成为内部组织成本较高的治理结构，比如，农业合作社特殊的组织结构所产生的搭便车问题、投资组合问题、社员数量增加的协调问题、社员异质性所带来的管理问题等都会限制农业合作社的发展空间。

（三）农业合作社按惠顾额所占比例分配与剩余索取权的演变

1. 经典农业合作社按惠顾额所占比例分配的经济合理性

经典农业合作社是基于业务而不是基于资本的联合，按社员与合作社惠顾额所占比例分配则具有一定的经济合理性。实践证明，农产品生产由农户来完成是一种比较有效的制度安排，农户只是把自己不能够很好完成的业务交给了合作社。因此，农业合作社主要在农业的产前和产后领域，主要从事农用生产资料供销，农用资金信贷，农产品加工、贮藏和运销等，股金作为社员入社的条件基本相同，但由于社员的经营规模不同，因而与合作社发生的惠顾额也就不同，惠顾额的大小对合作社的经营起到至关重要的作用，按惠顾额所占比例分配更能够体现社员的贡献，当然股金也会获得相应的报酬。在经典的农业合作社中，投资者、使用者和经营者是统一的，都是合作社的社员。因而这种分配制度能够较好地体现各自生产要素的贡献。

2. 农业合作社主要利益相关者分离所引起的剩余索取权的演变

农业合作社的主要利益相关者由投资者、惠顾者和经营者组成，合作社的所有权结构反映了三者在合作社中的相对重要性。随着农业合作社经营规模的扩大，其投资者、惠顾者和经营者可能发生分离。农业合作社为了适应激烈的市场竞争不得不延长产业链，涉足农产品深加工和分销领域，需要大量的资金投入，业务越来越变成资金密集型，合作社可能通过增资入股或吸引外部投资的方式来募集资金，因而，出现了按股分红比例增大，甚至完全按股分红转变成股份制企业的现象。随着农业合作社业务的增多和复杂化，需要聘请外部的管理专家来领导和经营合作社，高级经营管理者在合作社的发展中变得越来越重要，他们也通过谈判等方式来增加工资和奖金，参与分享合作社的剩余。但无论如何，按惠顾额所占比例分配为主，仍然是合作社的基本分配方式。

（四）农业合作社的产权界定

1. 农业合作社的产权特征

农业合作社的所有者——社员，不仅具有投资和投资收益权，同时还有与投资相联系的惠顾和从惠顾中获取收益的权利。如果把合作社看成是投资者和惠顾者的集合，则合作社同时需要界定所有者对其投资和惠顾行为的产权。但根据经典农业合作社的基本原则，还存在着未清晰界定的产权。

①存在较大范围的共有产权。由于合作社实行自愿和开放的社员资格，为防止社员随意退出造成合作社资金的不稳定，规定合作社的公积金作为公共积累，除非合作社破产，否则单个社员对这些财产没有要求权。这部分资本是共有的，服从于集体决策。这些共有产权可能带来内部成员的过度使用，也会使新加入的社员无偿享用。因而我国的农民专业合作社法规定，提留的公积金要量化到每个社员的账户上。

②未清晰界定的投资收益权。要成为农业合作社的社员，必须等额认购股份，从而获得合作社的交易权，合作社的盈余按照惠顾额的比例进行分配。因此，农业合作社中投资者的收益权必须与投资者对合作社的惠顾相联系，通过按惠顾额返利间接体现。应当说投资和惠顾都能够给合作社带来收益，如果投资收益权不能直接体现，社员就会倾向于在投资额既定的情况下扩大与合作社的交易，或者在交易额既定的情况下尽量减少对合作社的投资。这既可能带来农业合作社销售规模不适当的扩大，也可能使社员缺乏对合作社投资的积极性。

③残缺的产权降低了投资股权的价值。农业合作社投资的收益权与社员对合作社的惠

顾联系在一起，就股金本身来说，除非合作社解散或者合并、分立，否则社员并没有对股金增值部分的要求权。合作社的股份不能够买卖和转让，也就失去了增值的可能性，降低了社员对合作社投资的积极性，出现了免费搭车、不关注合作社长远发展等问题。

2. 农业合作社需要清晰界定产权的原因

①社员异质性程度提高。经典农业合作社的社员一般是均质的，他们的经营规模大小相近、生产技术水平相当、生产产品相同。在这样的条件下，将投资收益权和惠顾收益权联系在一起是一种成本较低的产权界定方式。但当农业合作社的发展越来越需要不同资源的所有者联合在一起的时候，就需要更为复杂的治理结构和更为清晰的产权界定。当社员异质性导致投资者和惠顾者错位或分离，单方面强调惠顾者的权利就会弱化社员投资者的积极性，此时就需要分别确定两种资源的权利，即采用新的规则将二者更好地统一起来。如：像北美新一代合作社那样采取将社员的投资额和惠顾额统一起来并按股分红的方式。

②农业合作社积累不断扩大带来的经济价值的提高。随着合作社的发展，公共积累不断增加，给社员所带来的经济利益可能不断增大，这时明确公共积累的产权就变得十分必要。建立封闭的社员资格，防止新加入社员搭便车是一种选择；将公共积累量化到社员账户上，明确公共积累给社员所带来的经济利益增加也是一种选择。

（五）农业合作社的委托代理关系

1. 农业合作社委托代理问题的产生

农业合作社所有者和经营者的分离产生了委托代理问题。农业合作社在运行的初始阶段一般可能由社员自己充当管理者，但当合作社经营规模扩大以后，社员作为合作社的管理者可能难以胜任，聘任外部的企业家来管理成为很多合作社的选择，即合作社的所有者与经营者发生分离，因而产生了委托代理问题。解决委托代理问题可以从外部市场竞争、激励手段设计和合作社内部监督三个方面来考虑。一般来讲，合作社选择代理人的范围有限，因而降低了经理人市场竞争的压力；由于合作社的股金不能转让，因而对经理人的激励主要来自工资和奖金制度的设计；由于合作社的社员人数较少，并且社员之间相互熟悉，从而增强了社员监督合作社经理人的积极性和责任感，所以强化内部监督成为合作社降低代理成本的重要途径。

2. 农业合作社双重委托代理问题的产生

随着农业合作社的发展，不仅社员的数量在增加，而且社员的异质性在增强，监督代理人的责任落到了合作社骨干社员头上，中小社员成为搭便车者。我国的农民专业合作社主要由某些事业单位、公司制企业、种养大户领办，因而出现了十分普遍的少数人控制局面。在这种情况下，合作社的委托代理关系演变成双重的委托代理关系，即一个层次是全体社员与经营者之间的委托代理关系，另一个层次是中小社员与骨干社员之间的委托代理关系。双重委托代理问题的产生可能使骨干社员出于利己的目的损害中小社员的利益，解决这个问题的关键是：一方面在法律和章程中对骨干社员的权力做出限制；另一方面是允许骨干社员获得相应的权力和利益。

第三章 农业生产要素

第一节 农业自然资源

一、农业自然资源的概念

农业自然资源是指在自然界中可以用于农业生产的物质及能量，还有那些为农业生产提供保障的自然条件。农业自然资源与农业自然条件是两个不同的概念。农业自然条件包括地形地貌、气候条件、地理位置等，是指一种对农业生产发展的可能和限制。

农业自然资源的种类和范围并不是一直固定的，随着科技的发展和进步，越来越多曾经不能被人类开发利用的自然资源成了可以利用的农业自然资源。农业自然资源越来越丰富，人类可以利用的自然物质和能量就会越来越多。

人类通过各种手段将自然界中的物质和能量进行转化，得到人类需要的物质产品，这个过程就是农业生产活动。其本质是利用生物的生理功能把自然界的物质和能量转化为人类所需要的物质产品，因此，自然资源在农业中起着特殊的作用。自然资源的状况及其利用情况，不仅影响农业中社会经济资源的利用效果，影响农业生产的成果，而且影响农业生态环境，关系农业的可持续发展。

二、农业土地资源

（一）农业土地资源的作用

用于农业生产的土地的数量和质量的总称就是农业土地资源，这其中包括已经开发使用的部分和还未开发的部分，例如，耕地资源、草地资源、荒地资源、林地资源等。

土地资源对于农业生产具有十分重要的意义和作用。

1. 农业生产必须在大面积的土地上进行

一般情况下，工业生产会将土地当作人们进行作业或是生产的场所，相对需要的面积会比较少。在农业生产活动中，农作物在利用太阳能时，栽培面积是一个十分重要的影响因素，所以农业生产相较于其他生产部门需要使用更多的土地以实现生产目标。一个国家或地区的土地面积在很大程度上可以决定这些地域范围内的农业生产规模。

2. 土地具有对农作物生长发育的培育能力

农业生产部门与其他生产部门不同，土地起到了培育农作物生长发育的作用。因为对于农作物而言，土地的性质对其生长发育有很重要的作用。土地质量是决定农业生产成果的重要因素。

可以看出，土地资源对农业生产起到了直接的影响作用，所以土地是农业的基本生产资料。农业生产的发展是离不开土地的，需要对土地资源进行科学合理的开发和利用。

（二）农业土地资源的特点

1. 数量有限，不可替代

土地属于自然资源，人类的生产活动并不能创造土地。通过人类活动，可以对土地资源进行开发和利用，是一种改良，却不能创造出新的土地。随着社会工业化和城市化的不断发展和深入，非农用地的面积不断扩大，这就使农业土地资源持续减少。而农业生产中的其他生产资料并不会出现这种情况，它们可以通过人类活动而增加，例如，农用工具、机械等。而且，随着科学技术的不断发展，这些生产资料还可以进一步改革和更新，并可以相互取代。例如，传统的农业用具可以用现代化、自动化的农用工具代替，但是土地资源却不可以被其他资源替代，它在农业生产活动中不只是充当生产场所和地点的角色，还要为农作物的生长发育提供营养，土地肥力在很大程度上影响着农作物生长和农业生产成果。土地对于农业生产来说是必不可少的珍贵资源，所以发展农业生产必须重视对土地资源的充分、合理利用，提高土地的利用率和生产率。

2. 位置固定，不能移动

土地是固定不变的，并且不可以被移动，所以只能在固定的空间内进行土地资源的利用和开发。其他生产资料可以在不同的场合使用，并且根据实际的需要情况进行资源的转移。正因为土地的这个特点，对土地进行开发和利用时总是会联系自然条件，因为其会受到自然条件的制约。所以，科学、合理地利用土地资源发展农业生产，必须根据土地资源本身的特点进行安排，将土地所处空间的气候、地形、水利、土壤等条件充分纳入考虑，以此安排生产部门和作物种类；按照当前的需要，在可行性范围内改造自然条件，提高土地资源的培育能力；其他生产资料也需要按照因地制宜的原则进行改造，要在符合当地耕作制度下进行利用。

3. 能永续利用，土壤肥力可以提高

农业生产中的其他生产资料与土地不同，它们都具有使用期限。例如，机械设备会在使用过程中造成磨损，在一段时间的使用后便会失去效用而报废；肥料在使用后就会产生效力，当其被充分吸收后便会失去效用。土地资源与这些生产资料不同，它是可以被永久利用的，并且随着科学技术的不断发展，以及人们对土地资源更加了解和掌握，土地肥力会有所提高。土地肥力包括由各种成土因素综合影响形成的自然肥力，以及通过人工劳动改造而形成的人工肥力。自然肥力与人工肥力相结合形成潜在肥力，随着科学技术的不断提高，土地的潜在肥力会不断提高，并且可以转化为经济肥力供农作物直接利用。因此，想要永续利用土地，就需要对土地在利用的同时进行保护。正因为土地可以被永续利用，社会对农产品日益增长的需求和有限的土地资源之间的矛盾才有可能得以解决。

4. 土地生产力具有差异性

土地生产力是指土地资源生产农产品的能力，不同的土地具有的生产力并不相同，这是指在投入相同的活劳动和物化劳动所得到的农产品产出并不相同。造成土地具有生产力差异的原因主要有两个：第一，位于不同区位的土地所拥有的自然肥力并不相同；第二，人类活动会对土地造成影响，导致不同土地间的生产力差异。土地生产力的不同决定了土地经济价值和利用方向的不同，同时也决定了社会为解决农产品的产需矛盾，对于劣等地也必须加以利用，在为农产品进行定价时必须由劣等地生产条件下的农产品的价值来决定。

（三）我国农地资源的状况

1. 农地资源总量丰富，但人均占有量水平低

我国的国土面积大，是土地资源十分丰富的国家，农地资源总量也较为丰富。但是我国的人口规模大，这就导致我国的人均农地资源数量少。我国的人均耕地、林地、草场面积均没有达到世界的平均水平。

2. 耕地后备资源贫乏

我国的农垦历史十分悠久，已被开发的宜耕土地占比很大，导致还未开发的宜耕土地面积并没有很多，剩下的土地大多都是不宜耕种的。据相关资料统计，我国可开垦的宜农荒地资源仅为 1 亿亩，并且这些土地大多数都位于边疆地区，开发难度很大。

3. 大部分地区土地资源质量不高

我国的地貌特征属于山地多、平地少的类型，在国土范围内，山地、高原、盆地、平原和丘陵分别所占比例为 33%、26%、19%、12% 和 10%。而且，我国的干旱区和高寒区

面积比较大，这些地区的土地难以被开发利用。在全国范围内，可以用于农、林、牧业使用的土地资源低于70%，其中只有大约13%的土地资源为宜耕地资源。我国大部分耕地土壤的有机质含量低，土壤耕作层薄。天然草地大多分布于干旱、半干旱地区，这就导致产草量比较低。

4. 农地资源分布不平衡，地区间土地生产力差异显著

按照气候、土壤、地形等条件进行综合考虑，可以将我国大致划分为东南部湿润半湿润季风区、西北部干旱半干旱内陆地区、西南部青藏高原区三大区域。其中，东南部季风区占了国土面积的45%，我国95%的人口集中在该区域，90%的耕地也集中在该区域，是重要的农区、林区和畜区。西北部内陆地区占国土面积的30%，但在该地区只生活着4%的人口，其耕地面积只占全国总耕地面积的10%，该地区的农业生产条件差，并不利于进行农业生产。西南部青藏高原区占国土面积的25%，在该地区内只生活着不足人口总数1%的人，耕地面积也不足总耕地面积的1%，农业生产条件极差。

三、农业水资源

（一）水资源的特点

1. 水资源可以自然补充、重复利用

水资源的利用是一个循环的过程，水资源在自然蒸发、植物吸收、人类利用等消耗后，可以通过降水等方式回到自然中，实现水资源的循环补充。若一个地区的地质、植被、大气等方面的情况不发生变化，该地区的水资源总量只会出现一定程度的波动，而不会发生枯竭的现象，这就是因为水资源可以进行自然补充、重复利用。

2. 水资源只能以其自然状态利用

化石能源等矿产资源是可以经过人类加工进行利用的，可以通过人工提炼对其体积进行浓缩、提高其经济价值，因为这样可以减少运输成本。但是水资源却不可以经过人工提炼而进行体积上的浓缩，虽然通过人类加工可以将自然水资源变为饮用水，这样水资源的经济价值得以提高，但是数量有限，其运输成本较高。

3. 水资源既是生产对象，又是生产条件

矿产资源或生物资源都属于人类进行生产的对象，人类通过劳动对其进行加工形成最终产品。但是水资源不仅是人类进行生产的对象，同时还是人类进行生产的条件。例如，水资源作为生产对象可以被加工为饮用水，作为生产条件可以为发电、航运等提供条件。

4. 人类不能对水资源循环实施有效的人工控制

水资源的自然循环并不是一个固定的过程，其具有不规则性，所以在一定时间和空间范围内可能会形成水资源供给不足或是供给过量的现象，也就可能造成干旱或洪涝灾害，但人类目前拥有的技术并不能对这种循环进行有效控制，这样就会造成水资源的功能不能充分发挥，其他资源的利用也会受到一定影响。

5. 水资源的自然供给无弹性，需求呈刚性

水资源的自然供给与价格无关，它的需求价格弹性极小。因为无论是人类还是动植物对水都有刚性需求，水是保证他们生存的根本。水资源也为人们对生物资源进行开发和利用提供了条件，缺少水资源人类的经济活动会受到影响，所以对水资源进行开发和利用是一个关乎社会和生态的重要问题。正因为这样，人口数量、经济规模和农业生产必须考虑水资源的可供性，对水资源的需求没有限制会导致经济系统的崩溃。

（二）水资源对农业的重要性

1. 水资源是农业生产的命脉

农业生产的生产对象为各类动植物，水资源是保证它们生存的根本。农业生产如果出现水资源的短缺，就会导致农业生产不能实现长期发展。通过农业生产的实践情况可以看出，一般在水资源充足或灌溉条件较好地区的生产情况比较好，在这些地区的农产品产量明显高于其他地区。如果干旱地区和半干旱地区想提高其农产品的产量，就必须切实解决这些地区水资源短缺的现状。

2. 水资源状况影响农业布局

一般情况下，水资源充足、灌溉条件较好的地区的农业人口和劳动力较为密集，同时这些地区拥有的其他生产要素也比较多，属于主要的农产品集中产区。这些地区虽然资源好，但是人口多、土地面积小，相对的农业生产的潜力比较小。在干旱半干旱地区，人口少、土地面积大、生产要素比较短缺，所以劳动生产力水平低。但是这类地区的农业生产潜力比较大，如果最关键的水资源问题可以得到有效的解决，就很可能实现农业布局的优化。

3. 水资源是重要的农业生态环境资源

水资源状况和农业生态环境之间存在直接关系。如果出现水资源短缺，就可能引起森林和草原退化、土地沙化等；对水资源进行不合理利用，可能引起灌区土地次生盐碱化、水土流失和土地肥力下降；水资源污染会给农业生产带来阻碍，还会严重危害生态环境。

4. 水资源是农民的基本生存条件

水资源为农民的生存提供最基本的条件。提高农民生活水平的前提就是保证农民的生存，也就需要保证农民对水资源的需要。只有在满足农民对水资源的基本需求的基础上，才能进一步发展农村，实现农民的生活富裕。

（三）我国水资源状况

1. 总量多，人均量少

我国的陆地水资源总量高达 28 000 亿立方米，位居世界第六。但是我国人口规模大，人均水资源仅有 2 090 立方米，与世界平均水平相距甚远，仅为世界平均水平的 28%，是全球范围内人均水资源最贫乏的国家之一。按照现行国际标准，我国目前有 16 个省（区）人均水资源低于 2 000 立方米，属于严重缺水地区。在正常的水资源需求下，不进行水资源超采，农业每年缺水大概为 300 亿立方米。

2. 水资源地区分布不平衡

按照地域分布，我国水资源呈现东南多、西北少的特点，而地下水分布则是南方多、北方少。我国人口分布与耕地分布也存在不均的现象，加之水资源的分布不平衡，导致时常会出现灾害现象，例如，大面积的干旱或是洪涝等。

3. 水资源季节分布不均，年际变化大

因为受到季风的影响，我国的降水量以及径流量在一年内会呈现季节分布不均匀的状态。一般情况下，全年的降水量主要集中在夏季。因为降水的高度集中，导致我国在汛期大量弃水，非汛期大量缺水，水资源得不到充分合理的利用。除此以外，我国年际降水量也存在较大变化，连续旱年和连续雨年会呈交替状发生周期性变化，尤其在北方这种情况较为明显。

第二节　农业劳动力资源

一、农业劳动力资源概述

（一）农业劳动力资源的概念

劳动力是指可以参加劳动的人，农业劳动力是指参加农业劳动的人，农业劳动力资源是对参加农业劳动的劳动力的数量和质量的总称。农业劳动力的数量，是由适龄的有劳动能力的劳动力数量，以及未达到或是超过劳动年龄的经常参与农业劳动的劳动力数量组成的。农业劳动力的质量，是指农业劳动力的实际状况，例如，身体状况、农业劳动的技术掌握程度、农业科学技术水平等。

（二）农业劳动力资源的特点

1. 流失性

这是指劳动者的服务能力不可以进行储存。如果不在一定时间内对劳动力的服务能力进行利用，那么就会导致其服务能力自行消失，该能力不可以储存到另一时间使用，所以必须在有效时间内对劳动力进行充分利用。

2. 可再生性

劳动力具有可再生性，通过合理的利用，劳动力拥有的劳动能力可以恢复和进行补充，所以在利用劳动力时要注重科学合理性。劳动力的可再生性是建立在劳动者的休息得到保障的基础上的，并且还要为劳动者提供良好的医疗保健条件。

3. 能动性

这是指劳动者拥有主动性和创造性。在当今社会中，大部分劳动资料和劳动对象是通过人的劳动创造出来的。科学技术已经成为当今这个现代社会的第一生产力，但是劳动力依旧在生产活动中起着重要的作用。科学技术需要通过人类创造，亦需要通过人类使用。所以，要保证劳动力在生产活动中保持积极性，最大限度地发挥劳动者的主观能动性。

4. 两重性

这是指劳动力既是社会财富的创造者，又是社会财富的消费者。与生产资料结合，劳动力就是创造者；不与生产资料结合，劳动力就是消费者。如果能充分合理地利用这些劳动力资源，就可以在很大程度上推进我国农业发展；反之，这些劳动力资源会为国家经济造成负担，劳动力资源数量上的优势就变成了劣势。所以，我国的劳动力利用问题相较其他国家显得更为重要。

二、农业劳动力资源的利用

对劳动力资源进行充分合理利用的途径主要有两个，即提高农业劳动力利用率和农业劳动生产率。前者是通过农业外延扩大再生产利用劳动力资源，后者是通过农业内涵扩大再生产利用劳动力资源。

（一）提高农业劳动力利用率

1. 农业劳动力利用率的含义

农业劳动力利用率是指农业劳动力资源的实际利用量与拥有量的比率，反映农业劳动力资源的利用程度。

根据不同的分析目的，有以下三种方式可以用来计算农业劳动力：

$$农业劳动力利用率=\frac{实际参加农业劳动的人数}{能够参加农业劳动的人数} \qquad （公式3-1）$$

$$农业劳动力利用率=\frac{平均每个劳动者实际参加劳动的天数}{平均每个劳动者可参加的劳动天数} \qquad （公式3-2）$$

$$农业劳动力利用率=\frac{工作日中的纯工作时间}{工作时间} \qquad （公式3-3）$$

2. 提高农业劳动力利用率的意义

提高农业劳动力利用率可以使劳动者成为社会财富的真正创造者，可以通过自身劳动为社会创造更多财富。在社会劳动力资源总量和劳动生产率一定的情况下，随着农业劳动力资源的利用率的提高，就会有更多的实际劳动量投入到农业生产中，也就会创造出更丰富的农产品；反之，劳动力得不到充分利用，成为纯粹的社会财富的消费者，从而对农业和国民经济的发展造成负担。

3. 提高农业劳动力利用率的途径

（1）优化农业产业结构，发展劳动密集型产品

我国土地资源稀缺、劳动力资源丰富，根据这一特点我国应该发展劳动密集型产品。现在，农业也开始向国际化发展，要合理安排农业产业结构，大力发展蔬果、花卉、畜牧等需要较多劳动投入的农产品生产。并且要提高农产品的质量，加强产品竞争力，同时增加劳动投入，增加农民收入。

（2）实行农业产业化经营，拉长农业产业链

随着农业的发展，产业化经营成为主要的经营模式，这就使农业生产发生了生产经营领域的变化，从单一的农产品生产转向农产品的加工、运输、包装、销售等。这种转变提高了农产品的附加值，同时还为社会提供了更多的就业机会，提高了农业劳动力利用率，从而实现了农民收入的增长。

（3）加强农业基础设施建设，改善农业生产条件

农业基础设施是指固定在农用土地上可以较长时间发挥作用的生产性设施。农业基础设施建设包括修筑梯田、改良土壤、兴修水利、修建道路等活动。加强对农业基础设施的建设，可以对农业生产的物质条件进行改良，还可以加大对农业劳动力资源的利用，提高农业劳动力的利用率。

（4）开发利用荒地资源，向农业广度进军

经过长期农垦，我国的耕地后备资源并不充足，但是在很多地方都存在一些荒山、荒沟、荒丘、荒滩，并没有得到充分利用。因为这些土地资源的特殊性质，并不适合进行分户家庭承包，所以可以通过招标、拍卖、公开协商等方式进行承包。对"四荒"资源进行开发利用，可以提高土地利用率，增加农产品的产量，同时还可以提高农业劳动力的利用率。

（二）提高农业劳动生产率

1. 农业劳动生产率的含义

农业劳动生产率指农业劳动成果与劳动时间的比率，可以反映农业劳动者的生产效率。一般情况下通过农业劳动者在单位时间内生产的农产品数量进行表示，也可以用生产单位农产品所消耗的劳动时间来表示。

农业劳动生产率可以用公式进行表示：

$$农业劳动生产率=\frac{农产品数量}{农业劳动时间} \qquad （公式3-4）$$

$$农业劳动生产率 = \frac{农业劳动时间}{农产品数量}$$ （公式3-5）

上述两个公式是农业劳动生产率的定义性公式。如果进行实际计算，需要将农产品数量和农业劳动时间进行具体化。

农产品数量是指农业劳动的实际劳动成果，可以用具体的实物量进行表述，例如，农畜产品的总数量或商品数量；可以用具体的价值量进行表述，例如，总产值、增加值、利润等；可以用具体的作业量进行表述，例如，耕地数量、收割数量等。在进行单项农产品的劳动生产率计算时，一般都会采用实物量作为指标；在进行综合劳动生产率时，一般会采用价值量作为指标；在进行劳动的工作效率分析时，一般采用作业量作为指标。

一般情况下，农业劳动时间只包括农业劳动者花费的活劳动时间。但在进行农业劳动者的计算时，可以包括直接从事农业生产的劳动者，也可以包括间接从事农业生产的劳动者在内的全部劳动者。后者是指将为农业生产提供服务的劳动者也纳入统计单位，例如，提供育苗、提供农耕技术、提供专业工具的专业劳动者。当社会处于生产力水平较低的阶段时，农业生产主体需要自行完成这一系列农业生产活动，随着农业社会化水平的不断提高，这些活动可以由专业的服务组织来完成。按照直接劳动者还是按照全部劳动者进行农业劳动生产率的计算，会产生不同的计算结果，所以要在不同的需求下选取不同的指标。在计算某个农业生产主体的农业劳动生产率时，按照直接劳动者进行计算；在计算较大的地区或一个国家的农业劳动生产率时，按照全部劳动者进行计算。在进行计算时，劳动时间的单位也可以进行不同的选择，可以按照年、天、小时进行计算。

2. 提高农业劳动生产率的意义

农业劳动生产率的不断提高是历史发展的必然结果。随着社会的不断发展，农业劳动生产率也必须要随之提高，科学技术的发展可以为农业劳动生产率的提高提供条件。农业劳动生产率的高低是判断一个国家农业发达程度的标准。

（1）提高农业劳动生产率可以降低农产品成本

农业劳动生产率的提高就会减少单位农产品所耗费的活劳动，活劳动的耗费是组成农产品成本的重要部分。所以，提高农业劳动生产率就可以理解为是农产品成本的降低，这就会促进农产品竞争力的提高，促进农业生产经济效益的提高。

（2）提高农业劳动生产率是改善农民物质文化生活的决定性条件

首先，提高农业劳动生产率，可以在一定程度上降低农产品的单位成本，从而提高经济效益并增加农民的经济收入；其次，提高农业劳动生产率，可以压缩农业劳动者的工作时间，这样就会有更多的闲余时间，利用这些时间可以休息、娱乐，可以进行科学文化知识的学习，以此促进农业劳动力的全面发展。

（3）提高农业劳动生产率是发展农业的根本途径

根据农业劳动力的利用率，基本上有两个途径可以增加农产品：增加社会劳动时间和提高劳动生产率。前者主要是通过增加劳动者的数量、增加劳动者的工作时间或提高劳动者的劳动强度来实现；后者是通过减少单位产品上所消耗的劳动时间实现的。如果仅靠增加劳动者数量来增加商品数量不符合社会发展的要求，利用增加劳动时间促进农业的发展也具有很大的局限性，并且增加劳动时间从长远看并不利于发展。但是劳动生产率可以随着科学技术的发展不断提高，这是符合社会发展要求的发展方式。

（4）提高农业劳动生产率是加快国民经济发展的重要保证

提高农业劳动生产率，一方面，利用剩余的农产品可以更好地满足国民经济其他部门发展对农产品的需要；另一方面，通过生产率提高解放出的大量劳动力可以填补其他部门的劳动力缺口。

3. 农业劳动生产率的影响因素

有诸多因素都可能会对农业劳动生产率造成影响。马克思认为，劳动生产率是由工人的平均熟练程度，科学的发展水平和它在工艺上应用的程度，生产过程的社会结合，生产资料的规模和效能，以及自然条件决定的。所以，可以将影响农业劳动生产率的因素归纳为以下几方面：

（1）自然因素

这是指自然环境提供的各项条件，包括地理环境、气候情况、水利条件等。如果在优越的自然条件下开展农业生产，就能在相同的劳动时间内生产更多的农产品，也就是农业劳动生产率相对较高；如果在恶劣的自然条件下开展农业生产，就会导致单位时间内生产的农产品少，也就是农业劳动生产率相对较低。

（2）技术因素

这是农业现代化发展水平的一种体现，包括农业生产技术、物质技术装备、现代管理手段等。显而易见，农业现代化的发展水平越高，土地的生产率就越高，对劳动力的需求相对较小，而劳动生产率就会较高。

（3）经济因素

经济因素是指经济方面对农业生产会造成影响的因素，包括经济体制、市场体系、经营规模、生产结构、经济发展水平等。良好的经济环境和经济产业结构，可以为农业发展提供良好的市场条件，可以促进农业资源实现更为高效的市场分配，最终提高农业劳动生产率。

（4）社会条件

社会条件是指社会环境为农业生产提供的各项条件，包括人口的增长速度、农业劳动力的转移速度、农村教育和卫生医疗条件等。例如，人口的增长速度降低，农业劳动力的转移速度提高，就会导致人均自然资源拥有量增加，这就会相应地使农业劳动生产率有所提高；农村教育程度高，卫生医疗水平高，农业劳动者的素质就会有所提高，这也会导致农业劳动生产率的提高。

4. 提高农业劳动生产率的途径

对农业劳动生产率产生影响的因素有很多，但是在不同的国家背景下，在不同的发展阶段，需要面临的主要影响因素并不相同。根据我国现阶段的发展情况和实际国情来看，提高农业劳动生产率的主要途径有以下几种：

（1）提高农业的物质技术装备水平

在农业生产中使用先进的农业机械设备、化肥农药等生产资料，可以减少活劳动的投放，同时还可以提高土地生产率，这样就可以促进农业劳动生产率的提高。对于我国当前的情况来说，农业的整体物质技术装备水平比较低，尤其是在农业的机械化和设施化方面水平较低，所以通过提升农业物质技术装备水平实现农业劳动生产率的提高是一个科学有效的途径。但是在使用农业机械时要有所选择，根据实际情况推进农业的机械化和设施化，保证被替换的劳动力可以进行合理安排。

（2）合理利用和改善自然条件

自然条件对农业生产会产生很大影响，所以想提高农业劳动生产率可以通过对自然条件进行合理的利用和改善。我国国土面积大、跨度大，各个地区呈现出各自不同的自然条件，按照不同的情况合理地安排农业生产，是提高农业劳动生产率的一个关键环节。同时，还应该加大对农业基本建设的投入，对不利的农业生产条件进行改善，以此减少自然灾害对农业的威胁，这对于提高农业劳动生产率也有重要意义。可以看出，对自然条件进行科学、合理的利用和改造，是提高农业劳动生产率的重要途径。

（3）提高农业劳动者的科学文化素质

科学技术已经成为当今推动经济社会发展的重要动力，其在农业生产发展中的作用也很明显，并且这种重要性随着科学技术的不断进步而与日俱增。现代农业是离不开先进的科学技术的，农业机器设备的运用、现代化的农业经营管理等，都需要科学技术的支持。当前，我国农业劳动者的整体文化科学素质较低，这是制约发展农业的障碍，也是提高劳动效率的障碍。所以，应该加大对农业劳动者在科学文化素质方面的投资，提高他们的整体素质，以此为基础提高农业劳动生产率。

（4）建立合理的劳动组织形式

应该科学、合理地建立劳动组织，实现劳动组织形式与生产力发展水平达成协调，按照客观实际的生产需求开展分工与合作，这样可以促进农业劳动生产率的提高。按照农业发展的必然要求实行家庭经营制度，但是家庭经营对于推动农业发展有局限性。想进一步推进农业的发展，就需要建立符合发展力水平的劳动组织形式，就是在坚持家庭经营基本制度不变的前提下，对农业组织制度进行改革创新。按照我国目前的发展情况，应该建立各类专业合作社、农业产业化经营组织，还需要推进农业社会化服务组织的发展。

（5）推进农业适度规模经营

我国的农户经营规模比较小，这也会影响农业劳动生产率的提高。所以，应该加大力度推进工业化和城市化的进程，加快农业剩余劳动力转移。除此以外，应该对农地使用权的流转机制进行完善，调整农业经营的规模，推进农业劳动者与生产要素的最优配置。这些行为都可以促进我国的农业劳动生产率进一步提高。

根据我国的实际情况，提高农业劳动生产率需要对两个问题进行良好的处理。首先，处理好农业劳动生产率和农业劳动力利用率之间的关系。提高农业劳动生产率，就是要减少单位农产品中的活劳动耗费，这样就会产生节省出的劳动力，必须对这些劳动力进行合理安排，因为只有这样才能保证劳动生产率得到提高的同时，劳动利用率并没有下降，保证这种提高是有意义的。其次，处理好劳动生产率和土地生产率之间的关系。二者之间的关系并不是确定的关系。土地生产率的提高一般会引起劳动生产率的提高，但是有些时候，劳动生产率的提高可能会引起土地生产率的降低。我国人均拥有土地面积小，虽然国土面积大，但是土地仍属于稀缺资源，这就要求我们在提高农业劳动生产率的同时保证土地生产率。

第三节 农业资金

一、农业资金的概念

广义来说，农业资金是指政府、经营主体和社会其他部门投入农业领域的各种货币资金、实物资本和无形资产，以及在农业生产经营过程中形成的各种流动资产、固定资产和其他资产的总和。实际上就是指用于农业生产经营活动的所有资金之和。资金投入有很多类型，其中最重要的就是货币资金。货币资金具有很强的流动性，可以在市场中自由流转，可以快速、便捷地转化为其他形式的资金。从狭义层面来说，农业资金指社会中各投资主体投入到农业生产经营活动中的货币资金。

货币只是一种重要的资金形式，但是货币与资金不可以画等号。资金可以通过一定数量的货币来表示，在一定条件下货币也可以转化为资金。但是货币与资金之间具有明显的区别。资金具有可以进行循环和周转的价值，并且该价值可以保值；货币不一定是资金，只有在投入再生产过程中进行保值增值的货币才是资金。所以，农业资金是指投入到农业生产经营活动中进行循环和周转，并有保值增值的价值，且具有垫支性、周转性和增值性的资金。

二、农业资金的分类

（一）按资金的所有权划分

按照这种方式进行划分，可以将农业资金分为自有资金和借入资金。自有资金是指农业生产经营主体自身拥有投入生产经营活动的资金，这类资金不需要归还他人。它包括农业生产主体筹集的股本资金和在生产经营中积累的资金。此外，政府提供的无偿支援资金可以作为自由资金。借入资金是指农业生产经营主体通过借贷的方式获取的资金，这类资金需要按照约定到期还款。它包括向银行或信贷机构借入的贷款、向社会发行的债券等。

（二）按资金存在的形态划分

按照这种方式进行划分，可以将农业资金分为货币形态的资金和实物形态的资金。货币形态的资金是指以货币形式存在的资金，例如，现金、存款等都属于货币资金；实物形态的资金是指以实物的形式投入到生产经营活动中的资金，例如，各类生产资料、投入其中的产品等。

（三）按资金在再生产过程中所处的阶段划分

按照这种方式进行划分，可以将农业资金分为生产资金和流通资金。生产资金主要指各种生产资料和在产品所占用的资金；流通资金主要指各种产成品占用的资金和在流通领域中的现金、存款、应收款所占用的资金。

（四）按资金的价值转移方式划分

按照这种方式进行划分，可以将农业资金分为固定资金和流动资金。固定资金是指垫支于劳动资料上的以固态资产形式存在的资金，例如，农业生产用房、机械设备、水利设施等。固定资产的单位价值大，使用时间长，并且可以重复多次地投入农业生产中，其价值会随损耗转移至产品成本中，产品的销售收入会对其进行补偿。流动资金是指垫支在种子、饲料、肥料、农药等劳动对象上的资金和用于支付劳动报酬及其他费用的资金。流动资金是一次性的，一旦投入到一个生产过程中就会被完全消耗，其价值会一次性转移至产品成本中，并会从产品销售中得到一次性的补偿。

三、农业资金的来源

第一，农业生产经营主体投入。在我国的农业生产经营中农户是最重要的生产经营主体，同时也是最重要的农业投资主体。除了农户外，农村集体经济组织、农民专业合作社、农业企业等组织也是农业生产主体，这些主体也是农业资金的重要来源。

第二，政府财政预算拨款。政府会根据实际情况为农业进行财政预算拨款，这笔财政资金也是农业资金的重要来源。一般情况下，财政资金都采用无偿的方式进行拨款，但是在一些时候部分财政资金也会通过有偿的形式进行划拨，或者转化为银行信贷资金的形式提供资金支持，这类有偿的资金提供方式主要是为了提高财政资金的使用效率，以便达到更好的使用效果。

第三，金融机构和个人融资。金融机构或个体信贷供给者也会为农业生产经营者提供多种信贷资金，这类资金也是农业资金的来源之一。信贷资金是有偿提供的，需要按照约定日期进行本息还款。农业信贷资金的提供者可以依照政策目标提供政策性贷款，也可以为了实现其商业目标提供商业性贷款。

第四，国外资金。在农业中，国外资金来源主要有以下几种：国际经济组织提供的资金，例如，联合国、世界银行等组织提供的资金；政府间援助获取的资金，一些农业方面的合作投资项目投入的资金；国外金融机构、企业或个人进行的农业投资。

第四节　农业科技进步及信息化发展

一、农业科技进步

（一）农业科技进步的特点

科技进步的过程主要包括三个阶段，即科技成果的生产、科技成果的产业化、科技成果的扩散与推广应用，各个阶段之间相互联系。农业科技进步的过程与其他领域展现出其自身的特点。想推进农业科技进步，就应该充分认识和了解这些特点，合理利用这些特点。

1. 研究开发周期长，风险大

生物有机体是按照一定的自然规律生长发育的，在进行农业研究开发时，首先要保证研究周期基于生物的生长周期，人们必须在自然界限内进行科学试验。例如，在进行动植物新品种的培育实验时，一实验周期至少需要一个动植物的生长周期。在实际的农业研究开发中，并不是经过一次实验就可以完成，而需要多次多方面的实验，需要经历许多个动植物的生长周期。所以，进行农业科学研究开发需要很长的研究周期，而研究周期长就会带来更大的风险。因为研究开发失败，已经投入的资金是不可能收回的，并且已经投入的人力、物力和时间也就此损失了。

2. 研究开发需要多学科合作

农业研究开发的任务是提出解决动植物生长与环境因素之间相互协调的技术方案，这是一个具有综合性的任务。进行农业研究开发需要各个学科和领域的专家进行协作研究，包括遗传学家、土壤学家、生理学家、营养学家、病理学家等。在进行农业科技成果的应用时，要采取相应的配套措施，只有各个方面的协调合作才能保证新技术预期效果的实现。

3. 科技成果具有区域适应性

动植物的发育生长需要一定自然条件的支持，所以在进行农业科技成果的推广时，一般都是在一定区域内进行的，尤其是动植物品种具有很强的地域选择性。因此，想进行大范围的农业新技术推广，首先要解决区域限定的问题，要进行适应性试验，保证农业新技术可以适用于各个区域，这样才能保证新技术的推广效果。

4. 新技术的应用效果具有不确定性

因为农业新技术会受自然环境等不可控因素的影响，这就可能影响其效果。而且，从经济再生产的角度看，农业新技术发挥了其预期的效果，也并不一定会带来良好的经济效果。生产经营者可能因为产量、价格、成本等经济问题，排斥在其生产经营中使用新技术。所以，农业新技术不仅要保证技术上的先进性、生产上的可行性，还需要保证其经济上的合理性，只有这样才能保证新技术可以在现实的生产经营活动中投入使用。

（二）农业科技进步的作用

1. 提供先进的农业技术装备，提高劳动生产率

农业技术进步为农业带来了很多先进的农业机械、工具和设施等，利用这些工具可以减轻农业劳动者的工作强度，提高他们的劳动能力和劳动效率，以此降低农业生产成本，提高经济效益。

2. 提高动植物的生产性能，提高单位土地面积产量

实践研究表明，农业科技进步可以为农业带来显著的增产效果。例如，依据遗传学理论结合生物技术，大幅推动了育种技术的发展，利用这种新技术培育出一系列优良的动植物品种，大幅提高了单位产量。在全球范围内看，自 20 世纪 30 年代培育出杂交玉米以来，很多杂交种相继被培育出来，如：杂交高粱、杂交大麦、杂交棉花、杂交水稻等。20 世纪 50 年代以来，全球范围内农产品的增加中，有很大一部分都是通过高产品种培育得到的。20 世纪 60 年代中期，开始推广"绿色革命"，促使很多发展中国家的粮食产量大幅增加。除了这一方面，在畜牧业、林业和水产业方面育种技术也为其带来了显著的增产效果。随着化学、生物生理学、营养学理论的发展，农作物肥料和养殖动物饲料等方面得到了提升，使动植物的营养状况和生长条件得到了极大的改善，进一步提高了良种的增产性能。

3. 提高农产品质量，满足市场对高品质农产品的需求

将生物技术运用于农业生产经营中，一方面可以增加农业产量；另一方面可以根据市场需求对产品质量进行调节。根据人们对食品消费的需求变化，可以对粮食、肉类等各种农产品中的营养成分的含量进行调节，满足人们的个性要求；适应纺织工业的发展，对棉花纤维的长度和弹性等性质进行调整。而且，农业科技进步在提高农产品初级产品质量的同时，还可以丰富农业加工品的种类，提高其品质。

4. 扩大资源供给，提高资源利用效率

农业科技进步会引起农业资源的配置发生变化。农业科技进步会使农业资源的利用范

围扩大，这样就会有很多新的资源加入到农业生产中，也就会提高农业资源的供给量；农业科技进步会促进农业资源的利用效率提高，可以使用相同的农业资源生产更多的农业产品。农业科学技术的进步，可以提高劳动资料的效率，提高劳动对象的质量，可以对农业进行科学、合理的管理，这样就会使农业生产要素的利用效率持续不断提高。同时，农业科技进步可以协调生物和环境之间的关系，促进农业的可持续发展。

5. 提高农业的经济效益，增加农民收入

第一，农业科技进步可以促进农业劳动效率的提高。第二，提高农产品的产量和质量。第三，推动农业规模经济的实现。农业科学进步，可以扩大生产单位的经营规模，从而降低平均成本，以此实现规模效益。第四，提高生产要素的利用效率。以上几方面都可以促进农业经济效益的提高，促进农民收入的提高。

6. 有利于改变农村面貌，缩小"三大差别"

农业科技进步一方面可以促进农业发展，促进农村经济发展；另一方面还可以改善农村的生态环境。科技进步可以带来全新的农业生产方式，也会改变农民的生活方式，会引起农民的生活习惯和价值观念发生转变，这就引起了农村面貌的全面改观，缩小甚至消除工农差别、城乡差别以及体力劳动与脑力劳动的差别。

（三）中国农业科技的创新方向

1. 高产、优质、高抗动植物新品种繁育技术

优良品种是提高农产品产量和质量的基础。随着经济的发展，人们的生活水平越来越高，这就使人们对农产品的需求提出了更高的要求，促使农产品要提高质量适应要求。对我国来说，培育优良品种是发展农业科技创新的一个重要方向。我国将应用常规技术和转基因技术、分子定向育种技术、航天诱变育种技术等新的育种技术，大力培育动植物新品种。我国的耕作制度较为复杂，所以在进行选种时应选择早种晚熟配套和前后茬配套的优良品种；按照不同生态类型，选择那些可以抵御重要病虫害或自然灾害和盐碱等不良环境条件的多抗性优良品种；在进行畜禽育种时，选择那些高品质、高饲料转化率的新品种作为重点培育对象。

2. 作物栽培技术和畜禽饲养技术

想充分发挥优良品种的潜力，需要搭配适合的栽培和饲养技术，所以，不可以只关注优良品种的培育，还需要对相应的栽培和饲养技术进行研究和推广。在种植业方面，要充分了解不同地区的生态条件，根据生态区域的特点建立主要农作物的高产栽培技术体系。

在畜禽和水产饲养方面，应该对相应的配合饲料、疫病防控与治疗技术等进行研究和推广，要按照区域和规模的不同，建立相应的养殖模式和技术体系。

3. 农业机械和设施农业装备技术

农业机械化可以减轻农业工作者的劳动强度，提高农业劳动效率，而且这是实现农业现代化的重要基本条件。我国当前的农业机械化水平并不高，应该加大力度推进农业机械化。同时，还要联系实际情况，一方面加大推进粮食生产过程的机械化程度；另一方面研究和推广园艺用微型耕整机械、小气候调节机械和自动化调控设备。此外，还要加大、加深对农业机械和装备的自动化、智能化等方面技术的研究，提高自动化和智能化水平。

4. 化肥、农药生产和使用技术

化肥、农药是实现农业增产的一个重要因素，我国当前的化肥、农药生产方面仍然有一些问题。我国农业化肥主要存在品种结构不合理、肥分利用率低、施用方法不科学等问题。应该研究和推广新型化肥、有机肥料资源无害化处理技术等。我国农业的农药使用效率低、成分残留高，所以应该研究和推广高效、低毒、低残留的农药，加强对环保施药的推广，要建立科学、统一的有机农药使用技术标准，推进农药使用的规范化和科学化。

5. 农产品质量控制和检测技术

农产品质量安全是一个非常重要的问题，首先，它与消费者的健康有直接关系；其次，它也在一定程度上决定了农产品的国际市场竞争力。根据实际情况来看，我国的食品质量安全问题十分显著，是消费者极为关注的问题。所以，提高我国农产品的质量安全水平是一个迫在眉睫的课题。通过农业科技创新，可以加强对农产品质量安全的检测和控制，同时应该制定和完善统一的农产品质量标准，加强农产品标准化生产技术体系和农产品质量检测体系的建设，提高我国农产品的质量安全水平。

6. 农产品精深加工与储运技术

发展农产品加工贮藏技术，可以延长农业产业链、提高农产品附加价值、推进农业产业化经营。在农产品生产后，应该进行农产品和农林特产精深加工提高其附加价值，还有一系列配套的设备和技术的研究和推广也很重要，例如，绿色储运技术、农产品的保鲜储存与运输技术、冷链运输系统技术等。

7. 资源利用和环境保护技术

我国面临着十分严重的环境污染问题，并且因为人口规模大所以资源较为紧缺，这些都对农业的可持续发展造成了严重的阻碍。所以，为了推进农业的发展，就应该研究和推广资源科学、合理利用的技术，以及环境友好型技术。例如，节水农业、地力培育、草原植被恢复、农业面源污染防治等都属于这类技术。充分开发和利用先进的技术，建立区域性农业资源利用技术体系、退化草原快速治理与可持续利用技术体系、综合治理技术体系等。

二、农业信息化

（一）农业信息的类型

1. 农业自然信息

农业自然信息指存在于自然界中的与农业活动相关的各类信息，包括生物生长信息，如作物生长信息；生物生长环境信息，如：当地的土壤、气候条件等；生物生长与其生长环境之间的作用信息，如：农作物和土壤之间的养分循环等。作物生长信息包括作物的种类、品种、生态适应性、营养需求等相关信息；土壤信息包括土壤的类型、质地、养分情况、含水量、耕作层厚度等信息。这些农业自然信息可以为农业劳动者进行生产决策和日常生产管理提供参考。

2. 农业社会信息

农业社会信息指人类在农业生产经营活动中产生的各类信息，包括农村社会和经济信息、农业生产技术信息、农业市场信息、农业政策信息等。农村社会和经济信息包括农业人口数量和变化情况、农民收入水平、农民社会保障情况、农村基础设施等方面的信息，通过对这些信息进行充分的了解，政府可以制定和调整相应的政策。农业生产技术信息包括农作物的品种、栽培技术、病虫害防治技术等方面的信息，通过充分掌握这些信息，农业劳动者可以采取相应的技术措施。农业市场信息包括农业生产资料和农产品的市场供求和价格等信息，通过这类信息，农业劳动者可以对其生产经营进行较为科学、合理的决策。

（二）农业信息的特点

1. 与自然环境条件的依存性

农业是将自然再生产作为其基础的，生物的生长发育一定是在自然环境中发生的。所以在进行农业生产的安排，以及农业生产的日常管理时，就要充分考虑到生物生长发育的自然环境，包括地形地貌、气候状况、季节等，要充分了解和掌握生物的适地适生信息，要根据实际情况组织农业生产经营活动。

2. 系统性和渗透性

农业生产实际上是自然生产与经济再生产有机结合产生的部门，是一个涉及生物、环境、经济、技术等多方面、多领域的复杂庞大的系统工程，各方面、各领域的信息都同时存在，并且相互渗透，共同作用。所以，在进行农业生产经营时，必须对各方信息进行全面收集。

3. 使用上的商业性与公益性并存

农业信息在使用上同时具有商业性和公益性。商业性农业信息是指直接影响农业生产经营的经济效益的农业信息，在农业生产经营者进行决策时这类信息会直接与他们的利益挂钩，这类信息的价值通过市场得以体现。商业性农业信息具有个体性和微观性，通过市场可以对这类信息进行较好的信息配置。通过相关企业提供信息是缩短信息传递链条的一个有效途径，这样可以提高信息传递的及时性和准确性，实现信息传递双方的即时互动。公益性农业信息是指具有很强正外部性的农业信息。一般情况下，公益性农业信息关系到农业经营风险和部分自然风险的降低，也关系到农业整体生产力水平的改善，这类信息直接关系到国家、社会和广大农民的利益。

（三）农业信息化的作用

1. 农业信息化是发展农业的重要动力

当今是信息化时代，信息资源在当今社会中是十分重要的生产要素，在资源结构中占有十分重要的地位。农业信息化是农业发展的必然要求，提高农业信息资源的开发利用水平，可以在一定程度上减少物质生产要素的投入。通过推进农业信息化的发展可以促进农业产业结构的优化，促进农业增长方式的转变，以此为基础推进农业的可持续发展。

2. 农业信息化是实现决策科学化的重要手段

农业生产和经营管理受到很多因素的影响，农业系统具有复杂性、动态性、模糊性和随机性的特征，所以在进行决策时比较复杂。想进行科学、有效的农业决策，就需要充分利用多个学科、领域的知识，还需要借助专家的知识和经验进行推理和判断。通过农业信息技术，可以将农业决策支持系统、专家辅助系统、作物生长模拟系统等信息化系统进行有机结合，通过科学的分析做出农业决策。

3. 农业信息化是提高农业经济效益的有效措施

通过信息技术可以进行模拟实验，这样就在农业科研方面节省了成本和时间，提高了科研的效率；通过对信息技术的合理利用，可以通过预测增强作物抵御自然灾害的能力，降低风险和损失；农业信息技术帮助农业生产经营者快速、便捷、低成本地了解和掌握农

农业经济管理与发展探究

业新品种和新技术、农产品供求和农业农村经济政策等信息，以此降低决策成本。

4. 农业信息化是实现资源高效配置的重要手段

农业信息化可以打通信息通道，加强农村与城市、国内与国外的联系，使农业发展可以充分利用各方资源和市场，进行资源配置的优化，扩大农产品市场；利用信息系统，可以帮助农村富余劳动力流向城市，加快城镇化和工业化的进程；科研院校和机构可以通过农业信息化寻找合适的实验基地，促进科研成果与现实生产力之间的快速转化；农业方面的人才也可以更好地根据需求找到合适的岗位，实现人才的优化配置。可以看出，农业信息化可以优化资源的配置，提高资源配置的效率。

第四章　农业产业结构与布局

第一节　农业产业结构

一、农业产业结构概述

（一）农业产业结构的概念

农业产业结构，是指在一定区域（地区或农业企业）范围内，农业各生产部门及其各生产项目在整个农业生产中相对于一定时期、一定的自然条件和社会经济条件所构成的特有的、比较稳定的结合方式。简单地说，农业产业结构就是指农业各产业部门和各部门内部的组成及其比例关系。它不仅要从投入和产出的角度反映农业系统中各组成部分之间在数量上的比例关系，而且还要从相互联系的角度反映各组成部分在整个系统中的主从地位、结合形式和相互作用。

（二）农业产业结构的特点

1.农业产业结构具有多层次性

农业产业结构可划分为若干层次。首先，它表现为农业内部农、林、牧、渔业的结构。这一层次的结构是农业的一级结构。其次，在农业各业内部又包括产品性质和生产特点不同的生产项目，如：种植业内部包括粮食作物、饲料作物、经济作物、其他作物等，这些生产项目的组合比例构成了农业的二级结构。最后，经济作物又可以分为纤维作物、油料作物、糖料作物等，这些作物的组合比例构成了农业的三级结构。以此类推，农业产业结构还可以细分出更多的层次。

2.农业产业结构具有整体性

结构是构成事物整体的各要素相互联系、相互作用的方式或秩序，尽管农业生产可以分解为许多层次和侧面，但作为结构它是一个有机整体。这就要求我们在安排农业产业结构时，要从系统的观念出发，使农业内部各部门、各项目之间的关系相互协调，从而发挥最大的整体功能。

3. 农业产业结构具有动态性

农业产业结构虽然表现为一定空间范围内农业生产部门或生产项目之间的组合关系，但农业产业结构的形成受多种因素的制约，这些因素会随着时间的推移而变化。因此，农业产业结构也会随着时间的推移而发生变化。另外，农业产业结构也具有相对稳定性，因为制约农业产业结构的各种因素也是相对稳定的，这个特点要求我们在调整农业产业结构时要充分注意农业产业结构的稳定性与动态性的关系。

4. 农业产业结构类型具有多样性

农业产业结构根据其所包括的生产部门、生产项目的比例关系不同，可分为农牧结合型、农林结合型、农林牧结合型等类型。根据其生产部门、生产项目之间的结合形式的不同，又可分为直接结合型和间接结合型。前者指各生产部门、各生产项目之间，一方面存在着土地、劳力、资金等生产要素的相互调剂与支援关系；另一方面存在着相互供应物质和能量的直接结合关系（如：种植业为畜牧业提供饲料，畜牧业为种植业提供肥料）；后者指各生产部门、生产项目之间只存在着土地、劳动力、资金等生产要素的相互支援和调剂关系。不同的结构类型形成的条件不同，产生的效益也不同。

二、农业产业结构变化趋势

决定农业产业结构的各种影响因素会随着时间的推移而发生变化，因而农业产业结构也会相应地发生变化。一般来说，农业产业结构具有如下几种变化趋势：

（一）粮食生产的基础性地位得到保护

在所有的农业生产中，粮食生产始终处于优先发展的地位。首先，粮食是人们最基本的生活资料，农业产业结构的安排总是在满足了粮食的需求之后，如果还有多余的耕地、劳动力等生产资料，才可以用来发展粮食以外的其他农产品生产；其次，畜牧业及渔业生产的发展必须建立在粮食及饲料生产的基础之上；最后，粮食是战略物资，粮食生产的安全关系到整个国家和社会的稳定。因此，在粮食生产在农业中的比较效益不断下降、在种植业中的比重不断下降的情况下，很多国家都对粮食生产采取了保护性政策措施，如：价格保护、农业投入要素补贴、进口限制等。

（二）畜牧业所占比重逐步增大

从发达国家农业生产发展历程来看，畜牧业在农业中所占的比重越来越大，其发展速度也大大超过了种植业。同时，在畜牧业中，提供低脂肪、高蛋白畜产品的畜牧生产比重日益增加。这一趋势说明，随着社会整体收入水平的提高，人民消费水平也逐步提高，对食品的需求结构发生变化，已经从单一的依靠粮食转变为粮食加菜、肉、蛋、奶等比较合理的饮食结构。

（三）种植业中饲料生产所占比重逐步增大

随着人们的食品需求从低级向高级转换，畜牧业得以较快地发展，进而导致对饲料需求的增长，种植业生产的粮食越来越多地被用作饲料，饲料作物的栽培随之迅速增加。种植业由原来的"粮食作物＋经济作物"二元结构逐步转变为"粮食作物＋经济作物＋饲料作物"的三元结构。

（四）种植业中经济作物所占比重逐步增大

随着社会经济的发展，工业对棉花、天然橡胶、糖料、中药材等原料性经济作物的需求逐步增加；城乡居民对蔬菜、水果、花卉等消费性经济作物的需求也在增加。而种植经济作物的经济效益一般好于粮食作物，这使得经济作物在种植业中所占的比重逐步增大。

（五）林业受国家的特别支持与保护

在整个生态系统中，森林是地球表面陆地生态系统的主体。森林生态系统具有涵养水源、调节气候、防风固沙、保持水土、固碳放氧、净化大气等多种生态功能。森林除了具有经济功能，还是人们休闲和旅游的重要去处，因而衍生出许多社会文化功能。森林的生态功能和社会文化功能是林业生产的溢出效益，很多国家对林业生产进行支持和保护，以稳定和提高森林覆盖率，使森林所有者和经营者的行为符合社会和生态发展的需要。

三、农业产业结构调整优化

（一）调整优化农业产业结构的必要性

农业产业结构调整，就是对农业发展的各种资源进行权衡、改造和利用的过程，其目的就是对资源和生产要素进行优化配置，提高农业生产率，满足人们对食物的需求，实现农业增效、农民增收和农业可持续发展的过程。

我国的农业产业结构比改革开放初期已经有了较大的改善，但目前仍要继续优化。总体上说，其必要性具体表现在以下几方面：

1. 是现阶段农业生产发展的客观要求

随着农业生产力水平的提高，农产品供应量逐年增加，农产品供求关系已经从卖方市场转变为买方市场，而农村地区农产品同质化现象严重，互相争夺市场，造成价格下降，农民收益降低；同时，随着城乡居民生活由温饱向小康迈进，农产品消费结构发生了很大变化，农产品需求日益多样化。面对这种市场需求的变化，迫切要求农业生产从满足人民的基本生活需求向适应优质化、多样化的消费需求转变，从追求数量为主向数量、质量并重转变。

2. 是提高农产品市场竞争力的根本途径

随着经济全球化进程的加快，农业和农村经济面临更为激烈的市场竞争。但由于我国农业技术水平低，农民整体素质不高，在国际市场竞争中处于不利地位，特别是单门独户的小农生产极不利于市场竞争，低层次的产业化经营也会使地方农业在市场竞争中处于劣势。只有通过农村产业结构的战略性调整，进一步优化资源配置，充分发挥比较优势，才能把资源优势变为产品优势，增强我国农业在国际市场的竞争力。

3. 是增加农业经营者收入的有效途径

从目前看，由于供求关系的变化，依靠增加农产品数量或提高农产品价格来增加农业收入的潜力已经不大。而调整优化农业产业结构，提高农产品质量和档次，发展名特优新产品，一方面，可适应市场优质化、多样化的需求；另一方面，可以提高农业的经济效益，增加农业经营者收入。

4. 调整优化农业产业结构是合理开发利用农业资源的重要手段

人多地少是我国的基本国情。我国农业资源一方面相对短缺，过度开发利用；另一方面配置不合理，利用率不高，浪费严重。通过调整优化农业产业结构，充分发挥区域比较优势，挖掘资源利用的潜力，实现资源的合理配置，提高资源开发利用的广度和深度，就可以做到资源的有效利用与合理保护相结合，促进农业生产的可持续发展。

（二）农业产业结构调整的战略方向

我国农产品的供求关系已从过去的总量短缺变为供求总体平衡，而结构性供求矛盾开始突出，一些品种供过于求与另一些品种供不应求同时存在，农业发展的制约因素已经由过去单一的资源约束变成资源和市场的双重约束。在这种背景下，农业产业结构的调整不仅要考虑各种农产品的数量平衡，而且要注意农产品的质量提升，更要努力实现农业的可持续发展。

1. 优化农业各产业之间的关系

优化农业生产中种植业、林业、牧业和渔业之间关系的基本思路是：提高种植业和林牧渔业之间的多层次综合利用水平，提高农业资源的利用效率；继续发展种植业，使其与国民经济发展要求相适应；加快畜牧业发展，为社会提供丰富的肉、奶等畜产品；充分利用我国丰富的山地和水域资源发展林业与渔业。

2. 种植业结构的调整

种植业结构调整的战略方向是：在稳定粮食生产的前提下，大力发展经济作物生产。粮食是国民经济基础的基础，关系社会稳定，特别对拥有 14 亿人口的中国来说尤为重要。因此，在调整农业产业结构的过程中，必须高度重视粮食生产，保持粮食生产基本稳定，坚决防止忽视粮食生产的倾向；同时，要在确保粮食安全的前提下，扩大经济作物的生产。在粮食生产中，按照人口和畜牧业发展的需要，使口粮和饲料粮相分离；要提高口粮的品质和专用化程度；经济作物进一步向专业化、品牌化、产业化的方向发展。

3. 林业产业结构的调整

林业是培育、保护和利用森林的生产部门。林业生产不仅生产周期长，而且具有很强的外部效益，因此必须重视发展林业生产，优化林业结构。林业结构调整的战略方向是：继续大力发展植树造林运动，提高森林覆盖率；优化营林结构，重视经济林、薪炭林、防护林的营造与发展；建立合理的采、育结构，切实保护好林业资源；在继续重视林木产品生产和发展速生丰产林的同时，加强对各种林副产品的综合利用，提高林业资源的多层次利用水平，提高林业生产的经济效益。

4. 畜牧业结构的调整

随着人民生活水平的提高，相对于粮食来说，人们对畜产品将会有更大的需求，因而畜牧业将有更大的发展空间。畜牧业结构调整的战略方向是：大力发展耗粮少、饲料转化率高的畜禽产品生产，特别是增加秸秆和草料转化利用率高的牛、羊、兔、鹅等品种，大幅度提高食草性动物的产品产量；适应中国居民的肉类消费特点和需求变化，稳定发展传统的猪、鸡、鸭等肉类和禽蛋生产，加快品种改良速度，重点发展优质猪肉和禽肉生产，提高优质产品所占的比重；根据区域资源特点，建立不同类型的畜牧业专业化生产区；大力发展饲料加工业和畜产品加工业，推进畜牧业的产业化经营，实现畜产品的多次转化增值，提高畜牧业的综合效益。

5. 渔业结构的调整

渔业是利用水域进行捕捞和养殖的产业，主要产品是鱼类、虾蟹类、贝类和藻类。改革开放以来，我国渔业生产获得了快速发展，但渔业结构不尽合理，因此需要调整优化。我国渔业结构调整的战略方向是：保护和合理开发利用滩涂、水面等宜渔资源，加速品种更新换代，发展名特优新品种养殖，重点发展高效生态型水产养殖业，积极发展高科技工厂化养殖，因地制宜地发展水库和稻田养殖；稳定近海捕捞，加强保护近海渔业资源，完善休渔制度，严格控制捕捞强度，减少捕捞量；大力发展远洋渔业，不断扩大国外作业海域，加强国际渔业合作；大力发展水产品的精加工、深加工和综合利用，重点抓好大宗水产品的保质和低值水产品的深加工，提高水产品质量和附加值。

6. 优化农产品品种结构

在过去农产品供给数量不足的背景下，农业生产只能将追求数量的增长放在最重要的位置。目前，我国主要农产品供求中的数量矛盾已基本解决，这就使我国农业有条件在稳定提高生产能力的基础上，将优化品种、提高质量放到突出的位置来考虑。特别是加入WTO以后，我国的农产品将参与世界范围的市场竞争，提高农产品质量已成为当务之急。因此，不论是种植业，还是林牧渔业，都必须根据市场需求的变化，压缩不适销的品种，扩大优质品种的生产；通过品种改良和新品种开发，加速品种的更新换代，努力提高农产品的质量。

（三）调整优化农业产业结构的措施

根据农业产业结构的变化规律，以及改革开放以来我国农业产业结构调整的经验，要进一步调整优化我国的农业产业结构，必须采取以下几项措施：

1. 加大资金投入，完善基础设施建设

不断加大农业基础设施建设的投资力度，增强农业抵御自然灾害的能力，搞好水利、土地整理为重点的农业基础设施建设力度，加大以交通、供水、供电、通信为重点的农业生产生活设施建设，全面提高农业基础设施条件。

2. 加大对龙头企业的扶持力度，大力推进农业产业化经营

实践证明，农业产业化经营是调整优化农业产业结构的重要途径。通过农业产业化经营，处于无序状态的农业经营者实现了与市场的对接。因此，要继续大力推进农业产业化经营，进而带动农业产业结构的调整优化。推进农业产业化经营的一个重要环节是壮大龙头企业。政府要加大对龙头企业的扶持力度，为龙头企业创造良好的发展环境。要加快对现有农产品加工企业和流通企业的技术改造，鼓励采用新技术和先进工艺，提高加工能力和产品档次。要加大对现有农副产品加工业和流通业的改组改造，把有市场、有效益的加

工企业和流通企业，改造成为龙头企业；鼓励投资主体多元化，广泛吸引各类合作经济组织、社会民间资本和国外资本参与龙头企业建设；鼓励龙头企业到主产区建立生产基地，带动农业经营者调整生产结构。

3. 大力发展优质、高产、高效的生态农业和特色农业

农业结构调整工作必须因地制宜、扬长避短，结合本地实际情况，培植本地的特色产品和优势产业，大力发展优质、高产、高效的生态农业和特色农业。要立足资源优势，选择具有地域特色和市场前景的品种作为开发重点，尽快形成有竞争力的产业体系。建设特色农业标准化示范基地，筛选、繁育优良品种，把传统生产方式与现代技术结合起来，提升特色农产品的品质和生产水平。加大对特色农产品的保护力度，加快推行原产地等标志制度。整合特色农产品品牌，支持做大做强名牌产品。

4. 加强农业科技创新，为农业产业结构调整提供技术支撑

首先，要适应农业产业结构调整的要求，重新确立农业科技研发的重点。农业科技研发重点要从主要追求增产技术转向追求优质高效技术，从以粮、棉、油、糖、畜禽等大宗农产品生产技术为主转到大宗农产品生产技术与特色农产品生产技术并重，从生产技术领域拓展到产后加工、保鲜、储运等领域。其次，要抓住关键技术实行科技攻关。重点要围绕高科技育种技术、节水农业技术、病虫害综合防治技术、生态农业技术、绿色无公害生产技术、工业化生产技术、标准化生产技术以及农产品精深加工技术、农产品保鲜储运技术、农产品质量检测和动植物检疫技术进行科技攻关。最后，要加强农技推广体系建设，加快农业科技成果应用步伐。当前，主要是为农业经营者及时提供农业产业结构调整所需要的种子、苗木、种畜禽、菌种等，并为农业经营者解决农产品加工、储运、销售过程中的技术问题。

5. 加强对农民的培训，提高农民科技水平

要加强宣传教育，营造良好的培训学习氛围，积极引导和教育农民解放思想、转变观念，提高科学技术水平和意识。建立以政府投入为主、多方筹集并重的多元化投入机制，鼓励民营企业、农业龙头企业和个人捐资参与农民培训工作，解决农民科技培训经费不足问题。

第二节　农业生产布局

一、农业生产布局的概念和特点

（一）农业生产布局的概念

农业生产布局是农业生产发展的地域表现形式，是指不同地域的农业生产各部门及其各个生产门类、生产项目的地域分布以及不同地域的农业生产各部门及其各个生产门类、生产项目在一定地域范围内的组合，亦称农业配置。前者反映农业生产的区间关系，表现为不同区域农业生产的专业化；后者反映该区域的农业产业结构。

农业生产布局，是在一定的社会生产力水平和自然、技术、经济、社会等多种要素的综合影响下形成的。所以，在不同的历史时期、不同的社会经济条件下，农业生产布局有很大的差异，体现出不同的功能和特征。在封建社会，农业生产布局表现为分散性和自给自足的特点；在资本主义社会，繁荣的市场、发达的社会生产力、生产资料私有制决定了农业生产布局的市场化和趋利性，表现为市场的自由竞争和生产的无政府状态，大资本家实行垄断生产、经营，攫取高额利润，使得农产品供求极度不平衡，资源浪费严重；在社会主义制度下，实行国家计划和市场调节相结合，从国民经济发展的全局出发，因地制宜地进行农业生产的合理配置，在提高整体效益的基础上，实现农业产业的地域分工，使我国农业生产逐步实现区域化布局、专业化生产、规模化经营、产业化运行，进而提升我国农业的现代化水平。

（二）农业生产布局的特点

1. 农业生产布局的社会性

农业生产布局在不同的社会制度下，表现为不同的形态，发挥着不同的作用，不同的利益主体和消费群体对农业生产布局有很大的影响，因而，一个国家、地区的农业生产布局往往具有显著的社会性特征。

2. 农业生产布局的时代性

农业生产布局受社会生产力水平的影响，农产品的供给和需求出现阶段性不平衡使其在同一社会制度的不同时期体现出不同的特点，只有不断地进行调整优化，才能使农业的布局结构符合时代发展的要求。

3. 农业生产布局的科学性

农业是依赖自然生态环境条件发展起来的为人们提供基本生活资料的物质生产部门，农业生产对自然资源要素具有高度的依赖性，因此，农业生产的每一步都要符合自然规律，都要适应动植物的生长特征。所以，农业生产布局必须遵循客观规律，在对生产条件进行充分调研的基础上，利用科学方法进行合理布局，才能发挥农业的区域优势，达到预期的目的。

4. 农业生产布局的效益性

农业生产的过程实质上是投入产出的转换过程，其根本目的是满足人们对农产品的多样化需求。这一过程充分体现了农业生产的效益性，没有效益就没有积累，农业再生产就不能维持，也就谈不上发展。而农业作为国民经济的基础产业，其效益不仅体现在经济效益上，同时还体现在社会效益和生态效益上，只有三者很好地结合，才能实现农业的可持续发展，农业生产才能实现环境友好、资源节约、高效合理。

二、农业生产布局的调整与优化

（一）农业生产布局存在的问题

近年来，我国农业生态布局的调整虽然取得了初步成效，但"小而全、大而全"的农业布局和结构雷同问题仍很突出，特别是优质专用农产品生产还比较分散，区域分工、专业化生产格局尚未完全形成，地区比较优势也未能在农业产业结构中充分体现。具体表现在以下几方面：

1. 农业生产结构不合理的现象还未根本改变

农业生产布局从总体上看，种植业所占比重较大，林、牧、渔业所占比重较小，这种布局状况首先是难以满足社会对农产品多样化的需求；其次，制约了农业各部门相互促进发展；最后，不能充分发挥我国农业资源种类繁多、地区差异大的优势。

2. 农业生产的区域配置仍不合理

目前，我国还没有完全形成宜农则农、宜牧则牧、宜林则林、宜渔则渔的合理的农业生产布局。造成农业生产地区布局不合理的原因，除了小农经济"小而全"的特点外，还因为以前没有按照客观规律来安排农业生产，片面强调"以粮为纲""一刀切"，追求"小而全"，强调"一切自给"等，造成农业地域特色不明显，农业生产专业化程度低，农产品质量标准和商品率不高，从而使农业生产布局的合理化受到严重影响。

（二）实现农业合理布局的途径

1. 重视农业和其他产业的协调与配合

从国家和地区战略层面来看，农业是其他产业发展的基础，必须从宏观层面对农业、第二产业、第三产业等做好合理布局，以提高资源利用率，增加各产业的经济和社会效益。

2. 促进农业的地域分工和专业化生产

根据我国实际情况，按照因地制宜、适当集中原则，有计划地按地域建立一批农产品商品基地和优势农产品产业带，提高农业生产的专业化水平，既有利于迅速扩大商品农产品生产，保证社会需求，也有利于充分利用资源，发挥区位优势，提高经济效益。农业生产的区域专业化，是农业合理布局的表现；专业化的发展过程，也是农业布局合理化的过程。农业的专业化生产是农业生产布局演变的必然趋势，专业化水平的提高必将导致农业布局的变化。

3. 不放松粮食生产，积极发展多种经营

我国人口众多，在国民经济发展全局中，粮食始终被视为特殊商品和战略物资。随着人口增长以及人民生活水平提高，我国的粮食需求总量将保持刚性增长趋势，未来粮食供给的压力会越来越大。实现粮食安全是一项长期、艰巨的任务，绷紧粮食安全这根弦，常抓不懈，是我们的一项基本国策。在调整农业的布局结构时，应特别注意粮食的安全生产与供应，建设好商品粮基地。同时，应积极开展多种经营，以建立合理的农业产业结构和良好的生态系统，推动农林牧渔各业持续协调发展。

4. 强化市场导向，发展适销对路的农业生产项目

社会经济联系的整体性决定了农业生产布局不能仅从农业部门发展出发，还必须考虑一定时期市场需求，特别是一定时期城市需求，即非农业需求。农业生产布局要坚持农、工、商一体化思想以及城乡一体化思想，以城市和市场为中心成为市场经济条件下农业生产布局的鲜明特点。

5. 重视农业科学技术研发，强化科技支撑

当前，科学技术在世界农业领域得到了广泛应用，新的农业科技革命正在蓬勃兴起。一是以"全球卫星定位系统"为代表的高科技设备应用于农业生产，这将大大提高农业的生产水平；二是树立"互联网+"思维，借助互联网电子商务平台可以优化农产品产、供、

销网络布局，提高农产品流通效率；三是以基因工程为核心的现代生物技术应用于农业领域，将培育出更多产量更高、质量更优、适应性更强的新品种，使农业的生产布局突破原有自然资源条件约束，越来越多地受到人类的直接控制。

第三节　传统农业改造与农业现代化

一、传统农业改造

（一）传统农业基本特征

1. 技术停滞

在传统农业中，农民以传统的直接经验技术为基础，使用简陋的铁木农具和人力、畜力以及水力和风力进行生产。在这漫长的历史时期中，农业技术的进步和生产的发展极其缓慢，农业完全以世代使用的各种生产要素为基础。

2. 粗放式耕作与劳动密集型精耕细作相结合，劳动生产率极其低下

由于技术停滞，粮食产量的增加主要依靠两种途径：一是扩大耕地面积，形成粗放式耕作。由于地球上可开垦荒地有限，这一方式越来越失去了发挥作用的余地。二是增加单位面积上的劳动投入，形成劳动密集型的精耕细作，但由于技术停滞，土地报酬递减规律发挥作用，因而劳动生产率呈下降趋势。

3. 封闭的、自我循环和发展，自给自足的自然经济

在传统农业中，很少有外部生产要素的投入，而所生产的农产品也主要是满足自己的生产和生活需要，产品剩余很少，农业生产基本处于自我循环状态。原始的生产工具和生产技术迫使农民在小块土地上耕作，他们的衣食住行、生老病死等基本活动都局限在与世隔绝的村落中，形成自给自足的自然经济。

（二）传统农业中的稀缺资源与其特性

1. 传统农业中稀缺资源的特性

在传统农业社会中，丰裕资源和稀缺资源并存，丰裕资源的边际生产率往往很低，因而增加农业产出和增加农民收入的根本出路在于增加稀缺资源的供给。虽然稀缺资源很难

确定，但稀缺资源有着一般性特征。

①农民无法自行提供，大多数稀缺资源都必须社会性地供给，至少在分配这些资源时要有社会决策。这一点可解释为什么即使农民大体上以最好的方法分配这些资源，其结果仍然不能令人满意。

②许多稀缺投入物的需求与工业发展并无冲突，它们主要依赖于相对丰裕的资源，加上训练有素的管理人员和技术人员。

③这些投入物的互补性要求供给方面的协调与配合，如新作物品种和肥料的配合使用一样，同时要求对农民进行积极有效的教育。

④在不同地区，由于资源、文化和经济条件的差别，这些投入物的生产率也存在着很大的差别，农业计划必须以详细的地区性研究为基础。

⑤在某些特殊情况下，一定形式的稀缺资源可能已经大量充分地使用了。如果实际投入量超出了需求量，多余的部分短期收益很低，一旦其他投入物略有增加，就会获得特别显著的收益。

⑥农业发展中稀缺资源的特点，使得努力确定社会的边际生产率和成本收益率一般并不能提供真正有意义的信息。如：经过培训的技术人员与大量雇用不熟练劳动力，机会成本很低的资源与相对稀缺的资源一起使用，降低了资源利用效率。

⑦稀缺资源不可随心所欲地移动。虽然它们的固定性经常简化了分配时的决策手续，但在做出是否生产或创造这些资源的决定时仍面临难题。

2. 传统农业中的稀缺资源

在传统农业中，一般认为土地和资本是稀缺资源，然而梅尔则不这样认为。梅尔认为，传统形式的农业资本是生产过程中创造的，其中，劳动是最基本、有时是唯一的资源，如人工挖掘水井，可以期望这种形式的资本在数量上不存在限制。土地是一种稀缺性资源，土地和劳动力之间的互补性很强，但往往传统农业社会的土地平均生产率很低，如果增加其他形式的互补性投入物，也就为生产率的提高提供了可能性，从这种意义上可以认为土地也存在着严重的利用不足问题。这些分析表明，以人口密集的国家和人烟稀少的国家之间的差别为基础，对农业发展所做的结论可能夸大了。通过在现有的农业土地单位面积量很低的土地上使用改进的新技术而增加生产的潜力，要比通过土地垦殖和土地改造而增产潜力要大得多，而且目前的农业要取得技术上的改进只需要投入其他互补资源，与现有的土地、劳动力和资本资源相结合，共同起互相促进的作用。传统农业改造过程中真正意义上的稀缺资源，可以概括为以下五类：

①提供刺激的制度。增加农业生产十分明显的前提条件是建立一种适宜的宏观环境，

使增加生产能够向农业生产决策者提供足够的刺激，这种刺激受多方面的影响，从基本的文化和心理状况到经济体制和经济活力。土地所有制度特别重要，因为土地所有制的转变常常可以打开技术发明的增产之路，虽然它本身并不能保证增加产量。

②改进生产可能性的科学研究。农业生产的长期增产需要一项能够不断生产新的生产技术和要素组合体系的研究计划，由于不同地区的资源条件、经济状况以及文化传统上的显著差异，农业生产必然要求投入大量资源用于各地区的适应性的分散研究和试验，虽然科研的重要性众所周知，但它常常且恰好是发展计划中最薄弱的环节。

③使用新型和改进的投入物与生产设备。在现代社会，要使增产的可能性变为现实，科学的农业需要新的生产方法和新的生产函数。起初，新的作物品种、家畜良种、化学肥料、杀虫剂和除草剂可能是最重要的，随后则需要其他形式的生产投入，如：需要受过训练的技术工人加上一套严密的质量控制体系等，需要解决农业生产中互补性投入物的不足问题，要求有一系列互相作用因素的混合作用。

④农业生产的服务机构。一旦有效地利用互补投入物，就必须要求一系列服务机构，这类机关型的机构主要是经过培训后的人力，包括新型投入物的机构，新增产品的运销和加工处理机构、信贷机构以及在农村调节配置资本资源的其他机构。高效率的运输组织需要投入大量资本同样也很重要。农村政府机构在集体行动时，需要新建和保养公路、地方灌溉工程等。

⑤帮助农民做出更好选择的教育工作。进步的农业是以不断出现新的选择为特征的，其中有些选择被接受了，有些则被放弃。由于农业资源条件、过去的生产事件及现行管理方式的千差万别，对于各种新的选择不加区别地一揽子接受是很不明智的，也正因为如此，农民的教育计划必须以更灵活的形式、在较小的地理区域内分头实施。

（三）传统农业改造的主要措施

1. 市场经济制度的构建

传统农业的改造必须建立在市场经济的基础之上，因为市场可以刺激指导农民做出生产决策并根据农民配置要素的效率得到不同回报。市场是农民配置农业资源的基础，但市场在农业的许多方面有失误之处，在市场经济的基础之上离不开政府对传统农业的宏观调控。在传统农业社会，农民所生产的农产品大部分供自己消费，市场对农业调控作用较小。随着传统农业向现代农业的转变，在三个方面市场的重要性迅速增加：一是农产品的商品化程度迅速提高。农产品商品率的提高，部分是由于城市化水平的提高增加了对农产品需求的绝对和相对规模，部分是由于农民加入市场经济，他们的生产也越来越专业化了。二是随着人们收入水平的提高，人们对肉蛋奶、蔬菜、水果等高品质农产品的需求逐步增加，但这些产品不耐贮藏，容易腐烂，农民单独加工储运不经济，单独销售缺乏谈判力量，了解市场也将增大交易成本，农民也可能因为这些产品销售不畅而遭受损失。三是收入的增加引起了对市场服务的增加，市场服务比农产品本身有更大的收入弹性，市场交易费用将成为农产品销售费用的一个日益增长的部分，因而市场经济制度的建立和市场管理效率的提高将有助于降低交易成本，提高农业的经济效益。政府制定有效的市场经济制度、向农民提供相关的市场信息和加强市场的设施建设将会更加有利于市场作用的发挥，促进传统农业向现代农业的转变。

2. 有效的农业微观经济组织制度的建立

农业产业的特点决定了农业的微观经济组织制度的构建与非农产业有相当大的差别。在非农产业中，家庭经营将会逐渐消亡，现代企业制度和跨国公司已经或将占有主要或垄断地位。但在农业中，国内外的历史经验都证明，家庭经营是农业微观经济组织中最基本和最主要的形式。对传统农业进行改造，需要构建农业合作社、公司等社会化服务组织，但不能否定农业的家庭经营，必须建立在农业家庭经营的基础之上。在传统农业社会中，实行耕者有其田的土地政策更有利于农业发展和社会稳定，但随着农业现代化的推进，逐渐具备了实行农业适度规模经营的条件，因而土地政策将从公平优先转变为效率优先，但土地适度规模经营仍然是建立在家庭经营的基础之上，辅之以更为完善的社会化服务体系。

3. 农业技术进步水平的提高

农业科学技术一经应用到农业生产实践中去，就会变成强大的物质力量，成为改造传统农业和实现农业现代化的重要推动力。由于资本、劳力和其他自然资源的有限性，传统农业改造过程中的农业技术进步要特别注意技术选择，构建合理的农业技术体系。从理论上来讲，一个合乎国情的农业技术结构的最显著特征是同本国农业资源禀赋相适应，农业技术进步应使丰裕的生产要素得到充分利用，稀缺的生产要素得到补充和替代。要素稀缺导致要素价格变化，要素价格的变化导致技术进步的变化，实现廉价的（丰富的）投入品对昂贵的（稀缺的）投入品的必要替代。例如，在劳动力稀缺的经济中，劳动价格相对昂贵将会引起用机器替代劳动的技术变革趋势的出现；在土地稀缺的经济中，土地价格相对昂贵将会引诱用更多的劳动、化肥、良种等投入代替土地的技术变革倾向的发生。但在传统农业中，诱导的技术变革可能会受到体制的阻碍。因而，适应传统农业转变的政府农业科研与推广体系的建立，农业适用技术的提供是十分必要的。

4. 农民人力资本投资的加强

人力资本是农业经济增长的主要源泉。改造传统农业需要投入很多现代的生产要素，相对于各种现代的物质生产要素来说，人力资本占有越来越重要的地位。这是因为不管多么现代的农业生产要素也需要人来掌握和培植，并且农民是逐渐减少的，农业生产效率的提高必须靠对农民人力资本投资的增加。农业中的人力资本像各种物质资本一样是被生产出来的，但人力资本需要长期的投资积累，并具有滞后性、流失性和外溢性等特征。由于农业比较效益低下，高素质农业劳动力具有向非农产业转移的强烈倾向。但传统农业的改造对农业劳动力的素质要求越来越高，因而农民人力资本的投资就变得更加重要。

二、农业现代化

（一）农业现代化的基本内涵

所谓农业现代化，实际上就是由传统农业向现代农业转变的过程，是现代集约化农业和高度商品化农业相统一的发展过程。农业现代化就是用现代科学技术和生产手段装备农业，以先进的科学方法组织和管理农业，提高农业生产者的文化、技术素质，把落后的传统农业逐步改造成为既具有高度生产力水平，又能保持和提高环境质量的持续发展的现代农业的过程。对于农业现代化，可以从以下两个方面去把握内涵：

1. 农业现代化是从传统农业向现代农业转变的过程

从这个意义上讲，农业现代化必须具体包括两个方面的内容：第一，它是从直观经验和手工工具为基础的传统农业转变为以现代科学技术、生产资料和经营管理方法为基础的农业过程。因此，农业现代化的内容主要包括机械化、电气化、化学化、水利化、良种化、土壤改良等。其中，尤以农业机械化和良种化最为重要，农业现代化的物质技术基础正是由这两者奠定的。第二，它是从自给自足农业向商品农业转变和商品农业大发展的过程。具体地说，它要经历农民商品意识的提高、商品农业的初步形成、无序市场向有序市场的转变，以及商品农业大发展等过程。因此，农业现代化是一个农业生产率不断提高和农业市场发展的过程。

2. 农业现代化是农业减负和保护程度不断提高的过程

在经济发展的初级阶段，农业承担着为国家工业化提供资本原始积累的重任，农业扩大再生产的能力有限，甚至难以实现扩大再生产。农业中虽然有现代生产要素的投入，但发展非常缓慢。只有当国家的工业化基本实现以后，国家由负保护的农业政策转变为正保护的农业政策，农业具备了自我发展的条件和能力，并且国家出于整个社会利益不断增加对农业的投入。农业现代化水平的提升过程，就是国家农业发展战略转变的过程，特别是农业保护程度不断提高完善并走向科学化的过程。

（二）农业现代化的主要内容

1. 生产条件现代化

生产条件现代化即用现代工业来武装农业，实现机械化、电气化、水利化、化学化、良种化、设施化（工厂化）等。机械化和电气化是非生命动力源泉对有生命动力源泉——人畜力的替代，它不仅解放了人畜力，而且成倍数地扩大了农业劳动力对土地等自然资源的利用率，极大地提高了农业劳动生产率。农业用地总的趋势是逐步减少，而工业化和城市化发展的结果是农业用水份额逐步下降，要提高土地生产率必须通过水利化提高农业水资源的利用率。化学化主要表现为化肥、农药、兽药、除草剂、添加剂、塑料薄膜的广泛应用，这些工业物质引用到农业以后，极大地提高了动植物产品的产量和品质。农业良种必须由专门的种子公司或科研机构来提供，它成为农民在生产决策之前必须考虑的重要问题之一，对于动植物提高产量和改善品质起到决定性的作用。通过现代化温室和畜禽圈舍的建设，减少了自然环境对农业的影响，提高了人类对农业自然环境的控制能力。因此，生产条件的现代化成为农业现代化的物质基础。

2. 生产技术现代化

生产技术现代化即用现代科学技术武装农业，在农业生产上广泛采用农业机械和电子信息技术、生物技术、化学技术、耕作与栽培技术以及饲养技术等，包括不断培育出性能更高的优良品种，建立并不断改进高产、优质、省工、节本的饲养技术体系，逐步实现生育进程模式化、诊断测试仪表化、农艺技术规范化。生产技术现代化是农业现代化的关键，因为提高土地产出率、资源转化率以及农业生产的经济效益，最根本的还是要靠农业生产的技术进步。农业现代化的核心内容就是不断地用现代生产要素替代传统的生产要素，事实上农业现代化是现代科学技术在农业生产领域的扩散过程，现代科学技术在农业生产领域应用得越广泛，现代化的程度就越高。

3. 经营管理现代化

经营管理现代化即用科学方法管理农业。生产手段和生产技术的现代化必然要求经营管理的现代化，如果经营管理方式滞后，必然阻碍生产的发展，影响整个农业现代化进程。

因为农业生产的经营管理涉及农业的产前、产中、产后各个方面，经营管理不善，必然影响农业的投入产出率和市场化进程。经营管理的现代化可以在不增加投入或少增加投入的情况下，使各种生产要素得到更科学合理的配置，提高农业的投入产出效率；通过市场信息的收集分析，选择生产投资项目和产品，寻找良好的销售时机、销售地点和销售对象，做到丰产丰收。

4. 集约化、可持续化

为了解决土地面积有限性和人类对农产品需求不断增长的矛盾，现代农业必须走集约化经营的道路。在科学技术没有进步的条件下，集约经营会产生两个方面的问题：一是随着投入物的不断增加，可能会带来收益的递减；二是投入物的不断增加肯定增加生态环境的负担，甚至会造成恶化。因此，农业集约化必须建立在农业科学技术不断进步的条件下，通过科学技术创新提高农业投入要素的性能和配比，建立不断优化的农业投入产出系统，在实现农业高效率的同时，保护环境和自然资源的永续利用，即保持农业的可持续发展。

5. 商品化、专业化、社会化

商品化、专业化、社会化是同等程度的概念，农业现代化是以农业商品经济为纽带的，是社会分工和社会协作相结合的社会化大生产，而产品的商品化则是农业社会化、专业化的体现，是农业生产力向更高层次发展的必然结果。商品生产以社会分工为前提，商品生产又要求不断提高劳动生产率，这就推动社会内部和农业内部社会分工越来越细，要求农业实行专业化。生产专业化势必带来生产的社会化，因为实行专业化生产，使生产过程的各个环节相互联系愈加密切，这就要求社会提供产前、产中、产后服务。社会化服务程度越高，专业化生产越发达。可见，商品化、专业化、社会化是一体的，三者相互作用，互相促进。因此，要实现农业现代化，建立完善的市场体系，促进农业的社会化、专业化、商品化是必然选择。

6. 标准化、信息化

农业标准化包括农业标准的制定与修订、发布与实施以及对实施过程的监督活动的全过程。因此，农业标准化是在统一、简化、协调、优选的原则指导下，对农业的产前、产中和产后的全部活动，组织制定与修订标准、发布与实施标准以及对农业标准的实施进行监督的一系列活动过程。通过这一活动过程，促进先进的农业科技成果和经验的迅速推广，确保农产品的质量和安全，促进农产品的流通，规范农产品市场秩序，指导生产，引导消费，从而取得良好的经济、社会和生态效益，以达到提高农业竞争力的目的。农业信息化是指利用现代信息技术和信息系统为农业产供销及相关的管理和服务提供有效的信息支持，并提高农业综合生产力和经营管理效率的农业现代化过程。农业信息化即在农业领域全面地发展和应用现代信息技术，使之渗透到农业生产、市场、消费以及农村社会、经济、技术等各个具体环节，加速传统农业改造，大幅度地提高农业生产效率和农业生产力水平，促进农业持续、稳定、高效发展的过程。进入 21 世纪以后，农业标准化和农业信息化的程度如何，成为农业现代化的标志和关键。

三、农业现代化发展战略

（一）农业现代化的战略目标

1. 建设起一个发达的有市场竞争力的农业

随着人口的增长和人们生活水平的提高，社会对农产品需求的量将不断增长，对质的要求将越来越高，而农民增加农产品供给、提高农产品质量的目的都是为了经济收益，因此三者必须结合起来，即建成一个高产、优质、高效的农业。我国加入 WTO 以后，随着农产品贸易自由化的推进，农业将面临越来越激烈的国际竞争，因此我国农业现代化的推进必须有利于农业国际市场竞争力的提高。

2. 建设起一个富裕的农村，提高农民收入水平

农业现代化必须使农民日益富裕起来，使农民的物质生活和文化生活不断改善，达到较富裕的水平。为此，农业现代化建设必须同建设富裕文明的新农村结合起来，全面地发展农村经济，增加农民的收入，提高农民的文化水平，不断地缩小城乡差别和工农差别。

（三）建设起一个良好的生态环境

随着农业现代化的推进，农业集约水平也将逐步提高，必然会对环境造成更大的压力，而环境的好坏决定着农业能否可持续发展。我国农业资源约束偏紧，环境污染严重，生态系统退化，发展与人口资源环境之间的矛盾日益突出，已成为经济社会可持续发展的重大瓶颈制约，因而农业现代化必须维持一个良好的生态环境。

（二）农业现代化发展战略的实施

1. 工业化战略

尽管农业的发展水平首先要受到本国资源禀赋的影响，但农业现代化的发展水平关键取决于一国工业化的发展程度。因为工业化以复杂的方式影响农业现代化的发展，工业化

不仅可以增加对农业的化学、生物、机械、能源、通信信息以及科学技术等现代生产要素的供给，而且还可以吸纳农业剩余劳动力，增加对农产品的需求。如果一个国家的工业化采取的是以资本品工业（特别是重工业）为主的发展战略，将不利于对农业剩余劳动力的吸纳，也就不利于农业劳动生产率的提高；如果一个国家的工业化是从消费品工业化开始的，不仅有助于吸纳农业剩余劳动力，而且有助于推进农产品加工业的发展，扩大农产品的市场，增加农业自身的积累。

2. 城市化战略

经验表明，城市化发展有利于加速农业现代化进程。推进城市化对农业现代化和农村发展的促进作用主要表现在以下几方面：①在城市地区，收入一般上升很快，这就促使对农产品如牛奶和蔬菜的需求迅速扩大。由于这些产品是劳动密集型的，农业就能够在不增加农场土地面积的情况下扩大生产，无论是就总量还是就单个农场都是如此。以这种方式扩大农场的生产活动直接地增加了收入。也由于城市就业机会增加，实际上在一定程度上减少农村人口，为农场规模的扩大和收入的进一步提高提供了可能性。②城市化可以提高资本的使用效率，进而有助于农场的扩张和现代化。农村人口在城市寻找工作，并经常把收入寄回农村家里，或者在许多情况下继续做一名兼业农民。市场条件的改善增加了农民收入，为资本积累提供了更坚实的基础。③城市中心为普及教育、增加旅游交往提供了机会，使农村人口更多地接触到新事物、新概念，拓宽了农民的活动面，使他们更容易接受新的变化。④城市市场为农村提供了范围广泛、日益增加的各种工业消费品，刺激了农业生产的发展。这就为农业发展提供了有利的环境，通过一种特定的努力为促进城市周围的农村地区的发展指明了一条理想的途径。

3. 市场化战略

现代农业是在市场经济高度发达的基础上产生和发展起来的，因而是一种市场化农业。随着工业化和城市化的推进，现代工业的大发展为农业生产率的提高提供了极大的可能性，从而为农业生产和经营的市场化打下了坚实的基础。与传统农业不同的是，在现代农业阶段，进入农业交换领域的，除了农业的最终产品及各种农产品以外，还有各种中间产品、劳务和消费品以及其他各种农业生产要素，包括各种农业机械、化学肥料、农用化学品、良种以及各种服务等，形成了农产品市场与要素市场共同发展的景象。现代农业是一种市场化农业，这不仅表现在国内农业生产及其关联产业的高度发展上，而且表现在现代农业的外向型上。也就是说，现代农业赖以运作的市场基础不仅包括了国内市场，而且也包括了国外市场。现代农业已经发展成为深深卷入世界农业生产体系和交换体系的农业。

它既不是单纯的出口农业，也不是单纯的进口农业，而是在社会生产力高度发展、居民消费达到很高水平情况下形成、实行资源配置全球化的现代化大农业。这种农业以农产品的高度商品化为前提，以合理的国际分工和国际专业化为依据，是一种国内市场与国外市场高度一体化的开放型农业。它表现为国内外农产品大规模交叉流动，农业生产卷入了具有相对稳定的国际分工格局之中，农产品和农业市场的国际化达到了很高的程度。在市场化的基础上来配置各种农业资源，才使得农业现代化建立在经济可行和可持续的基础之上。

4. 农业保护战略

农业本身所固有的一系列特征和弱点，要求政府在经济发展达到较高水平以后，要实施农业保护政策。农业保护政策的大目标是要解决农业的公平性发展与外部性问题，因而必然会带来效率的损失。乌拉圭回合之前，发达国家的农业保护政策以农产品价格保护政策为核心，这种政策不仅带来了资源配置的扭曲，政策成本增加和效率降低，而且还带来了新的不公平问题。因而正如乌拉圭回合农业协议所规定的那样，这类"黄箱"政策要削减和限制使用。对农业实行保护政策是经济发展到一定阶段以后的必然要求和选择，然而农业政策手段的选择在解决农业公平发展和外部性的同时，必须考虑尽量减少农业保护政策为实现公平目标所引起的效率损失。这样的农业政策就是以"绿箱"政策为主的农业政策组合。这类政策在促进农业现代化实现的同时，不仅降低了农业保护政策的成本，而且也有利于提高农业的市场竞争力。

5. 可持续发展战略

在市场经济条件下，随着农业现代化的推进，不仅农民之间和农民与非农产业人员之间的收入差距会扩大，而且由于农业集约度的提高，农业发展所面临的环境问题会变得更为尖锐。也就是农业现代化必须坚持经济、社会和环境可持续发展的战略。农业现代化过程中的经济问题主要靠市场来解决，而社会和环境问题则主要靠政府的政策来解决，但市场和政府的政策不是截然分离，而是需要相互配合，互为前提。

第五章 农业经营预测与决策

第一节 农业经营预测

一、经营预测的概念与作用

（一）预测

预测是根据事实（资料）和经验，经过逻辑推理、判断或演算来寻求事物的客观发展规律，据以估计、推测未来事物的发展趋势及其结果。简单地说，预测就是预计和推测。预测在调查研究基础上的科学分析，简称为预测分析。预测分析所用的科学方法和现代手段，称为预测技术，也称之为预测方法。企业面对的市场瞬息万变，企业的外部环境、内部条件十分复杂，怎样在如此复杂的环境中生存、发展，需要企业的管理者借助各种必要的手段，从影响企业生产经营变化的各有关因素中，找到一定的内在联系和规律性，从而对企业赖以生存的内、外环境及其变化进行科学的预测，为领导者提供有力的决策依据，以便趋利避害，争取达到良好的效果。

（二）经营

经营，是指在一定的社会制度下，商品生产者为了一定的经营目标，根据外部环境和内部条件，以市场为对象，以技术的开发、商品的生产和交换为手段，通过有效的管理使自己的生产技术、经济活动与外界的自然、社会经济环境达成动态平衡，为满足社会需要谋求最大的经济效益而进行的一系列有组织的经济活动。

（三）经营预测的概念

经营预测，是预测技术在经营中的具体应用。它是以过去和现在的统计资料和调查资料为依据，运用科学的方法对影响经营活动的各种不确定因素及其经营总体影响结果所进行的预料、估计和判断。简单地说，经营预测就是根据内外部经营环境、经营信息对未来经营状况所做的推测和预料。

（四）经营预测的作用

企业经营预测是以经营决策为核心的，而经营决策又以经营预测为前提，因此，搞好企业经营管理，必须首先搞好经营预测。其作用主要表现在以下三个方面：

第一，经营预测是经营决策的重要前提和基础。企业经营的成败、各项管理职能的发挥，在很大程度上取决于决策是否及时、准确。管理的关键在于决策，而决策的成败在于预测。正确的决策必须以科学而准确的预测为前提和基础。没有科学的预测，决策就难以避免失误，就不能进行科学的决策，这势必会造成重大的经济损失。

第二，经营预测是制订经营计划的依据。从时间顺序来看，经营预测在经营决策之前，而经营计划在经营决策之后，经营计划是决策方案在未来时间和空间上所做的安排和部署。从计划与预测的直接联系来看，计划中很多数据都来自预测，计划的准确性也往往建立在科学预测的基础上。没有科学的预测，就不会有切实可行的经营计划。

第三，经营预测是改善企业经营管理的重要手段。在商品经济条件下，企业的经营与发展同市场息息相关。企业间的竞争是产品竞争，实质是生产技术的竞争。通过科学的预测，确定发展什么产品、采用什么技术、使用什么原材料，确定怎样才有利于降低产品生产成本，获得超额利润，提高经营管理的效益等问题。

二、经营预测的种类

依据不同的标准，农业企业经营预测可分为以下几类：

按经营预测的时间长短划分，可以分为长期预测、中期预测和短期预测。长期预测一般是指对 3 年或 5 年以上的经营过程所做的预测；中期预测一般是对 1 年以上 3 年以内的经营过程所做的预测；短期预测则是指对 1 年以内的经营活动所做的预测，如：以旬、月、季为单位的预测。不同的经营过程具有不同的时间周期，因此需要有不同的预测期限。

按经营预测的方法不同，可以分为定性预测和定量预测。定性预测又称为经验判断预测，它是凭借预测者的经验和综合分析判断能力，根据预测对象的性质、特点，过去和现在的情况，运用逻辑推理法，推断预测对象的未来发展趋势。该方法简便易行，但带有较大的主观性，准确性差，受预测者分析、判断能力的影响大。它较适用于缺乏历史统计资料的数据和情况，或用于新产品销售量的预测。定量预测是预测者根据占有的系统可靠的资料和数据，在定性分析的基础上，借助数学模型、图表和计算机等手段，进行定量分析，进而对预测对象的未来发展趋势做出预测。它适用于有较完整的历史统计资料和数据的情况。

按经营预测的具体对象和内容划分，可以分为科学技术预测、市场预测、社会经济条件预测等等。

三、经营预测的方法

预测的方法是达到预测目的的手段。这些方法按其性质的不同，可以分为定性预测和定量预测两大类。定性预测法主要预测经营活动未来发展的趋势和方向，对数量的预测精度要求不高；而定量预测法则主要预测经营活动未来发展的量的水平，对发展趋势和方向的反映不够直观。因此在实际工作中，应注意定性预测和定量预测的结合。

（一）定性预测方法

定性预测是依靠人们的知识、经验和综合分析能力，对未来的发展状况做出推断，所以又称经验判断法。该方法直观简单、费用低，但掌握起来并不容易，需要有丰富的经验。在数据资料较少或不准确的情况下，采用该方法较好。

1. 专家意见法

专家意见法是美国兰德公司于 20 世纪 60 年代提出的，又称德尔菲法。这种方法是采用背对背的通信方式征询专家小组成员的预测意见，经过几轮征询，使专家小组的预测意见趋于集中，最后得出符合市场未来发展趋势的预测结论。德尔菲法又名专家意见法或专家函询调查法，是依据系统的程序，采用匿名发表意见的方式，即团队成员之间不得互相讨论、不发生横向联系，只能与调查人员发生关系，以反复地填写问卷，以集结问卷填写人的共识及收集各方意见，可用来构造团队沟通流程，应对复杂任务难题的管理技术。用专家意见法预测，一般要经过三到四轮才能够得到比较集中的结果。其基本程序如下：

（1）开放式的首轮调研

由组织者发给专家的第一轮调查表是开放式的，不带任何限制，只提出预测问题，请专家围绕预测问题提出预测事件。因为如果限制太多，就会漏掉一些重要事件。

组织者汇总整理专家调查表，归并同类事件，排除次要事件，用准确术语提出一个预测事件一览表，并作为第二步的调查表发给专家。

（2）评价式的第二轮调研

专家对第二步调查表所列的每个事件做出评价。例如，说明事件发生的时间、争论问题和事件或迟或早发生的理由。

组织者统计处理第二步专家意见，整理出第三张调查表。第三张调查表包括事件、事件发生的中位数和上下四分点，以及事件发生时间在四分点外侧的理由。

（3）重审式的第三轮调研

发放第三张调查表，请专家重审争论。

对上下四分点外的对立意见做一个评价。

给出自己新的评价（尤其是在上下四分点外的专家，应重述自己的理由）。

如果修正自己的观点，也应叙述改变理由。

组织者回收专家的新评论和新争论，与第二步类似地统计中位数和上下四分点。

总结专家观点，形成第四张调查表，其重点在争论双方的意见。

（4）复核式的第四轮调研

发放第四张调查表，专家再次评价和权衡，做出新的预测。是否要求做出新的论证与评价，取决于组织者的要求。

回收第四张调查表，计算每个事件的中位数和上下四分点，归纳总结各种意见的理由以及争论点。

值得注意的是，并不是所有被预测的事件都要经过四步。有的事件可能在第二步就达到统一，而不必在第三步中出现；有的事件可能在第四步结束后，专家对各事件的预测也不一定都能达到统一。不统一也可以用中位数与上下四分点来做结论。事实上，总会有许多事件的预测结果是不统一的。

2. 主观概率法

主观概率不同于客观概率，它是预测对某一事件发展趋势可能性做出的主观判断。主观概率法就是先由预测专家对预测事件发生的概率做出主观的估计，然后计算它们的平均值，以此作为对事件预测的结论。

（二）定量预测方法

定量预测方法是在得到若干统计资料后，在假定这些资料所描述的趋势对未来适用的基础上，运用各种数学模型预测未来的一种方法。定量分析模型主要有时间序列模型和因果关系模型。

1. 时间序列模型

就是把历史统计资料按年或按月排列成一个统计数列，根据其发展趋势，向前外延进行预测。这种方法适用于市场比较稳定、价格弹性较小的产品，特别是短期预测更为适用。

（1）简单移动平均法

此种方法是从时间序列中依次计算连续 n 期（通常 n 为 3 ~ 7）的平均值，作为 $n+1$

期的预测值。随着时间的推移，计算平均值所用的数值是逐期向后移的。计算公式如下：

$$n+1 \text{ 期的预测期} = \frac{\text{第 1 期数值} + \text{第 2 期数值} + ... + \text{第 } n \text{ 期数值}}{N(\text{期数})} \tag{5-1}$$

n 取不同的值，得到的预测值是不一样的。关于 n 值的选择，取决于预测的目的和实际数据的特点。如果要求预测精度较高，n 应取得小一些，可在 3 ~ 5 之间；反之，如果想得到事物变化的大致趋势，n 值可取得大一些。

（2）加权移动平均法

人们在实际中发现，距预测期近的数据对预测值影响较大，距预测期远的数据则影响较小，这样可以根据距离预测期的远近，给 n 期内的数据以不同的权值，求得加权平均值作为预期结果。各权数的确定，可用 n 为最近的权数，依次减 1 为以前各期权数。

（3）指数平滑法

指数平滑法是在移动平均法的基础上发展起来的一种时间序列预测法。其特点是以前期的预测值和前期的实际值为依据，并赋予一定的权数来求得本期的预测值。计算公式为：

$$M_t = aD_{t-1} + (1-a)M_{t-1} \tag{5-2}$$

式中：M_t 为第 t 期的预测值；M_{t-1} 为第 $t-1$ 期的预测值；D_{t-1} 为 $t-1$ 期的实际值；a 为平滑系数（$0 \leqslant a \leqslant 1$）。

平滑系数取值大小，应根据过去的预测值与实际值比较而确定。差额大，则 a 应取大一些；差额小，则 a 应取小一些。a 越大则近期的倾向性变动影响越大；a 越小则近期的倾向性变动影响越小，越平滑。由于平滑系数越小，预测趋向越平滑，因此，在实际应用中，倾向于采用较小的 a 值。

2. 因果关系模型

因果关系预测法，是根据相关性原则，利用客观事物之间的因果关系，并用一定的函数方程描述其相关变化规律，对预测对象进行预测的方法。因果关系预测法较常用的方法为一元线性回归法。一元线性回归预测法，就是研究一个因变量和一个自变量之间的相互关系，即从一个自变量（影响因素）去预测因变量（预测值）的方法。其基本公式为：

$$y = a + bx \tag{5-3}$$

式中：x 为自变量；y 为因变量；a、b 为回归系数。当 b 为负值时，两个变量按相反方向变动；当 b 为正值时，两个变量按同一方向变动。

进行一元线性回归分析预测，关键是寻求合理的回归系数 a 和 b，确定回归方程，然后根据预计的 x 值求出 y 的预测值。采用最小二乘法原理求出回归方程中的 a 和 b 两个参数：

$$a = \frac{\sum y_i - b \sum x_i}{n}$$

$$b = \frac{n \sum x_i y_i - \sum x_i \sum y_i}{n \sum x^2 - \left(n \sum x_i\right)^2}$$

（5-4）

算出 a、b 的值后，即可求出一元线性回归方程。但所求出来的回归模型能否用于预测，还必须首先进行相关系数检验。相关系数是表明两变量之间相关程度和方向的分析指标，通常用 R 表示，其取值范围为 $-1 \leq R \leq 1$。R 值接近 ± 1 时，称为强相关；R 值接近 0 时，称为弱相关。$R=0$，说明两变量无线性相关；$R > 0$，称为正相关；$R < 0$，称为负相关。计算公式为：

$$R = \frac{n \sum x_i y_i - \sum x_i y_i}{\sqrt{\left[n \sum x_i^2 - \left(\sum x_i\right)^2\right]} \sqrt{\left[n \sum y_i^2 - \left(\sum y_i\right)^2\right]}}$$

（5-5）

第二节 农业经营决策

一、经营决策的概念

经营决策是指企业决策者在外部形势分析的基础上，依据企业内部条件情况，对企业总体发展战略和生产、服务、积累、投资、销售、分配等各种经营活动的经营目标、方针与策略所做出的抉择和决定。总的来说，经营决策的目的，就是要使企业未来的发展更符合决策者的意愿和要求。企业的经营规模可大可小，性质、类型各不相同，所面对的外部环境与内部条件也彼此存在差异，但总离不开求生存、谋发展这一目标。因此，管理者随时需要根据企业发展环境的变化做出各种决策，以保证企业发展总体目标的实现。可见，经营决策在企业发展过程中处于十分重要的地位和作用。

二、经营决策的分类

经营决策依照不同的要求，可以有不同的分类。

（一）宏观决策、中观决策和微观决策

依照经营决策涵盖面的大小和决策所涉及的时间长短不同，可分为宏观决策、中观决策和微观决策。

这些决策之间的区分，主要是指每项决策所涉及的内容与企业整体关系的密切程度的大小。如果决策本身是关乎整个企业的生存、发展一类的带根本性的问题，既关系到当前，又关系到今后一段较长时期内的企业命运，这便是宏观决策；如果是关系到企业某一特定时期的生产、服务、经营的发展、调整，以便为企业的整体或长期发展目标服务的决策，则是中观决策；微观决策是指某些为企业的宏观决策、中观决策服务的，在企业内部某一局部、某一环节、某一短暂时期内做出的决策。微观决策往往是战术性的、在某一较小范围内的，同时又往往是十分具体的决策行为。这几种决策之间，存在着相互联系又相互制约的关系，但应该明确的是，涵盖面较小的决策，永远是为涵盖面较大的决策服务的。

（二）战略决策和战术决策

从决策所起的作用大小看，企业经营决策可分为战略决策和战术决策。

战略决策指的是企业中关系到总体的、全局的、长远的和根本问题的决策。一个企业，它的发展方向是否正确、路子是否宽广、前景是否乐观，从根本上说，是由其战略决策是否正确决定的。如果企业的战略决策错误或出了偏差，就会危及企业的生存和发展。因此，可以说战略决策正确与否，是企业生死攸关的大事。在战略决策中，又包含着企业的总体战略决策和分战略决策两类。总体战略决策覆盖整个企业以及与企业相关的每个方面。但是，总体战略决策又是由各个分战略决策构成的，每个分战略决策的拟就，要根据企业总体战略决策的需要，为实现总体战略决策的要求和目标服务。至于企业的分战略决策，指的是与企业生产、服务、运作、竞争、发展相关的各个方面的战略决策，如：生产战略决策、经营战略决策、投资战略决策、科技进步战略决策、市场竞争战略决策、人才培养战略决策等等。在制定企业的总体战略决策和分战略决策时，有一条原则应该予以充分重视，那就是要善于发现、把握、培植企业的优势，抓住先机。唯有如此，在进行战略决策时才能高瞻远瞩、开阔视野、充满信心，才能使企业在变化、发展的环境中立于不败之地。同时，也要正视企业自身存在的薄弱环节和困难，在总体战略决策中，尤其是在各个方面的

分战略决策中，拿出力量和办法解决问题，以使企业的某些劣势尽快地转变为优势。

战术决策，指的是企业经营决策中针对某一具体对象的具体决策。这种决策，多见于日常的生产、服务、管理的过程中，是为了解决企业运作中某些具体问题而做出的。它具有涉及面较窄，影响只限于某个局部或只关系到某一段较短时间内的特点。就决策者的职责范围而言，战略决策，尤其是总战略决策，是由企业的高级管理层、主要的领导者和决策者负责做出的；分战略决策和战术决策则往往是由企业的中层管理者、部门负责人根据需要做出的。当然，即使是战术性的决策，也不能违背战略决策的要求和目标，应该为战略决策的实现而服务。

（三）个人决策和团体决策

以做出决策这一行动的参与人数多寡来分，企业经营决策可以分为个人决策和团体决策。

个人决策，就是凭借决策者个人的主观能力进行的决策。它受到个人的智慧、阅历、经验和对决策对象的了解程度的限制，也受到个人性格特征和心理特点的影响，局限性很大，成功的把握也较小。在现代企业经营决策中，已经较少采用这种方法。

团体决策，就是借助团体的力量来进行决策。团体的力量取决于领导人的主观能力，以及领导者与被领导者之间在智力结构、工作素质、工作作风和态度方面的配合情况。随着社会的发展和科技的进步，影响决策的因素不断增多，决策涉及面广，影响时间长，因而决策失败造成的后果影响更为深远。因此，现代企业经营决策的发展趋势，越来越趋向于依靠团体的力量和严格科学的决策程序来进行。

（四）单目标决策和多目标决策

以企业经营决策的目标来分，企业经营决策可以分为单目标决策和多目标决策。

在企业经营决策过程中，有时要实现某一项确定的目标而进行的决策，这就是单目标决策。这类决策所要实现的目标，有些是时效性较强的。例如，为了适应市场竞争的需要，在生产、产品改良、产品销售价格、产品售后服务等方面为某一项目标的实现而做出的决策；但是，有些单目标决策也可能是关系企业整体的，而且这一目标贯穿企业的生产、经营、服务、管理的始终。这类决策目标的确定和实现有利于确定和体现企业的特色，从而保证企业的生存和发展。可见，单目标决策很重要，切不可因为目标比较单一就忽视了它或在决策过程中掉以轻心。多目标决策则是与单目标决策相对而言的，它的特点是决策要实现的目标在两个以上；多目标中各目标之间往往是互相关联、相互支撑的；多目标之间，有先后实现之分，但却无此轻彼重之别；无论多目标的具体数量是多少，它们的实现都是为整个企业的全局、企业发展的战略目标服务的。要科学、顺利地做出并完成多目标决策，决策者就一定要了解多目标决策的特点，在了解企业、市场及企业所面临的挑战和机遇的前提下综合调度、全面思考。企业在做多目标决策时，应着眼全局，多角度、多层次考虑问题，切忌只顾眼前、图一时之快，或者顾此失彼，造成多目标相互之间牵扯，产生不了合力。

（五）确定型决策、非确定型决策、风险型决策

按照决策问题所处条件与所产生的后果不同，经营决策可分为确定型决策、非确定型决策和风险型决策。

确定型决策，又称肯定型决策，是指每一种可供选择的方案所需要的条件和未来状态完全已知，对每一种方案实施后果也能计算确定，可以在比较中做出肯定择优的选择。

非确定性决策，又称不肯定型决策，是指各方案所出现的结果不确定，而且不能预计其出现的概率，因此只能靠决策者的经验和主观判断而做出的决策。

风险型决策，这种决策各方案的条件大部分是已知的，出现的结果却不能确定，但这种不确定的结果出现的概率又是可以预先估计的。由于决策的最后结果受概率的影响，而且这种概率是事先预测的，实际情况的出现不一定完全和概率相符合，所以这种决策带有一定风险性，故称之为风险型决策。

三、经营决策的内容

经营决策的内容十分广泛，概括起来主要有以下六个方面：

1. 生产决策

生产决策主要是确定企业生产方针、发展方向、生产结构、生产规模、资源的合理配置与技术措施的选择等。

2. 营销决策

营销决策是指企业识别、分析、选择和发现市场营销机会，以实现企业经营目标的一系列活动过程。主要包括市场调研、预测，产品市场定时定位决策，产销量、分配路线和销售方式决策，销售促进技术和市场营销组合决策，价格决策，竞争战略，售后服务和其他销售业务决策等。

3. 财务方面的决策

主要包括资金筹集决策，即如何为企业筹备所需资金的决策；投资决策，即把能动

用的资金投向何种生产经营活动的决策；对投入生产经营过程中的资金如何使用的管理决策等。

4. 研究开发决策

主要包括市场开发、产品开发决策，新技术、新工艺开发决策，人力资源开发、智力开发决策等。

5. 组织人事方面的决策

主要包括企业组织机构设置、权责分工、组织人员配备及干部任用考核、任免和培训等方面的决策。

6. 其他方面的决策

包括员工聘任的决策，激励机制和思想教育、职工福利事业的发展决策以及环境保护的决策等。

四、经营决策的方法

随着决策理论的发展，人们创造了许多有效的经营决策方法，归纳起来可分为两大类，即定性决策方法和定量决策方法。

（一）定性决策方法

定性决策方法是指人们利用已有的知识、经验和分析判断能力，完成决策活动全过程的方法。定性决策方法运用简便灵活，省时省力，又有利于群众参与决策，保证决策的顺利执行，但主观性较强，分析论证不够严密。常见的定性决策方法包括以下几种：

1. 专家意见法

专家意见法亦称专家意见函询调查法。做法是发函请某些专家就某一问题提出看法和意见，被征询的专家可以是属于不同学科或虽属同一学科，但研究的重点是不同的；也可以属于同一学科、同一研究方向，但研究方法、成果结构相互不同而又各有创见的，这样，将有利于决策者重点、全面地听到专家的见解。在收到专家的回复之后，加以思考、归纳、整理，再分类给各位专家继续征求意见，如此反复多次，直到意见比较集中为止。

2. 方案前提分析法

方案前提分析法的特点是不分析决策方案的内容，只分析决策方案的前提能否成立。如果前提能够成立，则可说明目标和途径正确。

3.头脑风暴法与反头脑风暴法

头脑风暴法又称畅谈会法。这种方法的做法是邀集专家，针对一定范围的问题，用座谈的方式，请大家敞开思想、畅所欲言地谈出自己的见解。采用此种方式时也立下一些规矩，如：鼓励每一个人独立思考，开阔思路，不要重复别人的意见；意见、建议、见解越多越好，不受限制，也不怕不同意见的冲突；对别人的意见不要反驳、不要批评，也不要急于下结论，可以补充和发展相同的意见。这种做法，可以集思广益，求得创新，对决策的广度、深度很有帮助。反头脑风暴法则与以上做法相反，同意、肯定的意见一概不提，而专门找矛盾，挑毛病，群起而攻之。这种方法，则可以激发思维，有利于减少决策失误或做好失误的防范，从另一个角度增强决策的科学性，提高决策的成功率。以上两种方法，各有特点，又具互补性，若运用得当，对保证决策的正确性、科学性作用甚大。

4.创造工程方法

这种方法追求的目的是针对某一问题提出创新性的方法或方案。创造工程法把创新过程看作是一种有秩序、有步骤的工程。它把创新过程分为三个阶段和十多个步骤：第一阶段，确定问题，包括主动搜索，发现问题，认识环境，取得资料，确定问题等步骤；第二阶段，创新思想阶段，通过主动多发性想象、自发聚合等步骤形成创造性设想；第三阶段，提出设想和付诸实施，把设想形成方案，并接受实践检验。

（二）定量决策方法

定量决策法，又称为硬技术方法，是建立在数学公式计算基础上的一种决策方法，是运用统计学、运筹学、电子计算机等科学技术，把决策的变量（影响因素）与目标，用数学关系表示出来，求出方案的损益值，然后选择出满意的方案。

为了保证影响组织未来生存和发展的管理决策尽可能正确，必须利用科学的方法。决策方法可以分为两类：一类是关于组织活动方向和内容的决策方法；一类是在既定方向下从事一定活动的不同方案选择的方法。由于管理决策方法主要是在研究企业经营决策的过程中不断发展起来的，因此，下面主要介绍企业在决策中常见的几种方法：

1.确定活动方向的分析方法

这类方法可以帮助企业根据自身和市场的特点，选择企业或某个部门的活动方向，主要有经营单位组合分析、政策指导矩阵等方法。

2.选择活动方案的评价方法

确定了活动方向和目标以后，还应对可以朝着同一方向迈进的不同活动方案进行选择。选择是以比较为前提的，比较不同方案的一个重要标准是它们能够带来的经济效果。由于任何方案都须在未来实施，而人们对未来的认识程度不尽相同，因此，方案在未来实施的经济效果的确定程度、人们评价这些经济效果的方法也不相同。根据这个标准，可以把决策方法分为确定型、风险型、非确定型决策方法三大类。

（1）确定型决策方法

确定型决策，又称程序化决策或定型化决策，这种方法是指影响决策的因素、条件和发展前景比较清晰明确，并且容易做出判断，根据决策目标可以选择最佳方案。运用这种方法评价不同方案的经济效果时，人们对未来的认识比较充分，了解未来市场可能呈现某种状况，能够比较准确地估计未来的市场需求情况，从而可以比较有把握地计算各方案在未来的经济效益，并据此做出选择。这种方法的特点是：每当一个新问题发生时，不必做新的决策，而只需要按原规定的程序去办即可。未来确定条件的评价方法也很多，比如，单纯选优法、量本利分析决策法、内部投资回收率法、价值分析法等等。常用的是单纯选优法和量本利分析决策法两类，下面主要介绍这两种方法的基本原理：

单纯选优法，又称直观判断法，是根据已掌握的每一个方案的每一个确切结果进行比较，直接选择最优方案的方法。例如，某企业欲购买一种原材料，有四家厂商可提供这种原材料，分别报出的单价为：甲厂40元，乙厂42元，丙厂45元，丁厂41元。若这四个厂家均同意送货上门，则该企业应购买甲厂所生产的原材料。单纯选优法通常只适用于简单的情形。

量本利分析决策法，也叫保本分析法或盈亏平衡分析法，是根据业务量（产量、销售量、销售额）、成本、利润三者综合关系分析，用来预测利润、控制成本的一种分析方法。量本利分析的基本原理是用成本习性，指明企业获得经营销售量界限。成本习性是指成本的变动与产量之间的依存关系。企业的生产成本分为变动成本和固定成本两部分。变动成本随产量增减按比例变化，固定成本在一定范围内不受产量变动的影响。销售额减去变动成本之后的余额称边际贡献，这个余额抵偿固定成本后所剩余的部分即为利润。当总的边际贡献与固定成本相等时，恰好盈亏平衡，这时，再每增加1个单位的产品，就会增加一个边际贡献的利润。量本利分析法在企业经营决策中应用广泛，作用也很大。

这种方法的主要问题是找出盈亏平衡点，即销售收入线与总成本线相交的那一点。解决的方法有图解法和公式法。

图解法是以 x 轴表示产量，y 轴表示销售收入或成本费用，绘制成直角坐标图，然后将销售收入线、固定费用线和总费用线标到坐标图上，即可清楚地反映两者之间的动态关系及经济意义。

总费用变动线与销售收入变动线相交于 P 点，此点的总费用与销售收入相等，企业不亏不盈，故称为盈亏平衡点（或保本点）。P 点所对应的产量（销售量）称为盈亏平衡的产量（销售量）。如：企业计划或实际的产品产量（销售量）大于盈亏平衡点对应的产品（销售量），则销售收入大于总费用，企业将获得盈利；反之，计划或实际的产量（销售量）小于盈亏平衡点对应的产量（销售量），则销售收入小于总费用，企业将蒙受亏损。

以 C 表示总成本，F 表示固定成本，G 表示单位变动成本，P 表示产品单价，Q_0 表示保本产量，S_0 表示销售收入，则：

$$销售收入 = 产品单价 \times 产量$$

$$生产成本 = 固定费用 + 变动费用 = 固定费用 + 产量 \times 单位变动费用$$

当处于盈亏平衡点时，用相应的符号来表示有如下式：

$$P \times Q_0 = F + C_V \times Q_0 \tag{5-6a}$$

整理可得：

$$Q_0 = \frac{F}{P - C_V} \tag{5-6b}$$

此式即为计算保本产量的基本公式。由于保本收入等于保本产量与产品价格的乘积，因此，上式的两边同乘以 P，即可得到计算保本收入的基本公式：

$$Q_0 \times P = \frac{F}{P - C_V} \times P \tag{5-7a}$$

整理上式可得：

$$S_0 = \frac{F}{1 - \dfrac{C_V}{P}} \tag{5-7b}$$

（5-7a）式中的 $P - C_V$ 表示单位产品得到的销售收入在扣除变动费用后的剩余，叫作边际贡献；（5-7b）式中的 $1 - \dfrac{C_V}{P}$ 表示单位销售收入可以帮助企业吸收固定费用和实现企业利润的系数，叫作边际贡献率。如果边际贡献或边际贡献率大于零，则表示企业生产这种产品可收回变动费用外，还有一部分收入可用于补偿已经支付的固定费用。因此，产品单价即使低于成本，但只要大于变动费用，企业生产该产品或继续生产该产品还是有意义的。

当产量为 Q 时，盈利额 Z 为边际利润扣除固定费用的余额。即：

$$Z = (P - C_V)Q - F \qquad (5-8)$$

如果要求某企业盈利额为 Z，则企业必须达到的产量 Q，由式（5-8）可得：

$$Q = \frac{F + Z}{P - C_V} \qquad (5-9)$$

企业的经营安全状况可以用经营安全率指标表示，Q_2 为现实或计划产量，Q_1 为盈亏平衡的产量，则经营安全率 MRS：

$$\text{MRS} = \frac{Q_2 - Q_1}{Q_2} \times 100\% \qquad (5-10)$$

经营安全率是反映企业经营状况的一个重要指标，经营安全率越接近 100%，说明企业经营状况越安全；越接近于 0，说明企业经营状况越差，亏损的可能性越大。

（2）风险型决策方法

风险型决策方法主要用于人们对未来有一定程度认识，但又不能肯定的情况。这时，实施方案在未来可能会遇到好几种不同的情况（自然状态）。每种自然状态均有出现的可能，人们目前无法确知，但是可以根据以前的资料来推断各种自然状态出现的概率。在这些条件下，人们计算的各方案在未来的经济效果只能是考虑到各自然状态出现的概率的期望收益，与未来的实际收益不会完全相等，因而据此制定的经营决策具有一定风险。

风险型决策是指决策者对未来的决策过程中可能出现的自然状态不是确切知道，只是知道各种自然状态出现的概率。风险型决策有四个特点：

①有明确的决策目标。

②有两个以上可以实现目标的供选择的方案。

③存在着多种自然状态，且状态出现的概率已知，或可以分析出来。

④可以确定出各可行方案在不同状态下的经济效果（损益值）。

风险型决策的评价方法也很多，我们下面主要介绍决策树法。决策树法是一种用树形图来描述各方案在未来收益的计算、比较以及选择的方法。用决策树基本图形可以使决策问题形象化，它把各种备选方案可能出现的自然状态及各种损益值简明地绘制在一张图表上，通过对比，选择较优的决策方案。由于图解方式比较醒目，故其不仅适用于风险型单阶段决策，更适用于风险型多阶段决策。

决策树主要由决策点、方案枝、状态点、概率枝（状态枝）和损益值五个要素组成，其图形像一株躺倒的大树，因而得名。

用决策树的方法比较和评价不同方案的经济效果，需要进行以下几个步骤的工作：

①根据可替换方案的数目和对未来市场状况的了解，绘出决策树图形。

②计算各方案的期望值，包括：

a. 计算各概率分枝的期望值。用方案在各自然状态下的收益值去分别乘以各自然状态出现的概率。

b. 将各概率分枝的期望收益值相加，并将数字记在相应的自然状态点上。

③考虑到各方案所需的投资，比较不同方案的期望收益值。

④凡遇决策点，保留具有最大期望值的方案分枝，同时剪去期望收益值较小的方案分枝，将保留下来的方案作为被选实施的方案。

如果是多阶段或多级决策，则须重复②、③、④各项工作。值得注意的是，应用决策树进行决策的过程，是从右向左逐步后退进行分析。

第六章　农产品市场与营销管理

第一节　农产品市场基本理论

一、农产品市场供求和均衡

（一）农产品市场概念和分类

狭义的农产品市场指进行农产品交易的场所；广义的农产品市场指农产品流通领域交换关系的总和。

农产品市场有多种分类方法。按照交易场所的性质，农产品市场可以分为产地市场、销地市场、集散市场与中转市场；按照农产品交易形式和商品交割时间可以分为现货交易市场和期货交易市场；按照农产品经营环节不同，可以分为批发市场和零售市场；按照交易农产品的品种，可以分为粮食市场、棉花市场、油料市场、蔬菜市场、肉禽蛋市场、水产品市场、水果市场、木材市场等；按照农产品交易的区域，可以分为国内市场和国际市场。

根据市场中商家的数量、产品的差异化程度、价格控制力、商家进出行业的难易程度可以将市场结构分为完全竞争、垄断竞争、寡头垄断、完全垄断四种类型。农产品市场买者和卖者众多、产品差异不大、生产者自由进入和退出、买者和卖者都了解相关信息，接近完全竞争市场。

（二）农产品供给

1. 农产品供给概念

农产品供给指生产者在某一特定时期内，在每一价格水平上愿意并且能够提供的农产品的数量。供给必须同时满足两个条件：一是生产者愿意提供农产品；二是有能力提供农产品。农产品供给分为个人供给和市场供给，市场供给是所有个人供给的总和。农产品供给和产量有较大差别。例如，粮食的供给不仅包括当年的粮食产量，还包括库存、进口等。

2. 农产品供给定理

一般情况下，在其他条件相同时，一种农产品价格上升，该农产品供给量会增加；

反之，则该农产品的供给量会减少。它表现为一条向右上方倾斜的曲线。

3. 农产品供给的影响因素

农产品自身价格。一般来说，一种农产品的价格越高，农产品供给量越大；反之，农产品的价格越低，农产品的供给量越小。

相关农产品价格。当一种农产品的价格保持不变，而和它相关的其他农产品的价格发生变化时，该农产品的供给会发生变化。例如，在猪肉价格不变而鸡肉价格上涨时，养殖户可能减少生猪的养殖而增加肉鸡的养殖。

农产品生产技术。一般情况下，当生产技术提高时，生产成本减少，生产者的利润增加，在同一价格水平上农产品的供给会增加。

农产品生产要素价格。当生产要素价格上涨时，生产成本增加，在同一价格水平上农产品供给会减少；反之，当生产要素价格下降时，生产成本减少，在同一价格水平上农产品供给会增加。例如，对种植粮食的农民来说，当种子、化肥、农药等农产品生产要素价格上涨时，获得的利润会下降，他们会减少粮食的种植。

农产品生产者预期。如果生产者预期未来农产品的价格会上涨，就会减少当期该农产品的供给。例如，农民收获粮食后预期未来粮食价格会上涨，他可能会惜售，把粮食贮存起来，等将来粮食价格上涨了再出售，这就会减少当期粮食的供给。

农产品生产者数量。如果农产品生产者数量增加，农产品的供给一般也会增加。

政府的税收和扶持政策。一般情况下，如果政府采取减少税收、增大对农业生产的扶持等政策，生产成本会减少，农产品的供给会增加。

自然条件。气候对农业生产的影响非常大，蔬菜、水果等季节性强的农产品，生产旺季的供给会大于其他时间。

需要区分农产品供给量的变动和农产品供给的变动。农产品供给量的变动指在其他条件不变时，由某农产品的价格变动所引起的该农产品供给数量的变动，它表现为农产品供给曲线上点的移动。农产品供给的变动指在某农产品价格不变的条件下，由其他因素变动引起的该农产品供给数量的变动，它表现为农产品供给曲线的移动。

（三）农产品需求

1. 农产品需求概念

在一定时期，在既定的价格水平下，消费者愿意并且能够购买的农产品数量。需求必须同时满足两个条件：消费者具有购买意愿，消费者在现行价格条件下具有支付能力。农产品需求分为单个需求和市场需求。单个需求是指单个消费者对某种农产品的需求，市场需求是指消费者全体对某种农产品需求的总和。

2. 农产品需求定理

在其他条件相同时，一种农产品价格上升，该农产品的需求量会减少；反之，该农产品的需求量会增加。它表现为一条向右下方倾斜的曲线。

农产品价格变化会产生替代效应和收入效应。替代效应是指在实际收入不变的情况下，某种农产品价格的变化对需求量的影响。即某种农产品的价格上涨了，而效用相同的其他农产品的价格未变，那么，其他农产品的相对价格下降了，消费者就要用其他农产品来替代这种农产品，从而会减少这种农产品的需求。收入效应指的是在货币收入不变的情况下，某种农产品的价格变化对其需求量的影响。就是说，如果某种农产品的价格上涨了，而消费者的货币收入并未变化，则消费者的实际收入会减少，从而对某种农产品的需求也会减少。

要注意炫耀性农产品和吉芬农产品。炫耀性农产品是用来显示消费者社会身份的农产品，这种农产品常常在价格下降时消费量反而减少，消费者转而去购买价格更高的农产品；吉芬农产品是指低档生活必需农产品，其价格上升而需求量反而上升。

3. 农产品需求的影响因素

农产品自身价格。农产品需求和自身价格反方向变动，即价格越高，需求量越小；反之，价格越低，需求量越大。

其他相关农产品的价格。当一种农产品自身的价格保持不变，而和它相关的其他农产品的价格发生变化时，这种农产品的自身需求量会发生变化。例如，牛肉价格不变，羊肉价格上涨时，人们就多吃牛肉，少吃羊肉，牛肉的需求会增加。

消费者收入。一般情况下，当消费者收入增加时，会增加对某种农产品的消费，该农产品的需求会增加。不是所有农产品都是正常物品，在其他条件相同时，收入增加会引起需求减少的农产品是低档品。

消费者偏好。当消费者对某种农产品的偏好程度增强时，该农产品的需求会增加；相反，偏好程度减弱，需求会减少。

消费者预期。当消费者预期某种农产品的价格在将来某一时期会上升时，就会增加对该农产品的现期需求量；当消费者预期某种农产品的价格在将来某一时期会下降时，就会减少对该农产品的现期需求量。当消费者预期自己未来的收入会增加时，会增加对该农产品的现期需求。

消费者数量。当消费者的数量增加时，对某种农产品的需求会随之增加，反之则减少。例如，吃大米的消费者增多，大米的需求就会增加。

生物能源需求。除以上传统的影响因素外，生物能源需求会直接影响到农产品需求。

需要区分农产品需求量的变动和农产品需求的变动。农产品需求量的变动指在其他条件不变时，由某农产品的价格变动所引起的该农产品需求数量的变动。它表现为农产品需求曲线上点的移动。农产品需求的变动指在某农产品价格不变的条件下，由其他因素变动引起的该农产品需求数量的变动，它表现为农产品需求曲线的移动。

（四）农产品市场均衡

1. 农产品市场均衡概念

均衡可以分为局部均衡与一般均衡。局部均衡是指单个市场或部分市场的供求与价格之间的关系所处的一种相对静止的状态。一般均衡是指一个社会中所有的市场供求与价格之间的关系所处的一种相对静止的状态。一般均衡建立在局部均衡基础之上。农产品市场均衡属于局部均衡。

农产品市场均衡是指在某种价格条件下，市场上某种农产品的供给量和需求量恰好相等，这时的价格称为均衡价格，数量称为均衡数量，图 6-1 中的 E 点表示此时农产品市场达到均衡。当市场价格处于 P_1 时，市场出现供大于求的农产品过剩或超额供给的状况。在市场自发调节下，一方面，会使需求者压低价格来得到他要购买的农产品；另一方面，又会使供给者减少农产品的供给量，该农产品的价格必然下降，一直下降到均衡价格水平 Pe。当市场价格处于 P_2 时，市场出现供不应求的农产品短缺或超额需求的状况。同样，在市场自发调节下，一方面，需求者将购买更多的农产品；另一方面，又使供给者增加农产品的供给量，该农产品的价格必然上升，一直上升到均衡价格水平 Pe。

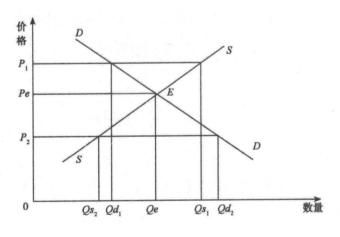

图 6-1 农产品市场均衡

2.供需变化对农产品市场均衡的影响

供给、需求或供需同时变化会引起均衡价格和均衡数量的变化。供给不变,需求增加时,均衡价格和数量均上升;供给不变,需求减少时,均衡价格和均衡数量均下降;需求不变,供给增加时,均衡价格下降,均衡数量上升;需求不变,供给减少时,均衡价格上升,均衡数量下降;供给和需求同方向移动时,均衡价格变化方向不定,均衡数量变化方向和供需变动方向相同;供给和需求不同方向移动时,均衡价格变化方向和需求方向相同,均衡数量变化方向不定(见表6-1)。

表6-1　供需变化对农产品市场均衡的影响

条件		均衡价格	均衡数量
供给不变	需求增加 需求减少	上升 下降	上升 下降
需求不变	供给增加 供给减少	下降 上升	上升 下降
供需变动	同方向移动 不同方向移动	不定 与需求方向相同	与供需方向相同 不定

二、农产品供求预测

(一)农产品供求预测概念、分类和步骤

农产品市场预测就是运用科学的方法,对影响农产品市场供求变化的各因素进行调查研究,分析和预见其发展趋势,掌握市场供求变化的规律,为经营决策提供可靠的依据。

根据预测时间的长短可以分为长期预测、中期预测、短期预测。根据预测方法可分为定性预测和定量预测。

农产品供求预测步骤主要包括:确定供求预测目标;收集数据资料;选择预测方法;建立预测模型并预测;分析预测结果;提出预测分析报告;根据新情况,修正预测,并且对预测结果和实际结果进行比较,不断地改进模型。

(二)农产品供求预测方法

1.定性预测方法

定性预测方法主要是通过一些概念性的推测判断对未来的市场需求进行预测,主要包括意见集合法和类推预测法。

(1)意见集合法

集合大家的主观意见最终形成判断,这可能是背对背各抒己见,也可能是大家相互交

流，比较经典的有专家会议法和德尔菲法。

（2）类推预测法

就是根据市场及其环境的相似性，从一个已知的产品或市场领域的需求和演变情况出发，推测其他类似产品或市场领域的需求及其变化趋势的一种判断预测方法。

2.定量预测方法

（1）时间序列方法

时间序列就是将过去的数据按照时间顺序进行排列。时间序列法就是利用这组数列，应用数理统计方法加以处理，以预测未来事物的发展。时间序列法主要包括移动平均法、指数平滑法、季节周期法、ARMA 模型等。

（2）回归分析方法

回归分析法是在掌握大量观察数据的基础上，利用数理统计方法建立因变量与自变量之间的回归关系函数表达式，以此来描述变量之间的数量变化关系。回归分析中，当研究的因果关系只涉及因变量和一个自变量时，叫作一元回归分析；当研究的因果关系涉及因变量和两个或两个以上自变量时，叫作多元回归分析。

（3）灰色预测模型

灰色系统是指相对于一定的认识层次，系统内部的信息部分已知，部分未知，即信息不完全，半开放半封闭。灰色预测是对灰色系统进行的预测，其特点是预测模型不是唯一的；一般预测到一个区间，而不是一个点；预测区间的大小与预测精度成反比，而与预测成功率成正比。

（4）组合预测方法

组合预测是一种融合多种预测模型、综合利用各种模型所提供的信息进行适当的组合，从而形成了预测精度更高的一种预测模型的方法。

第二节　农产品市场营销

一、农产品市场营销环境

农产品营销环境是所有影响生产经营者营销活动及能力的各种因素和力量的总和。营销环境由微观环境和宏观环境组成。两者不是并列关系，而是主从关系。微观环境受制于宏观环境，微观环境中的所有因素都要受宏观环境中各种力量的影响。

（一）农产品营销的微观环境

微观环境包含那些与农产品生产经营者（企业和农户）关系密切、直接影响其服务顾客能力的因素，包括企业本身、供应商、中间商、顾客、竞争对手和公众。

要取得市场营销的成功，仅靠企业的营销部门是不可能的。营销成功与否取决于营销部门同企业内部其他部门、供应商、市场营销中介、顾客、竞争者和各种公众建立关系，他们共同组成了企业的价值递送系统。

1. 企业

公司的内部环境包括市场营销管理部门、其他职能部门和最高管理层。在制订营销计划时，营销部门要兼顾其他部门及管理层的意见。公司所有的部门通力合作，才能提供优良的顾客价值和让顾客满意的服务。

2. 供应商

供应商是指那些向农业生产经营者提供生产产品和服务所需资源的企业或个人。供应商在整个顾客价值传递系统中起着重要的纽带作用。在产品供应链中，供应商是相对于某一个环节的产品的上游原料或产品的供应者。对于农产品生产者而言，供应商是生产资料的供应者，供应商提供各种农业生产资料，包括饲料、种子、化肥、农药、农机具等；对农产品加工企业而言，供应商是初级农产品以及各种食品添加剂等的生产者；而农产品销售企业的供应商可以是生产者、加工者，也可能是上级批发商。供应商的产品质量直接影响着生产经营者的产品质量。如：供应商提供的农药、兽药超标，农产品或畜产品中的药物残留就会超标。因此，今天大多数营销者把供应商视为创造和传递顾客价值的合作者。

3. 营销中间商（营销中介）

营销中间商是指帮助农产品生产经营者促销、销售以及分配产品给最终用户的所有中介组织或个人。营销中间商包括经销商、货物储运公司、营销服务机构和金融中介。

经销商指那些帮助企业寻找用户并销售产品的分销渠道机构，包括批发商和零售商。在农产品营销中，选择经销商并与之合作并非易事。某些大型零售企业甚至有足够的力量操控合作条件，把某些农产品拒之门外。

货物储运公司帮助储存和运送产品。

服务机构包括调研机构、广告代理商、媒介公司和咨询公司。它们帮助农产品生产经营者选定恰当的目标市场并促销其产品。

金融中介包括银行、信贷公司、保险公司等进行融资或降低商品买卖风险的商业机构。

与供应商一样，营销中介也是企业整体价值递送系统中的重要组成部分。农产品生产经营者必须有效地与其合作，以优化整个营销系统的表现。

4. 顾客

顾客是企业产品购买者的总称。通常农产品的顾客市场可以分为五类：消费者市场、产业市场、中间商市场、政府市场、国际市场。消费者市场由个人和家庭组成，他们购买产品和服务是为了个人消费。产业市场购买产品和服务是为了进一步加工或者在生产过程中使用。零售商市场购买产品和服务是为了再出售以获取利润。政府市场由政府机构组成，它们购买产品和服务是为了提供公共服务，或是将这些产品和服务转移到需要的人手中。国际市场是由其他国家的购买者构成，包括消费者、制造商、经销商和政府。每一种市场都自己的特征，营销人员应分析各个市场的需求特点及购买行为，制定相应的营销策略。

5. 竞争对手

农产品市场是最接近完全竞争市场结构的市场。在这个市场上存在着众多的生产经营者，他们之间竞争激烈。无论是农户还是企业，要在竞争中获胜，必须为顾客提供比其他竞争对手更高的价值和满意度。因此，营销人员要做的不仅仅是简单地满足目标顾客的需求，还要加强对竞争者的了解和研究，识别企业的竞争者，并经常将自己的营销战略及策略与竞争者进行比较。发现自己具有潜在竞争优势的领域，并对产品进行定位，使自己的产品或服务在顾客心目中与竞争对手区别开来，以获得战略优势。

6. 公众

公众指对农产品生产经营者实现其目标的能力具有实际或者潜在的利益关系或影响的任何群体。这些群体包括政府、新闻媒介、金融机构、民间公众、地方公众、一般公众、内部公众。在信息时代，公众对营销的影响力越发强大。企业想得到良好的商誉，就必须借助公众的力量。水能载舟，亦能覆舟。媒体对企业的正面宣传报道会促进企业的生产和销售，反之亦然。"三聚氰胺事件""黄浦江死猪漂流事件"对乳制品和生猪市场产生巨大负面影响。因此，企业必须为顾客带来福利，得到顾客的认可，保持与公众之间的良好关系。

（二）农产品营销的宏观环境

宏观环境是指影响整个微观环境的更广泛的社会因素，主要包括人口、经济、自然、技术、政治和文化等因素。宏观环境因素既可以带来机会，也可能造成威胁。

1. 人口环境

一个国家或地区人口数量的多少是衡量农产品市场潜在容量的重要因素。营销人员应当关注国内外人口的变化趋势和发展特点，根据人口的数量、地理分布、年龄及家庭结构的变化、教育程度等因素，进行营销决策。

2. 经济环境

现实的市场由具有购买欲望和购买力的人组成。购买力和购买欲望直接受经济环境的影响。经济环境因素包括收入水平、消费支出模式、利率、储蓄和借贷模式等，以上经济变量的变化直接影响消费者的消费行为，对市场产生重要影响。比如，收入分布的变化，导致穷人、富人及中产阶级的比例发生变化，而不同收入阶层对农产品有着不同的消费需求，进而影响着农产品营销活动。

影响农产品营销的经济环境因素是多层次的，可以是国际经济大环境，也可以是一国或一个地区的经济环境，它们以不同的方式在不同程度上对农产品营销产生影响。比如，2007 年的美国次级抵押贷款市场动荡引发的金融危机对全球市场产生巨大影响。危机导致发达国家消费需求降低，人民币面临升值压力，对我国农产品出口产生负面影响。

3. 自然环境

自然环境指的是营销人员所需投入的自然资源或是受到营销活动影响的自然资源。

农业再生产是自然再生产和经济再生产的统一，农业生产经营活动与自然环境有着密切关系。光、水、土、气等自然因素直接影响着农产品产出的数量和质量，而农业生产中农药、化肥的施用及畜禽养殖产生的粪便又影响着自然环境。市场营销人员应该注意到自然环境的变化给企业带来的环境威胁和发展机会。首先，是自然资源越来越匮乏；其次，是环境污染的加剧；最后，是政府对自然资源越来越严格的管理。在我国，人均土地资源及水资源减少，环境污染严重，人们越来越担心食品安全问题，农产品出口也面临着国际市场的技术壁垒。但环境的污染也为控制污染的农业设备及绿色、有机农产品创造了市场机会。

4. 技术环境

现代科学技术是社会生产力中最活跃、并在一定程度上起决定性作用的因素，技术进步为农产品营销带来了机会和挑战。如：现代生物技术中的细胞工程、遗传育种、基因工程等技术的开创和发展，不仅使农产品数量增加，品质也不断改善。优质产品的出现使劣质产品不得不逐步退出市场。而互联网的出现影响着商业模式和消费者的购物习惯，使农产品营销渠道发生了重大变化。

了解新技术，并预测未来技术的发展，对一家企业来说就如同了解竞争者、了解目标市场和利润一样重要。营销人员必须密切关注技术环境的变化。

5. 政治环境

政治环境包括法律、政府机构和压力团体。在一个确定的社会中，政治环境影响和制约着各类组织与个人行为，政治环境的变化极大地影响着营销决策。如：良好的国际政治关系有利于进出口企业顺利进入国际市场，而政治冲突则会导致贸易的技术壁垒增加，给企业带来不利影响。就国内政治环境而言，政局是否稳定直接影响着经济发展速度，进而影响着居民收入和购买力。有关农产品生产经营的法律、法规和政策，会对农业的生产经营产生直接影响，如：粮食补贴政策、农产品运输"绿色通道"政策、"农超对接"政策等。

6. 文化环境

文化环境由那些影响社会的基本价值观、观念、偏好和行为的风俗习惯与其他因素组成。处于不同文化环境中人们的价值观、行为和偏好等均不同。农产品营销人员必须了解和分析文化环境，并制定相应的营销策略，组织不同的营销活动。

多数企业认为，市场营销环境是不可控的，企业要接受并适应环境。但也有企业对营销环境采取一种更为积极的态度，即采取积极的措施去影响营销环境中的公众和其他因素。如：通过专家言论或媒体报道来宣传绿色农产品对人体健康的益处，从而扩大绿色、有机农产品的销售。同时，企业还可通过影响人大、政协的提案及相关部门的法律、法规等举措来改变企业的营销环境。但需要说明的是，即便是对营销环境持积极态度的企业，也不可能改变所有的环境因素。因此，观察市场变化、分析影响环境的因素、设计营销方案、避开环境风险、利用环境机会是每一个成功企业的必修课。

二、农产品的目标市场营销

顺利地出售产品是农产品生产经营者维持或扩大再生产的前提。如何把产品卖出去，是一个生产经营者必须面对和解决的问题，特别是在农产品市场供过于求、消费者需求日趋多样化的市场条件下，这一问题更为严峻。市场营销学为我们提供了解决这一问题的基本思路：首先，要了解消费者需求，这可以通过农产品市场调研和预测工作来完成。其次，要进行目标市场营销，即明确"为谁提供服务、如何更好地提供服务"。面对众多的消费者，任何规模的企业均不可能满足所有消费者的需求，因此，要把市场划分为有意义的顾客群体（市场细分），并结合自己的优势选择我们要服务的顾客群体（目标市场），并创造能够满足目标市场的差异化产品（市场定位）。最后，设计市场营销组合策略。

（一）农产品市场细分

1. 市场细分

市场细分是指营销者通过市场调研，依据消费者的需要和欲望、购买行为和购买习惯等方面的差异，把某一产品的市场整体划分为若干消费者群的市场分类过程。每一个消费者群就是一个细分市场，或者说，每一个细分市场都是由具有类似需求倾向的消费者构成的群体。市场细分有利于发现市场机会、确定目标市场、制定适宜的市场营销策略，从而增强企业竞争力。

2. 农产品市场的主要细分变量

农产品市场从不同的角度可有不同的分类，如：按照市场参与主体分类，农产品市场可分为消费者市场、产业市场；按地理区域划分，可分为国内市场和国际市场，城市市场和农村市场等。由于各类市场的特点不同，因此市场细分的变量也有所不同。需要提出的是，市场细分并非只有一种方法，营销人员可单独或者结合考虑各种市场细分因素，然后找出最好的考察市场结构的方法。

市场细分的方法有很多种，但不是所有的细分都有效。在进行市场细分时要注意以下几点：是否具有开发价值；是否具有足够的购买力；市场规模是否可以赢利；企业是否有能力进入所要选定的农产品市场。

（二）农产品目标市场选择

农产品目标市场是指农产品生产经营单位决定进入并为其提供服务的农产品市场。市场细分与目标市场既有联系，又有区别。市场细分是选择目标市场的前提，而选择目标市场是市场细分的目的和归宿。对企业而言，有所不为才能有所为。

1. 评估细分市场

评估不同的细分市场时，企业必须注意以下因素：

①要有足够的市场规模和增长性。企业必须收集分析有关数据，包括目前细分市场的销售额、增长率和期望利润，并从现实需求和潜在需要两个方面去考察。这个问题对于规模较大的生产经营者来说非常重要。如果目标市场过小，企业进入市场的收益也许不足以弥补投资。

②未被竞争者完全控制。企业要考虑影响细分市场长期吸引力的主要结构因素。如果一个细分市场已经有很多强大的竞争对手，就缺乏吸引力了。

③企业具备满足目标市场的能力。企业应充分考虑自己的经营目标及资源情况（人才、

财力、物力及经营管理水平等），只进入那些自己能够提供超额价值，并比竞争对手有优势的细分市场。

2. 选择目标市场的策略

企业对各不同细分市场进行评估后，必须对进入哪些市场和为多少个细分市场服务做出决策，一般有如下四种选择：

①无差异营销策略。企业忽略细分市场中的差异，向整个市场提供一套产品或服务。这种营销策略专注于消费者共有的需求，而不是他们的需求差异。

这种策略的优点是成本低，缺点是没有考虑细分市场消费需求的差异性。单一商品要以同样的方式广泛销售并受到所有购买者的欢迎几乎是不可能的，特别是在农产品相对过剩、消费者的需求日益多样化的买方市场条件下。

②差异化营销策略。公司瞄准几个细分市场，并为每个细分市场提供不同的产品或服务。优点是针对不同细分市场的营销活动能够满足不同顾客群的需求，通常会使总销售额增加。如果企业的产品同时在几个子市场都占有优势，会提高消费者对企业的信任感，可以使企业取得连带优势，进而促进销售。缺点是使企业的生产成本和营销费用增加。这种策略适用于大型农业生产经营企业。

③集中营销或补缺营销策略。企业集中有限的资源生产一种或少数几种产品满足一个或少数几个细分市场的消费者的需要。

企业资源有限时，特别适合使用这种策略。企业致力于在一个或几个细分市场占有大的市场份额，而不是大市场中的小份额。优点是企业的经营对象集中，使其生产、营销更加专门化，容易降低成本并取得较好的投资回报。缺点是风险较大。由于目标市场比较狭窄，如果遭遇细分市场衰退或者强大竞争对手的出现，企业可能会陷入困境。

④微市场营销策略。根据特定个人和特定地区的口味调整产品和营销策略，包括当地营销和个人营销。这种营销方式前所未有地注重不同地区人口特点和生活方式的差异，注重与顾客发展良好的关系，直接满足了公司的一线顾客——零售商的需求，可促进销售。缺点是规模小带来的生产成本和营销成本的上升。

3. 选择目标市场策略须考虑的因素

选择目标市场策略时，企业要考虑的因素有：

①企业实力。如果企业资源有限，集中营销是最适用的。

②产品特点。无差异营销适合于单一产品，如：食用油、普通蔬菜等产品。而当产品种类较多时，最适合差异化营销或者集中营销，如茶叶等。产品市场生命周期也要考虑在内。新产品推出时期，无差异营销或集中营销最为适用。但是在成熟期，差异化营销将更

有意义。

③市场的差异性。如果顾客的需要、偏好、购买方式和习惯大致相同，适合无差异性营销策略；反之，应采用其他三种营销策略。

④竞争对手策略。当竞争对手使用差异化营销或者集中营销时，无差异营销无异于自杀；相反，当竞争对手使用无差异营销的时候，企业可以通过差异化营销或集中营销获得优势。

（三）农产品市场定位

在确定进入哪些细分市场之后，企业还必须决定在这些细分市场中的定位，即在选定的细分市场中占据什么位置。

农产品市场是最近似于完全竞争市场结构的市场，市场中有许多的买者和卖者，出售的同类产品具有较强的同质性。即便是在细分市场中，也会有众多的竞争者。如何将自己的产品与竞争者的同类产品区分开来，就是市场定位所要解决的问题。

1. 概念

所谓产品定位是指相对于其他竞争者的产品而言，产品在消费者心目中占有的位置。定位需要向消费者灌输品牌独一无二的利益和差异化。企业必须对产品定位进行策划，以使自己的产品在选定的目标市场中区别于竞争对手并能够吸引对这一定位有独特偏好的消费者。

农产品市场定位是指农产品经营者根据竞争者现有产品在细分市场上所处的地位，针对顾客对农产品某些属性的重视程度，塑造出本企业产品与众不同的鲜明特色或形象并传递给目标顾客，从而确定该产品在细分市场中的竞争位置。

随着市场商品的日趋丰富，毫无特质的产品无法吸引消费者的注意。定位的目的是取得目标市场的竞争优势，树立产品在消费者心目中的形象和地位以吸引更多的顾客。市场定位的核心内容是设计和塑造产品特色和个性。特色和形象可能从产品实体方面表现，如：品质、包装，也可以从消费者心理方面反映出来，如：安全、高档次等。

2. 方法

农产品市场定位可分三个步骤：识别潜在的竞争优势、确定适当的竞争优势、选择整体定位策略。尽管农产品是公认的同质性较强的产品，但是真正的营销者可以让任何产品差异化。常用的农产品市场定位方法有以下三种：

①根据农产品的质量和价格定位。企业可选择向市场提供什么样质量和价格的产品。高、中、低档产品的定位不同，价格也不同。比如，同是草莓，品种不同、口感不同、产

量不同、价格也不同。一般来说，可选用的成功价值方案有五种：高质高价、高质同价、同质低价、低质更低价和高质低价。

②根据农产品的用途定位。同一种农产品可能有多种用途，如：同是小麦，有的品种适于直接食用，有的适于食品加工。回答"为谁生产"就是一种定位。

③根据农产品的特性定位。农产品的特性包括生产技术、生产过程、原料、产地、历史等。有机农产品、绿色农产品、无公害农产品等就是根据农产品的特性进行定位。

市场定位完成后，企业还须把定位向市场进行沟通和传送。定位需要切实的行动。市场营销组合的设计，本质上是定位策略的战术细节规划。

三、农产品营销组合策略

农产品市场营销组合是指农业生产经营者在营销活动中对各种可控制的市场营销手段的综合运用。具体来说，是企业营销人员用以实施他们目标市场战略的战术工具，包括产品、定价、分销及促销等手段。

（一）产品策略

产品是市场的供给物，是企业与顾客建立可获利关系的纽带，是一切市场营销活动的基础。

1. 农产品营销中产品的整体概念

传统意义上的农产品是指人们通过控制动植物的生命过程所取得的有形实物。而营销学中的农产品是一个整体概念，它包括向市场提供的，用于满足人们某种欲望和需求的任何东西，例如，农产品实物、包装、品牌、服务、体验等一切有用物。它分三个层次：

①农产品的核心产品。农产品的核心产品是指消费者购买某种农产品时所追求的效用，是消费者真正的购买目的所在。

②农产品的形式产品。农产品的形式产品也叫有形产品，是农产品核心产品实现的形式，即向市场提供的农产品实体的外观。它由五个标志组成，即农产品的质量、特征、形态、品牌和包装。

③农产品的附加产品。农产品的附加产品也称延伸产品，是指消费者在取得农产品或使用农产品过程中所能获得的形式产品以外的利益，如：提供农产品的信贷、免费送货、质量保证、农产品知识介绍、种子栽培技术指导等。

在营销活动中，树立农产品整体概念具有十分重要的意义。首先，企业应明确顾客所追求的核心利益是产品的效用，因此，开发优质农产品、提高农产品质量、更好地满足消费者需求，是一切营销工作的出发点；其次，企业必须特别重视农产品的无形方面，包括产品形象、服务等；最后，企业在产品上的竞争可以在多个层次上展开。

2.产品策略

根据农产品的整体概念，营销人员制定产品策略时应关注以下几点：

①提供、开发优质农产品。在营销学中广义的质量概念是从创造顾客价值和顾客满意两方面来定义的。美国质量协会关于质量的定义是"产品和服务的性能使得它能够满足消费者现实或潜在的需求"。农产品作为食品来源和工业原料，其质量安全关乎消费者的生命健康。消费者购买的农产品外在表现为具体的某产品，但其追求的核心利益是生命安全。随着人们生活水平的提高，消费者对农产品的质量提出了更高要求。因此，提供、开发优质农产品显得尤为必要。

②创建农产品品牌。品牌一词，意思是"烙印"，它形象地表达出了品牌的含义——如何在消费者心中刻下烙印。品牌是用于识别一种产品或服务的生产者或销售者的名称、术语、标记、符号、设计或者上述这些的组合。消费者将品牌视为产品的一个重要部分，而且品牌管理能够为产品增加价值。

随着消费水平的提高，人们购买农产品也越来越注重品牌。农产品同质性很强，消费者很难分辨农产品内在品质。品牌就其本质而言，代表着卖方对交付给买方的产品特征、利益和服务的一贯性承诺。同时也能帮助消费者识别那些对他们有益的产品。不创品牌，蔬菜难免一"毒"俱损。如：当报道有"毒韭菜""毒豇豆"时，市场上鲜有消费者问津，价格也急剧下跌。如果有品牌让消费者能有效识别，同类产品的生产经营者则不会受牵连。有人将农产品竞争分为三个阶段：一是品种的竞争，即"人无我有"；二是品质的竞争，即"人有我优"；三是品牌的竞争。树立农产品品牌意识，重视品牌的创建、发展、管理及维护，提升农产品的品牌价值具有十分重要的意义。

由于农产品品质受气候、水、土等自然因素影响较大，农户生产规模小，注册自主品牌难度较大，区域品牌的推广显得尤为必要。采用区域品牌类型创建农产品品牌、发展区域产品销售，提高区域形象的成功例子较多，如：西湖龙井、舟山带鱼、宁夏的枸杞等。

③做好产品售后的支持服务。客户服务是产品战略的重要因素。比如：对顾客进行定期调查，了解他们在产品交易或使用过程中出现的不满，以便改进今后的工作，提高顾客的满意度，这也是产品策略的重要组成部分。

（二）价格策略

狭义地看，价格是一种产品或服务的标价；广义地看，价格是消费者为获得、拥有或使用某种产品或服务的利益而支付的价值。农产品价格的高低直接影响消费者的购买行为，也直接关系到农产品生产经营者的市场占有率和收益水平。

1. 农产品定价程序

定价程序可分为六个步骤，即确定定价目标、测定市场需求、估算商品成本、分析竞争状况、选择定价方法、确定最终价格。

①确定定价目标。定价目标就是人们在确定商品定价时要达到的主要目的。定价目标主要有以下几种：以利润最大化为目标、以提高销售额为目标、以市场占有率为目标、以企业生存为目标、以产品质量领先为目标等。

②测定市场需求。通过对农产品市场需求的预测，充分认识市场潜能。分析价格—需求关系，并根据不同农产品的需求数量、替代品的数量和相近程度、需求的价格弹性制定合适的价格策略。

③确定农产品价格，首先要"保本"，这是确定价格的下限。营销人员要全面分析农产品生产经营的成本构成，确保制定价格的盈利性。

④分析竞争者。制定价格时，企业还必须考虑竞争者的成本、价格和市场提供物。消费者会根据竞争者对类似产品收取的价格来判断产品的价值。公司的定价策略也可以影响竞争的性质。在评价竞争者的定价策略时，公司应该思考如下问题：首先，公司与竞争者相比，谁的产品或服务提供更多的顾客价值？其次，公司目前面临的竞争者有多强？最后，公司应该思考竞争环境如何影响顾客的价格敏感度以及竞争者对本公司定价策略的可能反应。

⑤选择定价方法，确定最终价格。农产品定价有成本导向定价法、需求导向定价法、竞争导向定价法。企业应根据自身情况选择合适的定价方式。

2. 农产品定价的几种主要方法

农产品定价受到内部因素和外部因素的影响。影响企业定价决策的内部因素包括整体市场营销战略、目标和营销组合、成本和组织情况等；外部因素包括市场和需求、竞争及其他环境因素。一般情况下，成本为价格规定了下限，而消费者对农产品价值的看法为价格规定了上限。企业在充分考虑竞争对手的价格以及其他内部和外部因素的基础上，在上述两个极端中间找到最好的价格。

①成本定价法。根据产品的成本来定价。主要有成本加成定价法和盈亏平衡定价法。

②基于价值的定价法。根据消费者感知价值来定价。

③竞争定价法。企业主要根据竞争者的价格定价，即随行就市，不太注重自己的成本或需求。

基于成本的定价法和基于价值的定价法的区别如图 6-1 所示。基于成本的定价是产品导向的定价，基于价值的定价方法是以顾客导向的定价，定价决策始于对消费者需求和价值感知的分析，制定的价格符合消费者的感知价值。

图 6-1 成本定价法和价值定价法

（三）促销策略

1. 农产品促销

农产品促销是指企业通过人员和非人员的方式，传递产品信息，或使顾客对该品牌产品产生好感和信任，以激发消费者购买欲望，促进消费者购买的活动。

2. 农产品促销类型

从促销形式上看，可分为广告促销、人员促销、关系促销、营业推广四种形式。

①广告促销：通过媒体向用户和消费者传递有关商品和劳务信息，达到促进销售目的的一种促销手段。媒体包括报纸、杂志、广播、电视、网络等。

②人员推销：派出销售人员与一个或多个可能成为购买者的对象交谈，做口头陈述，推销商品，促进和扩大销售。

③关系营销：是把营销活动看成是一个企业与消费者、供应商、分销商、竞争者、政府机构及其他公众发生互动作用的过程，其核心是建立和发展与这些公众的良好关系。

④营业推广：在短期内用以刺激顾客或其他中间机构（如零售商）迅速和大量地购买某种特定产品或服务的活动。营业推广按其对象可分为三类，即对消费者、企业用户及对推销员的营业推广。

第七章 农业经济核算与效益评估

第一节 农业中的成本与效益

一、农业成本效益的基本范畴

（一）农业生产总成本

农业生产总成本是反映一个地区或一个部门农业生产综合效益的指标，是农业企业或单位为生产一定种类和数量的产品，或提供劳务所发生的各项生产费用。产品成本是会计核算的核心内容，搞好成本核算，对于加强成本管理，提高经济效益具有重要意义。

（二）单位农产品成本

单位农产品成本即生产单位农产品所发生的各项费用，也是农业生产总成本与产品产量之比。其计算公式为：

$$单位农产品成本 = \frac{农产品总成}{农产品数量} \qquad (7-1)$$

可见，单位农产品成本的高低取决于农产品总成本与农产品总产量两个因素，与总成本成正比，与总产量成反比。

单位农产品成本能反映增产与节约两方面的经济效果，是考核产品成本水平的重要指标。

（三）个别成本

农产品的个别成本是指个别农业企业或基本核算单位的产品成本，反映的是个别企业或单位生产某种农产品所耗费的物化劳动和活劳动总量。计算个别成本并对个别成本及其构成进行动态分析，可以找出成本升降的原因，有利于改善经营管理或采取相应的经济技术措施，促进增产增收。

（四）社会成本

农产品的社会成本是指一个经济区域的社会水平的成本，反映的是该区域内生产某种农产品所耗费的物化劳动和活劳动的社会必要水平，通过个别成本和社会成本的对比，可以找出个别农业企业或基本核算单位在成本管理方面的差距。

（五）效益

即效果和利益，它有经济效益与社会效益、微观效益与宏观效益、技术经济效益与社会经济效益、生态效益与综合效益之分。

经济效益是指劳动占用与消耗量同劳动成果的比较，即投入同产出的比较。

社会主义生产的目的，是要保证最大限度地满足社会及其成员日益增长的物质和文化的需要。因此，讲经济效益就是要以尽量少的活劳动消耗和物质消耗，生产出更多符合社会需要的产品。

（六）成本效益

成本效益是指一定量的成本所带来的经济效果和利益，它能反映出计入产品成本的费用与产品所带来的效益的关系。

二、农业生产成本分析

成本分析是根据有关成本的各种资料，运用专门的方法，对影响成本变动的各因素及其影响程度进行的分析。通过成本分析，可以了解成本升降的情况，认识和掌握成本变动的规律，加强成本管理；可以对成本计划的执行情况进行有效控制，对执行结果进行评价；可以为编制成本计划和经营决策提供依据，也可为将来成本管理工作指明努力的方向。

成本分析的主要目的是为了改进企业的经营管理，节约生产耗费，降低成本，提高经济效益。成本分析分为成本预测分析、成本控制分析和成本总结分析三种。这三种分析是在不同时段进行的，分别属于事前、事中和事后分析。

（一）成本预测分析

成本预测分析是指在编制成本计划前，对成本的变动趋势进行预测，然后再根据预测的资料编制成本计划。成本预测最简单的方法是高低点法，现介绍如下：

高低点法就是从企业历史的成本资料中，找出产量和总成本最高的年份（高点）和最低的年份（低点），计算产量和成本的差异数，然后运用直线公式进行预测。总成本可用下列公式来表示：

$$y = a + bx \qquad\qquad (7\text{-}2)$$

式中 y——总成本。

a——固定成本。

b——单位变动成本。

x——总产量。

$$b = \frac{\Delta y}{\Delta x} \qquad\qquad （7\text{-}3）$$

将 b 值代入 $y = a + bx$，求出 a 值，再把 a、b 值代入 $y = a + bx$ 公式，即可预测出任何计划总产量的对应总成本。

（二）生产过程中的成本控制分析

生产过程中的成本控制分析就是对生产过程中的物化劳动消耗和活劳动消耗加以控制，经常检查成本计划的执行情况，分析成本变动的原因。其主要分析方法是成本差异分析，其分析根据以下公式进行：

$$价格差异 = （实际价格 - 标准价格） \times 实际数量 \qquad （7\text{-}4）$$

$$数量差异 = （实际数量 - 标准数量） \times 标准价格 \qquad （7\text{-}5）$$

$$总成本差异 = 价格差异 + 数量差异 \qquad （7\text{-}6）$$

通过计算，可以发现差异的有无，若有差异，分析是有利差异，还是不利差异。对有利差异要使其继续发展，对不利差异应及时采取措施消除，使成本控制计划顺利完成。

（三）成本总结分析

成本总结分析是在计算出产品成本以后，对产品成本计划完成情况及有关的经济效果进行考核，分析成本升降的原因。分析内容包括：成本计划完成情况分析；影响产品成本升降因素的分析；成本水平分析和成本构成分析。

1. 成本计划完成情况分析

成本计划完成情况分析有三个方面：

①全部产品总成本计划完成情况分析，有关指标如下：

$$全部产品总成本计划完成率=\frac{实际总成本}{计划总成本}\times100\%\qquad(7-7)$$

$$全部产品总成本降低额=全部产品计划总成本-全部产品实际总成本\qquad(7-8)$$

$$全部产品总成本降低率=\frac{全部产品总成本降低额}{全部产品计划总成本}\times100\%\qquad(7-9)$$

②可比产品成本降低任务完成情况分析，主要分析指标有：

可比产品成本计划降低额＝（可比产品计划产量 × 上年实际平均单位成本）－（可比产品计划产量 × 计划单位成本）＝可比产品计划产量 ×（上年实际平均单位成本 – 计划单位成本）

$$\qquad(7-10)$$

$$可比产品成本计划降低率=\frac{可比产品成本计划降低额}{可比产品计划产量\times上年实际平均单位成本}\times100\%\qquad(7-11)$$

可比产品成本实际降低额＝可比产品实际产量 ×（上年实际平均单位成本 – 本年实际单位成本）

$$\qquad(7-12)$$

$$可比产品成本实际降低率=\frac{可比产品成本实际降低额}{可比产品实际产量\times上年实际评价单位成本}\times100\%\qquad(7-13)$$

③主要产品单位成本分析，一般采用主要产品成本计划完成率这一指标进行，计算公式为：

$$主要产品成本计划完成率=\frac{实际单位成本}{计划单位成本}\times100\%\qquad(7-14)$$

2. 影响产品成本因素分析

影响产品成本的因素很多，在分析时，通常假设一个因素变动，而其他因素不变，分析某因素变化对单位成本的影响。例如，农作物单位成本受单位面积成本和单位面积产量两个因素的影响。先假定单位面积产量不变，用实际单位面积产量和计划单位面积成本计算的单位成本与实际单位成本比较，分析单位面积成本变动对产品单位成本的影响程度。然后再假定单位面积成本不变，用实际单位面积产量和计划单位面积成本计算的单位成本与计划单位成本比较，分析单位面积产量变动对产品单位成本的影响程度。

3. 成本水平分析和成本构成分析

成本水平分析可分为成本水平静态分析和成本水平动态分析。成本水平静态分析是指同一时间不同单位或部门之间的成本水平对比分析；成本水平动态分析是指同一单位不同时间的成本水平对比分析。如：农产品成本指数就是通过报告期农产品成本与基期农产品成本对比而得到的比值。成本构成分析是对成本中某一成本项目占总成本比重的分析。它也可以分为成本构成静态分析和成本构成动态分析。成本构成静态分析是指同一时间不同单位或部门之间的成本构成因素变动情况的对比分析。成本构成动态分析是指同一单位不同时间的成本构成因素变动情况的对比分析。通过成本构成的分析，可以看出每一成本项目对总成本的影响程度，也可以找到降低成本的着手点。

三、农业经济效益

农业经济效益是农业生产和再生产过程中劳动消耗和劳动占用与有用劳动成果的比较，也可以说是农业生产和再生产过程中投入与产出的比较。农业经济活动最终的目的就是要通过各种农业生产要素的投入和农业生产力的合理组织，获得更多的农业成果，获取更高的经济效益。如果以等量投入获得了较以前更多的产出，或是等量产出，所需投入较以前减少，都可以说是经济效益提高了。农业经济效益可以用绝对数表示，也可以用相对数表示，表达式为：

$$经济效益 = 产出 - 投入 \qquad (7-15)$$

或

$$经济效益 = 产出 \div 投入 \qquad (7-16)$$

指标值大，说明经济效益好；指标值小，说明经济效益差。但这种指标值大或小都不是绝对的，而是相对的。只有同原来的基础相比较，或进行横向或纵向的比较，才能判断经济效益是否提高。指标值比原来大，是正效益，说明经济效益提高了；指标值比原来小，是负效益，说明经济效益降低了。在农业生产中，正效益和负效益可以互相转化。农业中有些新技术、新措施，在开始时可能是正效益，但经过一段时间后，它可能出现负效益；也有时相反，即在新技术、新措施刚被采用时是负效益，但经过一段时间后，可能出现正效益。

农业经济效益的制约因素主要有自然环境、科学技术、农业投入、农业生产结构和农业经营规模五个方面：

（一）自然环境

农业生产过程是自然再生产过程和经济再生产过程相交织的过程。农业生产的对象是有生命的生物，生物生长同自然环境有着十分密切的关系。自然环境适合生物的生长，农业产量就高，农业经济效益就高；自然环境不适合生物生长，农业产量就低，农业经济效益就差。

（二）科学技术

科学技术是第一生产力，农业经济中科技含量的高低决定着农业经济效益的好坏。劳动者将科学技术运用于生产过程，作用于劳动资料和劳动对象，就会大大提高劳动生产率，提高产品的质量和产量，最终节省单位农产品的投入或增加单位投入的产出。特别是劳动者科学知识的增长、技术水平的提高、生产经营能力的增强，对合理利用自然经济资源，确定合理的生产要素组合、适度的经营规模和投资规模等起着决定性的作用。

（三）农业投入

农业投入是影响农业生产经济效益的主观因素。在农业生产中，增加任何一种投入都可以使产量得到提高，应该加大农业投入，但我们又不能一味地增加农业投入。在其他投入不变的情况下，连续追加某一种投入的数量会导致边际报酬递减。追加投入可以增加收益，也一定会增加成本，如果因追加投入而增加的单位成本小于因追加投入而增加的单位收益，说明产生了正效益；如果因追加投入而增加的单位成本大于因追加投入而增加的单位收益，说明产生了负效益。在实践中，应根据边际收益递减规律，使投入掌握在一定的限度内，保证投入后能真正提高经济效益。

（四）农业生产结构

农业生产结构对农业生产经济效益的影响有两面性，合理的农业生产结构能对农业生产经济效益产生正面影响，农业生产结构不合理将给农业生产经济效益带来负面影响。合理的农业生产结构，一方面，能够合理利用当地的自然资源和经济资源，充分发挥当地的资源优势，提高农业生产的转化效率，最终提高经济效益；另一方面，能够保持各种农产品供给和需求的平衡状态，也能稳定农产品的价格，使农业增产增收，还可以避免因农业生产的大幅度波动而造成的损失，以提高农业的经济效益。因此，应适时调整农业生产结构，使其处于相对合理的状态，最大限度地提高农业生产的经济效益。

（五）农业经营规模

在一定的生产力水平条件下，农业经营规模不同，劳动者与劳动资料和劳动对象的结合程度不同。三要素结合得越好，生产力要素的利用越充分，经济效益就越高；相反，经济效益就越差。

从农业经济效益的制约因素我们可以清楚地看到，要提高农业经济效益，应该因地制宜，充分、合理地利用当地的自然经济资源，不断地提高农业劳动生产率，降低劳动消耗，确定适度的经营规模和优化产业结构，在有限的条件下，最大限度地实现资源的合理配置，做到人尽其才、地尽其力、物尽其用。

第二节　农业经济核算

一、农业经济核算基本原理

农业经济核算涉及面广，操作较复杂，意义深远、重大，应加大工作力度。这就要求了解进行农业经济核算的重要性，掌握经济核算的基础理论和相关知识，熟悉农业经济核算的内容和方法等。

（一）农业经济核算的意义

农业经济核算是对农业生产经营过程中的物化劳动及活劳动的消耗和经营成果所做的记载、计算、分析和比较的一种经济管理方法，其目的在于达到保证以较少的劳动消耗取得较大的生产经营成果。在社会主义市场经济条件下，农业实行经济核算具有重要的现实意义，主要表现在：

一是实行经济核算，才能明确生产单位和整个社会的生产消耗情况与最终成果，找出盈亏原因，为寻找增产节约途径提供依据。

二是实行经济核算，才能为国家制定宏观的农业政策，确定投资方向，调整产业结构、生产结构和为作物布局提供可靠的依据。

三是实行经济核算，才能正确地计算经营成果，明确经济责任，赏罚分明，充分体现多付出多得、少付出少得、不付出不得的分配原则，克服平均主义，避免干好干坏都一样的问题。

四是实行经济核算，能够更好地保护公有财产，防止公有财产流失和浪费。过去的经验表明，如果不重视经济核算，经济工作就抓不上去，经济建设就遭受损失。重视经济核算，把企业的经营成果与企业领导和劳动者的物质利益直接联系起来，就能调动企业和劳动者的积极性和创造性，实现增产节约、提高经济效益的目标。

（二）农业经济核算的内容和方法

1. 农业经济核算的内容

农业生产经营中经济核算的内容主要包括成本核算、资金核算和盈利核算三个方面。

农业成本核算是对农产品的生产过程中所消耗的活劳动和生产资料费用的核算，主要是通过计算各种农产品总成本和单位成本来反映农业生产经营过程中活劳动和物化劳动的消耗，揭示农产品成本升降的原因，寻求降低成本的措施。

农业资金的核算是对固定资金和流动资金的核算。固定资金的核算主要是反映固定资金利用情况，以寻求提高固定资金利用率的途径；流动资金的核算主要是反映流动资金周转情况，以便尽可能地缩短资金在生产和流通领域的周转时间，提高周转速度。

农业盈利的核算是对利润额和利润率的核算，盈利的多少是衡量农业生产经营成果的重要指标。通过盈利的核算，可以考核农业的生产经营成果，促使农业不断降低成本，减少资金占用，加速资金周转，增加盈利。

2. 农业经济核算的方法

农业经济核算的基本方法包括会计核算、统计核算和业务核算。会计核算是用货币形式对企业的生产过程进行全面系统的记载、计算、对比、总结和分析；统计核算是运用货币、实物和时间等量度指标，对企业的经济现象进行计算和分析，反映企业和社会的经济活动；业务核算是对企业和个别作业环节进行核算。三种方法并不是相互独立的，实际中只有把三种方法结合起来，才能全面地反映企业的状况，更好地发挥经济核算的作用。但在一个企业或单位中应更注重会计核算，因为会计核算最为重要。

二、农业成本核算

（一）农产品成本核算的意义

农产品成本是指为生产农产品所消耗的物化劳动价值和活劳动报酬支出的总和。农产品成本是一项重要的综合性指标。劳动生产率的高低，原材料和机器设备的利用程度，以及经营管理水平等，都会通过成本指标反映出来。成本降低，意味着活劳动和物化劳动消耗的节约。单位农产品成本是指生产每一单位农产品所消耗的物化劳动价值和活劳动报酬支出的总和，某种农产品的单位成本是该种农产品成本与该种农产品总产量的比值。可见，单位农产品成本的高低既取决于农产品的产量，又取决于农产品成本。从这个意义上说，降低单位农产品成本就意味着企业以同样的物化劳动和活劳动的消耗，生产出更多的农产品。通过成本核算，可以对各种生产消耗进行控制和监督，促进企业或核算单位人、财、物的节约，降低成本，增加盈利，也可为国家制定农产品价格政策等提供依据。可见，搞好农产品成本核算，对提高农业企业或基本核算单位的管理水平，实现增产节约，加强国家对农业生产的宏观领导和调控都有十分重要的意义。

（二）农产品成本费用项目构成

要正确地核算农产品的成本，就应明确农产品成本由哪些费用项目构成。不同的农产品其成本费用的构成项目是不同的，但都包括以下几方面的内容：

1.直接生产资料费用

直接生产资料费用是指在生产过程中直接耗费的生产资料，如：种子、肥料、农药、燃料、动力、饲料、其他辅助材料等费用。

2.直接人工费用

直接人工费用是指直接参加农产品生产人员的工资、奖金、津贴等以及按规定计提的职工福利费。

3.间接生产费用

间接生产费用是指为组织和管理生产活动而发生的各项费用，包括办公用品费、差旅费、管理人员的工资、福利费、固定资产的折旧费、机务料消耗、低值易耗品摊销、租赁费、土地开发费摊销、水电费、保险费、机械作业费、排灌费、季节性和修理期间的停工损失、取暖费及其他间接费。

明确了成本项目构成，就可以进行成本分析，考核各种消耗定额的执行情况，找出农产品成本升降的原因，采取相应的措施加以解决。

（三）农产品成本核算的要求

为了达到成本核算的目的，发挥成本核算的作用，在进行农产品核算时，必须做好以下工作，以确保成本全面、真实、合理、准确。

1. 做好成本核算的基础工作

做好成本核算的基础工作，就是要建立健全各种原始记录和制度，如：健全原始记录，建立定额制度，严格执行物资的计量、收发和盘存制度等。只有成本核算的基础工作做好了，才能为核算各种消耗、分摊各项费用奠定基础，提供可靠的依据。

2. 正确划分成本费用的界限

在农产品成本核算时，应严格划分成本费用的界限。

首先，应正确划分成本费用和期间费用的界限。凡是为生产产品所发生的一切费用，都必须计入产品成本，与产品生产无关的费用支出不能计入产品成本。只与某种产品生产有关的费用可直接计入某种产品的成本；与几种产品生产有关的费用如排灌费、管理费等应采用一定的方法分摊计入产品成本。

其次，应正确划分不同时期成本费用的界限。凡属于应由本期产品承担的成本费用，都应该计入本期产品的成本；凡不属于应由本期产品承担的成本费用都不能计入本期产品的成本。

再次，应正确划分完工产品的成本费用和在产品的成本费用。凡应由完工产品承担的成本费用，都必须计入完工产品的成本，凡不应由完工产品承担的成本费用均不得计入产品成本。

最后，应正确划分不同产品之间成本费用的界限。该由本产品承担的成本费用，都应该计入本产品成本；不该计入本产品成本的费用，不得计入本产品成本。

3. 正确核算人工费用

人工费用的多少取决于活劳动的消耗量和活劳动的工值，因此，要准确地核算人工费用既要正确计算活劳动的消耗量，又要正确确定活劳动的工值。

活劳动的消耗量一般按标准劳动日计算。通常把一个中等劳动力工作 8 小时定为一个标准劳动日。平时只登记每个劳动力从事产品生产的实际劳动时间，期终再折算为标准劳动日，折算时按下面公式进行：

$$标准劳动日 = 劳动时间 \div 8 \times 折算系数 \qquad (7-17)$$

（注：折算系数根据各个劳动者的实际劳动能力确定，如一个中等劳动力的折算系数是 1，上等劳动力的折算系数定为 1.2 或 1.5 等，下等劳动力的折算系数定为 0.8 等）。计入产品成本的活劳动消耗量包括直接用工和应分摊的间接用工两部分。

劳动工值的确定以劳动力再生产所必需的生活费用为计算标准。劳动力再生产所必需的生活费是指在衣、食、住、燃料、各种用品、文教卫生及其他方面的总支出。标准劳动日值的计算可用公式表示为：

标准劳动日值 = 全年必须生活费用支出总计 ÷ 全年所做标准劳动日数总计　　（7-18）

（四）农产品成本核算的方法

这里所指的农业是广义的农业，包括农、林、牧、渔业，由于各行业生产各有特点，农产品成本项目构成不尽相同，因而各行业成本核算的方法也不同。

1. 农作物产品成本核算

核算农作物产品成本，首先明确成本核算对象，然后进行费用的核算，最后计算农产品成本。

（1）各项成本费用的核算

构成农作物产品成本的费用共有 10 项，各项费用记入作物成本的方法如下：

①人工费用。用各作物的用工量（即标准劳动日）乘以标准劳动日值，计算计入各作物成本的人工费用。

某作物人工费用 = 该作物的标准劳动日 × 标准劳动日　　　　（7-19）

②种子费。用各作物的实际用种量乘以种子的单价，计算计入各作物成本的种子费。外购种子按买价加上运杂费、途中的合理损耗、税金及入库前的挑选整理费计价；自产自用种子按国家规定的价格计价。

③肥料费。外购的肥料按实际买价加上运杂费计价；自产自用的绿肥按市价计价；农家肥按有关部门统一的价格或估价计价。

④农药费。外购的农药按采购价、途中的合理损耗和运杂费计价；自产的按市价计价。

⑤机械作业费。外单位代为耕作的，如果只是某一种农作物，按实际支付的作业报酬计算；如果是多种作物，先按实际支付的作业报酬记录，然后，根据各作物的实际作业量计算应分摊的机械作业费；自有机械进行耕作的，应按同类作业市价先计算出单位面积成本，然后按各作物的实际机械作业量计算应摊的机械作业费。

$$机械作物单位面积成本 = \frac{机械作业费总额}{全年机械作业完成标准单位面积} \qquad （7-20）$$

某作物应摊机械作业费 = 该作物机械作业标准单位面积 × 机械作为单位面积成本（7-21）

⑥排灌作业费。支付给水电部门的生产水电费，按实际支付数计入各作物成本；自有排灌设备发生的费用，核算方法同机械作业费的类似，只是作业量的单位变为单位面积数。

⑦畜力作业费。指各作物在成本核算期内使用役畜从事田间作业和运输的费用，如果是外雇畜力，按实际支出计算；如果是自己拥有的畜力，则应按实际费用计算，包括饲草和饲料费、固定资产折旧费、修理费、役畜医药费和其他相关支出。

$$畜工作日成本 = \frac{畜力作业费成本总额}{畜标准工作日总数} \qquad (7-22)$$

某作物应摊的畜力作业费 = 为该作物完成的工作量（畜标准工作日）× 畜工作日成本

$$\qquad (7-23)$$

⑧其他直接费。指以上几项没有包括的直接费用。

⑨农业共同费。农作物生产过程中，各作物共同受益的费用支出。如生产用固定资产折旧费和修理费等。对于农业共同费用，应先核算出当年应计入成本的各项费用总额，然后，按一定的标准在各受益作物之间进行分摊。

⑩管理费和其他支出。按实际开支金额和一定的分摊标准分别计入各作物的成本。

（2）产品成本的计算

各项费用核算出来以后，就可以结合各作物的面积和产量计算产品成本了。每一作物一般都须计算总成本、单位面积成本和单位产品成本三个指标。这三个指标的计算公式为：

$$某作物总成本 = 直接生产资料费用 + 直接人工费用 + 间接生产费用 \qquad (7-24)$$

$$某作物单位面积成本 = \frac{某作物总成本}{某作物播种面积} \qquad (7-25)$$

$$某作物主产品单位（Kg）成本 = \frac{某作物总成本 - 副产品价值}{某作物主产品产量（kg）} \qquad (7-26)$$

以上方法只适合一般情况，对几种特殊情况的成本计算应分别按以下方法进行：

①间种、套种和混种作物产品成本的计算。农作物栽培在采用间种、套种方式时，其所发生的费用，凡能明确划分为某种作物的费用，被直接计入该作物；对于不能明确属于哪种作物的共同费用，可按各作物所占播种面积的比例进行分配，播种面积可按播种量折算。分配时可按下列公式计算：

$$某作物产品总成本 = \frac{各种作物成本费用总额}{各种作物播种面积之和} \times 某种作物播种面积 \qquad (7-27)$$

$$某种作物的播种面积 = \frac{某种作物的实际播种总量}{该种作物单播时单位面积定额播种量} \qquad (7-28)$$

$$某作物主产品单位成本 = \frac{某种作物产品总成本副 - 产品价值}{某作物主产品总产量} \qquad (7-29)$$

②多年生作物产品成本计算。一次收获的多年生作物，应按各年累计的生产费用计算成本。计算公式如下：

$$
\begin{aligned}
&一次收获的多年生某种作物的主产品单位成本 \\
&= \frac{该作物截至到收获月份累计费用 - 副产品价值}{该作物主产品总产量}
\end{aligned}
\qquad (7-30)
$$

多次收获的多年生作物，在未提供产品以前的累计费用，作为分摊费用处理，按计划总产量的比例计入投产后各年产出产品的成本。本年产出产品的成本包括往年费用的本年摊销额和本年发生的全都费用。计算公式如下：

$$
\begin{aligned}
&多次收获的多年生某种作物的主产品单位成本 \\
&= \frac{往年费用本年摊销额 + 本年全部费用 - 副产品价值}{某作物主产品本年总产量}
\end{aligned}
\qquad (7-31)
$$

③农作物非常损失的处理。作物遭受严重自然灾害而大面积死亡失收，其已发生的费用，按规定报批后，可不计入产品成本，转作非常损失。参加保险的，应扣除保险赔款后计入非常损失。如果作物死亡后又重新补种，其灾害损失，只计算补种前发生的种子费和播种费，该作物从补种开始发生的费用，均计入重播作物的成本。

④计入农作物成本费用的时间范围。粮豆生产成本算至入仓入库和市场上能销售为止；不入库、入窖的鲜产品的生产成本，算至销售为止；入库入窖的鲜产品的生产成本，算至入库为止；棉花的生产成本算至加工成皮棉为止；纤维作物、香料作物和人参等农产品的生产成本，算至加工完成为止；年底尚未脱粒的作物的生产成本，算至预提脱粒费用为止。

2. 畜禽产品成本核算

（1）生产费用的核算

畜禽饲养的生产费用包括人工费用、饲料饲草费、燃料动力费、固定资产折旧费及修理费、其他费用。各项费用的核算方法如下：

①人工费用。畜禽饲养的人工费用是在畜禽饲养过程中的全部劳动报酬。从数量上看，是总用工量（折合的标准工作日）乘以工日单价而得的乘积。其中，总用工量包括直接用工和间接用工两部分。直接用工包括饲养、放牧、捡蛋、挤奶、剪毛等用工，这些用工可以直接计入有关产品成本；间接用工包括饲料调制、用具修理以及管理用工。如只饲养一种畜禽，间接用工也可直接计入产品成本；若饲养两种以上畜禽，间接用工可按各畜禽收入或直接用工的比例分摊。某种畜禽的直接用工加上应分摊的间接用工就是总用工量。工日单价仍可采用劳动力再生产必需的生活费用调查的工值计算。

②饲料饲草费。是指在畜禽饲养过程中消耗的全部饲料饲草的价值。外购的按买价加上运杂费、途中的合理损耗和相关的税金计算；自产的按实际成本或国家牌价计算。

③燃料动力费。指粉碎和蒸煮饲料、雏禽孵化及畜禽舍内取暖等耗用的燃料和电力费用，应按实际支出的金额计算。若生产多种畜禽应对此项费用进行分摊。

④固定资产折旧及修理费。指畜禽栏舍、禽笼等饲养专用设备的折旧费和修理费。

⑤其他费用。指畜禽的医药费、饲养工具的购置费、管理费和其他支出。对能直接计入某种畜禽（群）成本的费用，直接计入畜禽（群）成本；对不能直接计入畜禽（群）成本的间接费用，应按各畜禽（群）用工比例分摊。

（2）畜禽产品成本计算

畜禽产品的成本主要用以下指标计算：

$$畜禽产品单位成本 = \frac{生产总成本 - 副产品价值}{产品产量} \quad (7-32)$$

$$某畜禽（群）增重单位成本 = \frac{该畜禽（群）饲养费用 - 副产品价值}{该畜禽（群）增重量} \quad (7-33)$$

该畜禽（群）增重量 = 期末存栏活重 + 本期离群活重（包括死畜禽重量）- 期初结存及期内购入和转入的活重 （7-34）

某畜禽（群）活重单位成本 =（期初活重总成本 + 本期增重总成本 + 购入转入总成本 - 副产品价值 - 死畜禽残值）÷ 该畜禽（群）活重量 （7-35）

（3）林业产品成本核算

①生产费用的核算。林业生产费用的核算比照农业生产费用的核算进行。

②产品成本计算。果、桑、茶、胶等经济林是多年生长期作物，一般都要经过育苗、幼林抚育管理、投产提供产品三个阶段。各阶段的成本计算公式如下：

第一，育苗阶段：

$$起苗前单位面积苗圃成本=\frac{苗圃全部生产费用-副产品价值}{苗圃面积} \tag{7-36}$$

$$每株树苗成本=\frac{（起苗面积×单位面积苗圃成本）+起苗费用}{起苗总株数} \tag{7-37}$$

第二，幼林抚育管理阶段：

$$每年单位面积幼林成本=\frac{当年应负担的全部费用}{抚育管理面积} \tag{7-38}$$

第三，成林投产提供产品阶段：

$$单位主产品成本=\frac{该产品当年应负担的生产费用-副产品价值}{主产品总量} \tag{7-39}$$

（4）渔业产品成本核算

①生产费用的核算。渔业生产分为人工养殖和天然捕捞两种，其成本核算对象包括成鱼和鱼苗两种。成鱼成本应包括苗种费或幼鱼成本、饵料费、人工费、燃料动力费、折旧与摊销费、修理费和其他费用；鱼苗或幼鱼成本包括鱼苗或幼鱼培养过程中的全部费用。

②产品成本计算。人工养殖的，反映渔业产品成本的主要指标有成鱼单位成本和鱼苗单位成本。其计算公式为：

成鱼单位成本 =（上年结转鱼池的全部费用 + 全年转入鱼池的鱼苗或幼鱼的成本 + 全年成鱼池的全部费用）÷ 成鱼总产量　　　　　　　(7-40)

$$鱼苗单位成本=\frac{育苗期全部费用}{育成尾数（万尾）} \tag{7-41}$$

对于天然捕捞的成本计算，当年的全部捕捞费用，全都计入当年捕捞的产品成本，必要时可按计划成本或销售价格的比例在不同产品之间分摊。分摊方法如下：

$$产品成本占售价比例=\frac{全部产品成本总额}{\sum（某种产品产品×该产品单位售价）}×100\% \tag{7-42}$$

某种产品总成本 = 某种产品产量 × 某种产品单位售价 × 产品成本占售价比例　　(7-43)

$$某种产品单位成本=\frac{某种产品总成本}{某种产品总产量} \tag{7-44}$$

三、农业资金的核算

（一）农业资金的分类

农业资金是农业生产建设过程中所占用的各种财产物资的价值以及货币价值的总和。农业资金按不同的标准有不同的分类，具体分类如下：

农业资金按来源不同，可分为自有资金和外来资金两类。自有资金主要来自农业的积累、农户的非农副业收入和乡镇企业的以工补农、以工建农资金。外来资金主要指社会集资、引进的国外资金、国家下拨的资金或其他单位援助的资金、向银行、信用社或其他单位、个人的借款以及结算中的应付暂收款。农业应以自有资金为主，充分利用自有资金，同时，要善于运用外来资金，以促进农业生产的发展。

农业资金按用途不同，可分为基本建设资金、经营资金和专用基金三大类。基本建设资金是用于固定资产或扩大再生产的资金，如：购置机器设备、牲畜农具，建造厂房、兴修水利等。经营资金是指用于日常生产经营活动的资金；专用基金是指除基本建设资金和经营资金以外，具有特定来源和专门用途的资金，如：公益金、职工福利基金和折旧基金等。

农业资金按其流动性不同，分为固定资金和流动资金。固定资金是指垫支在主要劳动资料上的资金，其实物形态是固定资产。固定资金是农业资金构成的重要组成部分，农业生产能力的大小，通常是由拥有固定资产的多少以及它的技术状况和先进程度所决定。固定资产的特点是单位价值较大，使用时间较长，多次参与生产过程，不改变原来的实物形态，其价值随着损耗逐步地转移到产品成本费用中去，并从产品销售收入中得到补偿。流动资金是垫支在劳动对象上的资金和用于支付劳动报酬及其他费用的资金。其特点是只参加一个生产过程即消耗掉，其价值一次转移到成本中去，并从销售收入中一次性得到补偿。

（二）固定资金核算

固定资金核算的主要内容有两项：一是固定资产折旧的核算；二是固定资金利用效果的核算。

1. 固定资产折旧的核算

固定资产在生产过程中，由于损耗而转移的价值称为折旧。通过折旧提取的货币资金，用于将来固定资产的更新改造，在未用之前就形成一种基金；这种基金称为折旧基金。折旧基金是农业自有资金的重要来源。加强对折旧的管理，可以正确地计算产品成本，实现生产设备及时更新换代，提高农业的技术装备水平。

固定资产折旧的计算方法，主要有使用年限法和工作量法。但在实际工作中，固定资产折旧额是根据事先规定的折旧率计算的。其计算公式为：

$$某项固定资产年折旧额 = 该项固定资产原值 \times 年折旧率 \qquad (7-45)$$

$$某项固定资产的月折旧额 = 该项固定资产原值 \times 月折旧率 \qquad (7-46)$$

固定资产折旧率根据计算对象所包括的范围不同，可分为个别折旧率、分类折旧率和综合折旧率。个别折旧率是按每项固定资产分别计算的折旧率；分类折旧率是按每类固定资产分别核算的折旧率；综合折旧率是按全部固定资产计算的折旧率。

2. 固定资金利用效果的核算

反映固定资金利用效果的指标有两类：一类是单项的技术经济指标；另一类是综合性的价值指标。但要全面反映固定资金的利用情况，必须运用综合性的价值指标。反映固定资金的利用情况的综合性价值指标，主要有固定资金产值率和固定资金利润率。

（1）固定资金产值率

固定资金产值率是企业在一定时间内所完成的总产值同固定资产平均占用额的比率，通常以每百元固定资金所提供的产值来表示。每百元固定资金提供的产值越多，说明固定资金的利用效果越好。

（2）固定资金利润率

固定资金利润率是指企业在一定时期内所实现的利润总额同固定资金平均占用额的比率，一般以每百元固定资金所提供的利润来表示。每百元固定资金所提供的利润越多，说明固定资金的利用效果越好。

（三）流动资金的核算

流动资金核算的主要内容是流动资金周转率、流动资金产值率和流动资金利润率。

1. 流动资金周转率

流动资金周转率反映流动资金的周转速度，通常用年周转次数或周转一次所需天数表示，其计算公式为：

$$流动资金周转次数 = \frac{年销售收入总额}{年流动资金平均占用额} \qquad (7-47)$$

$$流动资金周转一次所需的天数 = \frac{1}{流动资金年周转次数} \times 360 \qquad (7-48)$$

在生产规模等因素确定的条件下，流动资金周转越快，需要的流动资金越少；流动资金周转越慢，需要的流动资金越多。加快流动资金周转，可以利用现有的流动资金为更大的生产规模服务，加速生产的发展。

2. 流动资金产值率

流动资金产值率是反映流动资金使用效果的指标，通常用每百元流动资金提供的产值表示。其计算公式为：

$$每百元=\frac{年总产值}{年流动资金平均占用额}\times100 \qquad （7-49）$$

每百元流动资金提供的产值越多，说明流动资金利用的效果越好。

3. 流动资金利润率

流动资金利润率是指企业在一定时期内所实现的利润总额同流动资金平均占用额的比率，通常用每百元流动资金所实现的利润表示。其计算公式为：

$$流动资金产值每百元流动资金所实现的利润=\frac{利润总额}{年流动资金平均占用额}\times100 \qquad （7-50）$$

流动资金利润率越高，流动资金利用效果越好；反之，流动资金利用效果越差。企业应该想方设法加速流动资金的周转。

四、农业盈利的核算

农业盈利是指农业收入扣除成本、费用和支出后的剩余部分，其实质就是利润总额，因此，盈利的核算就是利润的核算。利润的核算是农业经济核算的又一重要内容，它包括利润额的核算和利润率的核算。

利润额是利润的绝对量，用公式表示为：

利润总额 = 营业利润 + 补贴收入 + 营业外收支净额 + 投资收益 （7-51）

利润额只能说明利润量的多少，不能反映利润水平的高低。因为利润额的多少，不仅取决于生产经营的成果，而且还取决于生产规模，所以在考核利润情况时，还要考核利润率。利润率可分别用企业的利润额与成本、产值和资金进行对比，以便从不同角度反映企业的利润水平。

（一）成本利润率

成本利润率是指企业 1 年中的利润总额与产品成本总额的比率。用公式表示为：

$$成本利润率=\frac{利润总额}{产品成本总额}×100\%　　　　（7-52）$$

这一指标说明投入 1 元成本能创造利润的多少。促使企业以最少的消耗，创造尽可能多的物质财富。

（二）产值利润率

产值利润率是企业的年利润总额与年生产总值的比率。用公式表示为：

$$产值利润率=\frac{年利润总额}{年总产值}×100\%　　　　（7-53）$$

该指标说明每 1 元产值能实现利润的多少。指标值越大越好。

（三）资金利润率

资金利润率是企业年利润总额与年占用资金总额的比率。用公式表示为：

$$资金利润率=\frac{年利润总额}{年占用资金总额}×100\%　　　　（7-54）$$

该指标说明企业占用 1 元资金，能创造多少利润，能够全面地反映企业资金利用的效果，有利于促使企业更合理有效地使用全部资金。

第三节　农业经济效益评价

一、农业经济效益评价概述

（一）农业经济效益评价的基本原理

1. 农业经济效益评价的概念

农业经济效益评价就是对同一技术方案在不同地区、不同生产单位和不同年份的技术经济效果，或不同技术方案在同一生产经营条件下的技术经济效果所进行的计算、比较和分析。

2. 农业经济效益评价的原则

农业生产是自然再生产和经济再生产相互交织的过程。评价农业经济效益必须充分考虑农业生产特点，并遵循以下原则：

（1）价值与使用价值统一的原则

讲求价值与使用价值的统一，是社会主义经济效益评价的基本原则。社会主义生产的目的是满足人们不断增长的物质和文化生活的需要。农业生产的目的是为社会提供尽可能多的使用价值，以满足社会对农产品的需要。同时，社会主义生产又是商品生产，需要讲求盈利性，盈利是维持和扩大再生产、改善和提高农民生活水平的源泉，因此，必须从增产和增收两个方面来评价农业经济效益。如果只强调使用价值而忽视价值，就可能造成增产不增收，甚至增产减收的不正常现象；如果只强调价值而忽视使用价值，就会出现不顾社会需求，一味地扩大盈利高的农产品的生产，减少盈利低的农产品的生产，使有些生活必需品的需求得不到满足。因此，对两者必须统一评价。

（2）经济效益、社会效益和生态效益统一的原则

保持农业生态系统的良性循环，是农业实现高产稳产的重要基础。如果片面追求经济效益，不顾实际情况，掠夺经营，乱砍滥伐，就会造成土壤肥力下降、自然资源萎缩、破坏生态环境等，引起不良的社会后果，达不到最终提高经济效益的目的。经济效益、社会效益和生态效益三者之间的关系是非常密切的，要充分发挥三者相互促进的作用。

（3）技术效益和经济效益统一的原则

技术效益是应用于物质生产的技术能够从其质和量上满足要求的程度，是形成经济效益的基础。但并不是所有技术的运用都能带来经济效益，只有在自然条件和经济条件都能满足农业技术要求时，技术措施才显示出经济效益；否则，可能生产上不可行或经济上不合理。因此，在评价农业经济效益时，要考虑两者的统一。

（4）当前经济效益与长远经济效益统一的原则

这是由农业生产的特点决定的，农业生产中的投入，有的当年见效，有的要在若干年后才能见效。在评价农业经济效益时，既要考虑当前，又要着眼于长远，不能只顾当前利益而不顾今后农业的发展，应争取农业持久的经济效益增长。

（5）局部利益与全局利益统一的原则

局部利益是指一个地区、一个生产单位、一个部门的利益。全局利益是指国家整体的利益。如果农业生产只顾局部利益，不考虑全局利益，如：不注意水土保持、环境状况和

生态平衡，不注意水利工程设施的综合配套等，就会导致整体及长远利益受损，最终影响局部利益。因此，必须注意两者的统一。

（二）农业经济效益评价的指标体系

由于农业生产的特点和社会需要的复杂性，农业经济效益反映在各个不同的方面，需要设置和运用一系列指标从各个不同方面、不同范围、不同层次来计算和分析经济效益的大小。这些相互联系、相互补充、全面评价农业经济效益的一整套指标所构成的体系，叫作农业经济效益评价指标体系。在经济工作中，应用较多、作用较大的指标主要有：

1. 土地生产率

土地生产率通常用单位土地面积上的产量或产值来表示，计算公式为：

$$土地生产率 = \frac{产品产量（或产值）}{土地面积} \tag{7-55}$$

从表面上看，该指标越大，经济效益越好。但因没有扣除物化劳动和活劳动投入量的影响，所以不能说产量或产值高，效益就高。因此在实际评价时，一般都同时采用净产值指标和盈利率指标。

$$单位土地面积净产值 = \frac{农产品产值 - 物质生产费用}{土地面积} \tag{7-56}$$

$$单位土地面积盈利率 = \frac{农产品产值 - 生产成本}{土地面积} \times 100\% \tag{7-57}$$

2. 农业劳动生产率

农业劳动生产率是农业劳动消耗量和农产品产量（或产值）的比例关系，反映单位劳动时间生产出的农产品数量，或者单位农产品所消耗的劳动时间。它表明农业劳动者生产农产品的效率，用公式表示为：

$$农业劳动生产率 = \frac{农产品产量（或产值）}{活劳动时间} \tag{7-58}$$

单位劳动时间生产出的农产品数量越多或者单位农产品所消耗的劳动时间越少，农业经济效益越好；反之，农业经济效益越差。该指标是个静态指标，要反映农业经济效益的动态情况，则须用农业劳动生产率增长率指标。它是一定时期农业劳动生产率增长量与基期农业劳动生产率的比率。用公式表示为：

$$农业劳动生产率增长率 = \frac{报告期的农业劳动生产率 - 基期的农业劳动生产率}{基期的农业劳动生产率} \tag{7-59}$$

该指标值越大，表明农业经济效益的增长趋势越好；反之，则表明农业经济效益发展趋势越差。

3. 农业资金生产率指标

农业资金生产率是指在一定时期内农业资金运用所取得的生产成果与资金投入（或消耗）的比率。在一定时期内，单位资金消耗所取得的农业生产成果越多，经济效益越好；反之，则经济效益越差。由于农业资金投放的项目不同，它所取得的成果也不同。因此，评价时所用的指标也不相同。常用的指标及计算公式如下：

$$单位投资新增生产能力 = \frac{某时期新增生产能力}{某时期投资额} \tag{7-60}$$

$$单位资金农产品量 = \frac{农产品总量}{农业投资额} \tag{7-61}$$

$$农业资金产值率 = \frac{农业总产值}{农业投资额} \times 100\% \tag{7-62}$$

$$农业资金利润率 = \frac{年利润率}{农业投资额} \times 100\% \tag{7-63}$$

4. 农业纯收益指标

农业纯收益是指农业总产值扣除生产成本和税金后的余额，它能综合反映农业生产单位在一定时期内经营的最终效益。农业纯收益越多，经济效益越好。反映农业纯收益的主要指标及计算公式如下：

$$单位面积纯收益 = \frac{纯收益额}{耕地面积（或播种面积）} \tag{7-64}$$

$$单位资金纯收益率 = \frac{单位面积纯收益额}{单位面积资金占用额} \times 100\% \tag{7-65}$$

$$农业产值纯收益率 = \frac{纯收益额}{农业总产值} \times 100\% \tag{7-66}$$

$$人均年纯收益额 = \frac{年农业纯收益额}{该年农业人口数} \qquad (7-67)$$

人均年纯收益额是一个综合指标，对该指标进行考核，有利于促进农业经济核算和加强农业经营管理，有利于农业剩余劳动力的转移和控制人口增长。

5. 农产品成本指标

农产品成本是指生产农产品所消耗的活劳动和物化劳动的费用总和。它是反映资金消耗经济效果的指标，通常用单位农产品成本或成本产出率两个具体指标反映，用公式表示为：

$$单位农产品成本 = \frac{农产品总成本}{农产品总产量} \qquad (7-68)$$

单位农产品成本越低，产出率越高，经济效益越好。

二、农业经济效益评价方法

（一）平行比较分析法

平行比较分析法是对不同可行方案的相同指标进行平行比较，以选择最优方案的分析评价方法。这种方法被广泛应用于不同生产技术措施的投资、用工、成本、产量、效益等指标的对比分析；或对某一生产技术措施在不同作物、不同地区和不同年份之间进行对比分析。

（二）因素分析法

因素分析法是分析两个或两个以上的因素对研究对象的经济效益影响程度的方法。其具体做法是：在假定其他因素不变的情况下，逐一分析每一因素变化对总体的影响程度，通过比较找出影响总体的主要因素和次要因素，为经济活动提供决策依据。

应当指出，因素分析法的分析结论受替代因素的替代顺序影响，不同的替代顺序，可能得出不同的结论。要想消除因素不同替代顺序产生的误差，还需要采用差额分配法或平均法加以解决。

（三）综合评分法

综合评分法是对各备选方案设置多项指标，通过"打分"进行综合评价和选优的一种决策分析方法。具体操作步骤如下：

第一步，确定评价指标。每个备选方案都有很多具体的指标，评分时应选择对整个方案的目标影响较大的指标参加评分。

第二步，确定各指标的评分标准。各指标可根据具体情况和历史资料进行分级，一般按五级评分，即 5 分为最高，1 分为最低，中间状态的按 1 分的级差评分。

第三步，确定各项评分指标的权重。由于各个项目在整个方案中所占的地位和重要性不同，评分时应根据各个项目的不同情况确定其不同的权重。每个项目的权重，用它在整个评分中所占的比重来表示，各个指标权重之和为 1% 或 100%。

第四步，编制综合评分计算表。对每个方案的得分进行汇总，得到每个方案的总分值，比较后选出最优方案。

第八章　中国区域差异与农业区域发展

第一节　中国区域差异的特征与成因分析

一、中国区域差异扩大的特征

改革开放以后，中国经济总体上呈高速增长态势，全国人民的福利水平也普遍大幅度提高，但各个区域的经济增长是不同步的。多数研究认为，我国的区域差距在 20 世纪 80 年代有所缩小，20 世纪 90 年代以来呈现持续扩大的趋势。

（一）多视角下的区域差异特点

区域间发展的不平衡不仅仅表现在经济发展水平上，还表现在社会、人文、生态、环境等其他方面。

1. 以人类发展指数（HDI）反映的地区差距

联合国开发计划署首次发布的"人类发展报告"中，第一次使用了人文发展指数（Human Development Index，简称 HDI，也称为人类发展指数）来综合测量世界各国的人文发展状况。该指数由三个单项指数复合组成：平均寿命指数（也称健康指数）、教育水平指数（也称文化指数）和人均 GDP 指数（也称生活水平指数）。此后，联合国开发计划署每年发布一次全世界的"人类发展报告"。目前，其编制的人文发展指数及其每年发表的人类发展报告，已经得到了普遍的认可，成为评价世界各国人文发展综合水平的重要依据。

HDI 指数编制的理论依据是：人类发展的核心内涵，应当是能过上健康长寿的生活，能够到学校接受必要的教育，并能够得到较好的生活资源。由于其综合性很强，被普遍认为是能够代替人均国内生产总值来测量地区社会经济发展水平的一种方法。

中国不仅是世界上经济发展差异最大的国家，也是社会发展地区差距较大的国家之一，但人类发展指数反映的地区差距比省际间人均 GDP 的差异小。

2. 信息化水平的差距

当今社会，我国互联网进入快速发展期。但在高速发展的背景下，互联网的地区发展很不平衡，无论是从域名资源、网站数量还是 IPv4 地址的拥有量看，排在前几位的都是沿海发达省市，西部省份比例非常小。IPv4 地址的地区分布从一个侧面更加深入地反映出了各地区网络基础设施的发展差异状况：经济发达地区的互联网基础设施建设水平要比经济欠发达地区高出很多。

城乡互联网发展差异也非常大，并有进一步增大的趋势。从分城乡中小学生上网规模来看，尽管农村和城镇的初中学生数量相当，但城镇的初中学生网民规模接近农村的两倍；城镇小学生的数量仅是农村的 1/2，但网民规模则几乎是农村的 4 倍。信息化的差距会转化为知识获取能力的差距，造成中西部地区知识差距进一步拉大，从而使后来者丧失追赶先行者的机遇。

3. 区域生态环境质量的差距

中国科学院可持续发展研究组对我国各地区的评估研究认为，"中国可持续发展能力明显呈现由东向西依次递减趋势"，在生存、发展、环境、社会、智力五种支持系统中，三大地区面临的共同问题是改善生态状况、增进环境的支持力、形成可持续发展，但西部的环境情势更为严峻。

目前，我国东部沿海省区，除河北属强度脆弱区、辽宁属中度脆弱区外，其余省区包括福建、山东、江苏、浙江、广东皆属生态环境轻度脆弱区；西部省区除广西属中度脆弱区外，其余均属强度和极强脆弱区。极强脆弱区有宁夏、西藏、青海、甘肃、贵州、陕西、新疆；强度脆弱区有四川（包括重庆）、云南、内蒙古；中部省区大多属于中度和强度脆弱区。中度脆弱区有湖北、黑龙江、江西；强度脆弱区有内蒙古、河南、安徽、吉林，山西属极强脆弱区。

从城市工业污染的严重程度看，西部省区单位工业附加值产出的各类污染强度都大大高于全国平均数。虽然在东部、中部和西部三大地区比较中，西部地区的工业污染总量并不大，但由于大部分工业都集中在少数中心城市，污染排放十分集中，造成严重的城市环境污染。

（二）我国区域经济差异变动趋势的分析

区域差距的缩小有赖于国家干预。虽然我们还很难说我国地区差距已经进入了不断下降的轨道之中，但过去几年的经验表明，政府采取适当的政策措施，包括促进落后地区的经济增长、减少农民负担、增加农民收入等，可以减缓地区差距扩大的趋势，实现区域协调发展的目标。

从目前我国的国情分析，在今后一段时期，一方面，存在着有利于抑制差距进一步扩大的因素，如：国家对经济落后地区给予更大的关注和支持；中西部地区具有后发优势；

东部地区进一步发展需要加强与中西部地区的衔接和融合等。另一方面，也存在着导致地区差距扩大的因素，包括要素条件、产业基础、区位和人文等方面的因素。事实上，东西部差距之所以难以扭转，是因为东西部之间的差距，不仅表现为直观地从数字上表现出来的差距，还有另一种更为深刻、隐藏在数字背后的相关因素的"差距"。无论是经济结构的调整，基础设施的建设，劳动力素质的提高，经济增长方式的转变都需要有一个过程。

落后地区实现现代化追赶是一个长期的历史过程，缓解并最终解决东西部差距不是一朝一夕能够完成的。总体来看，在考虑缩小区域发展差距的优先次序时，应该把缩小社会发展差距和人类发展差距放在优先位置，把缩小社会发展差距和实现基本公共服务均等化作为长远规，划加快中西部地区发展的优先政策目标。从我国实际出发，缩小地区差距，重要的是缩小区域之间基本公共服务的过大差距。由于西部地区各种自然条件的局限，在经济总量上要赶上东南沿海地区，很大程度上是不现实的。逐步实现国家对西部地区基本公共服务的均等化，应当成为西部发展战略的重要内容。

二、中国区域差异的成因分析

综上所述，区域经济发展战略是对一国之内特定区域经济发展长远的、重大的、全面性的谋划，它规定着区域经济发展方向、发展模式和生产力布局等重大问题。从新中国成立后的平衡发展战略到改革开放后的非均衡发展战略再到协调发展战略，可以说是中央政府根据社会经济发展的历史阶段特征而对区域政策做出的重大调整。它对我国区域差距的形成产生了深刻的影响。在这一战略转换过程中，形成了今天的东、中、西三大地带的经济和社会发展总体格局。新中国的经济建设史，从某种程度上说，就是这一战略的变迁史。

（一）资本因素与区域差异

1. 资本形成在经济发展中的作用

（1）资本形成与经济增长关系的理论分析

资本作为一种稀缺的生产性资源，是人们从事生产活动的投入要素之一。从类型上讲，资本一般分为物质资本、人力资本和金融资本三种形式。

所谓物质资本，是指在一定时期内用来生产消费品或生产资料的耐用品，或者是指长期存在的劳动资料，如：机器设备、建筑物、交通运输设施等。资本的重要来源是储蓄，即一国在一定时期内的国民收入减去消费后的余额。在封闭型发展模式下，资本形成是靠本国经济自身的积累能力实现的，资本形成规模要受本国经济本期积累能力的制约。在开放经济条件下，储蓄不仅来自国内，也来自国外。

储蓄通常是研究资本积累作用于经济增长的切入点。对于大多数发展中国家而言，维持足够的储蓄水平，并将其有效地转化为实际投资，是确保经济持续增长的关键。在集权经济下，储蓄向资本的转化主要是通过财政完成的，而在市场经济条件下，向资本的转化通过市场实现，资本形成以金融形成的方式，通过市场等价交换即价值规律完成。

以亚当·斯密（Adam Smith，1723—1790）为代表的古典学派认为，国民财富的增长取决于资本积累的规模，资本积累的扩大是国民财富增长的根本原因。在哈罗德 – 多马增长模型中，储蓄率是决定经济增长率的唯一因素。罗格纳·纳克斯（Ragnar Nurkse，1907—1959）的"贫困恶性循环理论"认为，资本稀缺，储蓄率太低，是发展中国家经济贫困的直接原因和必然结果。要打破贫困的恶性循环，必须大规模的增加储蓄，扩大投资，促进资本的形成。华尔特·惠特曼·罗斯（Walt Whitman Rostow，1916—2003）认为，一国要实现经济起飞，必须具备三个条件，其中第一个先决条件就是要将净投资率或资本积累率（或储蓄率）占国民收入的比率提高至 10% 以上，并认为这是适用于一切国家的、具有历史必然性的普遍规律。威廉·阿瑟·刘易斯（William Arthur Lewis，1915—1991）把经济发展的中心问题看成是资本形成率提高的问题。他说："如果不能说明储蓄相对于国民收入增长的原因，也就不能说明任何'工业'革命。"[1]

"资本决定论"是古典及新古典增长理论对区域经济发展差异的经典解释。在工业化的初期阶段，资金因素是决定一个国家或地区经济发展水平的决定性因素。对于发展中国家和地区来说，如何在工业化初期筹措到足够的、大量的初始资本促使其经济起飞，进而实现经济现代化，通常是其遇到的一个首要难题。

（2）资本积累与中国经济增长

中国的经济增长充分证明了资本积累在经济增长过程中的重要作用。根据保罗·萨缪尔森的观点，经济增长的发动机上安装着四个轮子：人力资源、自然资源、资本积累、技术变革与创新，各国经济增长是其资本积累、技术进步、人力资源和自然资源不同比例组合的函数。[2] 虽然许多的研究表明技术进步和制度变迁对中国经济增长至关重要，但就中国现阶段情况而言，资本积累是经济持续增长的主要支撑。

改革开放前，我国经济增长主要依靠资本与劳动力投入，技术进步对经济的贡献很小，大多数年份为负贡献。1978 年改革开放以后，技术进步对经济增长的贡献份额逐年增加。资本积累在中国经济增长中起主要推动作用，在各个时间段都超过其他要素总和，且呈继续上涨势头。就劳动贡献度而言，由于中国劳动力典型的"二元结构"特征，使得劳动力

① 赵俊仙，胡阳，郭静安 . 农业经济发展与区域差异研究 [M]. 吉林：吉林出版集团股份有限公司，2018.06.

② 裴圣军 . 萨缪尔森经济伦理思想 [M]. 天津：天津人民出版社，2020.01.

的有效供给不足，同时，在中国经济中资本和劳动力缺乏替代性，致使劳动力要素的边际产出十分微弱，劳动贡献度呈下降趋势；就技术进步的贡献度而言，尽管我国近20年来技术进步一直呈上升势头，但这主要是通过引进外资获取技术扩散的后发优势的结果，由于我国的科技基础比较薄弱，提高幅度不会太大；就体制变革的贡献度而言，中国的改革从总体上看是一个放权让利的过程，时至今日，改革初期所释放出来的巨大的经济能量已逐步减弱，体制因素对经济增长的推动作用将逐步缩小；就中国现阶段的生产方式而言，属粗放型增长方式，经济增长主要依靠大量的原材料和生产要素的投入来支撑，因此，资本积累将在相当一段时间内推动中国经济增长。

对于中国这样一个发展中国家而言，资金是一个普遍短缺的要素，资金投入的增长及其区际流动对地区经济的增长有重要影响。各地区经济增长率差异的积累，势必导致地区经济发展差距扩大。

2. 中国区域资本形成的空间特征

（1）改革开放前中国的资本形成

改革开放前，中国实行以财政为主导的投融资体制，国内储蓄的积累、投资的增加、资本形成都是通过财政手段来完成。同时，在"大一统"的金融体制下，全社会通过金融渠道进行的投资和资本形成也较均衡。集权的计划体制通过对资金流量和流向的行政控制，一定程度上实现了各地区产业体系和资本存量的平面式扩张，形成了金融成长的行政化均等的区域格局。因此，改革开放前各区域间资本形成规模差距并不大，资金配置的均等化直接导致了各区域间经济发展的低水平同步。

（2）财政性因素

①中国的财政分权。财政对区域投资的影响一般通过三条途径：一是直接对某区域进行投资，通过对基础设施投资、改善投资环境带动私人投资；二是对特定区域的产品进行政府采购，从而促进该区域的经济增长；三是运用财政政策如税收优惠等影响资本收益率，从而实现物质资本的区际流动。因此，财政体制本身对资本形成、对区域经济差异都有较大影响，财政实力强的地区资本形成能力也强，而财政实力弱的地区资本形成能力不足。

财政分权对中国各省间的经济增长率有着显著的作用。一方面，财政分权提供给了地方政府更多的资源，从而增加了它们的投资和支出，因此，财政分权可能会通过增加投资而影响到经济增长。另一方面，财政分权也可能通过提高地方政府资源配置的效率来对经济增长做贡献；财政分权通过减少对低生产效率部门的投资和增加对高生产效率部门的投资而影响经济的长期增长。这种由于财政分权所带来的效率提高的作用，同技术变迁所起的作用类似，都可以对人均GDP的增长率带来长久的影响。

②中央政府的财政投资。一个地区的资本形成与中央政府对区域投资的倾斜方向、倾斜力度有关。改革开放以来，由于实施"效率优先"的区域发展战略，国家投资布局政策向东倾斜，使东部地区得到国家更多的资金支持，支撑了东部地区的"优先增长"。

（二）市场化因素

1. 投融资体制的市场化差异

改革开放以来，中国计划经济逐步让位于资源配置的市场化导向；从一开始就非均衡发展的中国市场化改革，中央政府以设立经济特区等特殊的制度安排，构筑了地区间的市场化落差，奠定了各地区间市场化差异的基调。东部地区充分利用改革开放、战略调整的机遇，积极进行投融资体制创新，在国有金融体制外，建立了非国有经济的融资机制，逐步实现了投资来源的多样化。而西部地区却没能突破全国统一的金融供给制度，也没有建立起有效的资本形成机制，投资中政策性资金依然占有较高的比重，资金的市场化配置程度低，投资主要集中于基础设施建设等公共部门，直接投资于企业的比重低，企业的竞争力难以得到有效提高，降低了西部地区企业的自我积累能力，阻碍了西部经济的"起飞"。

2. 东西部在利用资本市场方面差距显著

作为直接融资的场所和一种更具有市场化特征的金融交易制度，资本市场的建立和发展对于推进一国（或地区）的金融深化，促进整个金融制度的市场化转变都具有重要意义。20世纪80年代以来，我国资本市场特别是股票市场、基金市场和国债市场的发展迅速，市场体系也日臻完善，形成了现代资本市场的初步框架。但我国资本市场的发展在区域分布上是严重失衡的，西部地区无论是上市公司数量还是从证券市场募集的资金额都远远落后于东部；同时，西部地区的资本市场体系不健全，资本市场组织机能不完善，市场主体单一，个人投资者多，机构投资者较少，投资信息不灵，资本内生能力差，市场本身的融资能力不强，直接融资渠道过窄，约束了整个资本市场的发展。

由于我国决定企业能否上市并不是完全取决于企业的经营业绩、发展潜力和上市意愿，而是对上市资源采用行政性分配和额度控制的审批制，以上海、广东两个省市为代表的东部地区，凭借其作为重点发展"区域极"的制度优势，在上市额度争夺中获得了大量上市公司资源，相比之下，中西部地区仅获得了少量上市资源。

资本市场筹资属于低成本的直接融资，资金逐利性十分明显。与贫困地区相比，市场化程度越高的那些新的金融工具更能帮助富足省区调动投资资金。由于西部资本市场的落后，同银行信贷资金一样，大量的民间资金通过资本市场流向股份公司和证券交易所所在地，流向最有机会在短期内获得最大回报的快速发展的沿海地区，加剧了西部省区的资金匮乏，削弱了其经济发展能力。

除资本市场外，新兴商业银行和其他商业性非银行机构分支机构的配置也更多的是遵循市场规则，其区域布局日趋不平衡；驻中国的外资金融机构也主要集中在市场经济发育程度较高的东部地区；另外，东部地区还成立了农村商业银行及非银行金融机构，可以满足不同层次的信用需求，中西部地区金融组织的不健全和贫瘠进一步造成了资金要素的东移，从而形成东部地区资本形成与地区经济增长的良性循环，并使得东、中、西部地区差距拉大。

3. 对外开放因素

（1）中国的对外开放

对外开放是中国的一项长期的基本国策。就其经济意义来说，对外开放有利于自觉地利用国际分工，广泛发展同世界各国的经济贸易关系；有利于国外最新科学技术成果和先进经营管理经验的引进与吸收；有利于弥补我国建设资金的不足。在我国，外资包括两个含义，即各种形式的对外借款和外商直接投资（FDI）。改革开放以前，我国利用的外资主要是对外借款。

在中国全方位、多层次的开放格局中，西部地区一直处于对外开放的末端。沿海区位优越，基础条件好，开放时间长，产业结构调整较快，为外商投资流入创造了广阔的投资空间。而西部地区区位差，开放晚，起点低，基础设施落后，在引资竞争中一直处于劣势。虽然西部大开发使西部地区获得了较多政策支持，但时至今日，我国外资分布"东多西少"的大格局依然未有改变，外资继续向东部沿海集聚。显然，西部地区在引进外资方面"先天不足"，限制了西部地区通过吸引外资弥补开发建设资金的不足和对国外先进技术、设备、管理方式的学习、利用。东部地区大量引进外资对其经济增长起到了十分重要的作用，而中西部地区基本上没有能够从引进外资中获得对其经济发展的推动力。

对于像中国这样一个正处于转型时期的发展中大国来说，在对外开放和向市场经济转轨的初期阶段，面对外部不确定性和高额的信息成本，为减少投资风险和不确定性，外商投资往往比较看重地理区位、文化联系和政府优惠政策。正因为如此，自改革开放以来，外商在华直接投资的绝大部分都集中在东部沿海地区。显然，外商在华直接投资的这种区位格局，与沿海地区的区位条件、经济文化联系以及国家实施的由东向西逐步推进的对外开放政策密切相关。这种地区逐步开放政策对投资双方意味着学习效果和知识的不断积累，在一个转型经济中，由于各种规则和成熟的市场经济国家不同，这种经验的积累对外商直接投资的区位选择显得极为重要。

（三）人力资本与区域差距

1. 人力资本与经济增长

人力资本是一个国家最重要的财富基础，也是一个国家发展的重要来源。人力资本作为一种特殊的资源，对经济增长具有独特的作用。根据新古典增长理论和内生增长理论，资本和劳动的存量变动只会在短期内影响经济增长率，而人力资本存量的差异却有可能直接影响全要素生产率，从而影响长期经济增长率。即在其他条件相同时，人力资本相对存量较大的国家和地区有可能在长时期内保持相对较高的经济增长率。

人力资本在经济增长中之所以具有十分重要的作用，其中一个关键的原因是人力资本边际收益率的变化具有特殊的性质。发达国家的产出增长率之所以持续高于投资的增长率，原因就在于人力资本边际收益递增特性抵消或削弱了物质资本的边际收益率下降。发达国家人力资本投入的增加，通过人力资本的效率功能机制，使物质资本的边际收益最大值提高、边际收益开始下降的临界推后、物质资本边际收益下降速度减缓等，从而提高了其经济增长率。所以，一个国家人力资本投入的增加，当其在经济增长率提高时，可以增加经济增长率的提高速度；当其处于经济增长率下降时，可以减缓其下降速度；同时，人力资本投入的增加也可以延长一个国家经济增长率提高或保持较高水平的时期。

2. 中国人力资本的区域分布及其流动

（1）人力资本存量的价值衡量

作为现在和未来产出与收入流的源泉，与物质资本相同，人力资本也有一个价值量的问题，即人力资本存量。国际上多用人口的平均受教育年限作为人力资本存量的度量方法。由于劳动者的知识和技能是人力资本最重要的组成部分，而在经济运行中，劳动者的知识和技能须经过对教育培训的投资才能获得，相比较而言，把教育程度作为人力资本价值的传递信号更具有科学性。受教育年限法属于从投入角度考虑度量的一种方法，为了度量异质型劳动力之间所含人力资本的差异性，一般是将劳动力分类，然后按照不同劳动力的人力资本特质对其进行加权求和，即得到总的人力资本存量。目前，有许多学者采用这一方法对中国的人力资本总量进行了评估，如：我国经济学家胡鞍钢用劳动力人口数乘以劳动力的平均受教育年限表示人力资本总量，指出中国人力资本占世界总人力资本存量的比重高达1/4，已经从世界人口大国成为人力资本大国，教育程度的信号传递作用也十分有限。[1]

---

① 李萌，张佑林，张国平. 中国人力资本区际分布差异实证研究 [J]. 教育与经济，2007（01）：12-17.

由于知识来源渠道的多样化和边干边学范畴的存在，若仅用教育程度作为信号，就会忽略非教育形式形成的人力资本。而且，教育对不同类型人力资本（如：一般性人力资本、技能性人力资本、创新性人力资本）具有不同的作用，更遑论我国现行的教育体制还存在"高分低能"等不合理的问题。但对于一个地区的人力资本存量的估计，用该地区全部人口教育水平情况的指标来予以说明应该是可取的。

（2）人力资本分布的区域差异

大多数的研究表明，就中国人力资本存量的地域分布而言，是不平衡的。随着人力资本在经济发展中作用的日益增大，人力资本存量的地区分布差异也越来越成为引起我国地区经济发展不平衡的重要原因。

人力资本作为一个存量概念，其形成途径除教育投资外，还与医疗卫生投入相关。前者形成的人力资本存量主要体现在一定学历人口占总人口比重上，而后者形成的人力资本存量体现在一定量人口所拥有的医生和床位数上。

（3）人力资本流动及其效应

人力资本流动与区域经济发展水平及差异有着密切的关系。一般而言，劳动力特别是人才都有向经济增长快的区域集聚的趋势，由于他们身上积累了大量的人力资本存量，因此，人口的流动对于流入和流出地区来讲，其效应是不相同的。对于人口净迁入的地区来说是获得了没有花费任何培养成本的人力资本，而对于人口净迁出地区来说，则会因为人才，尤其是高素质人才的流失而削弱经济发展潜力。从人力资本理论关于经济增长动力的研究来看，这种流入和流出必然进一步加大地区发展的不平衡，进而扩大地区间的收入差别。但从我国的情况来看，从总体上讲，人口的流动对区域收入差距起到了均衡作用。

经济因素历来是影响人口流动和迁移的重要因素。中国在实行统一的计划经济体制期间，体制和政策对人口迁移具有极大的控制作用，几乎没有人口的自发流动。改革开放以后，随着计划经济体制向市场经济体制的转变以及政府对人口迁移控制政策的逐步缓和，经济因素对人口迁移的影响已呈明显增大趋势。在地区之间经济发展水平差异所形成的推力、拉力作用下，我国中西部地区的人口大量流向东部沿海地区。

人力资本的自西向东流动，一方面，优化了人力资本的配置，盘活了人力资本存量，为社会创造出更多的财富。尤其是农村中的初级人力资本向东部城镇的流动，在很大程度上补充了东部城镇一、二产业发展中的人力"缺口"，加速了东部地区城市化进程，推动了东部地区经济的快速增长。对中西部地区而言，中西部低收入地区的劳动力外流，会缓和这些地区农村人口对土地的压力和就业压力。由于劳动边际报酬递减规律的作用，这些地区的劳动生产率会随劳动力数量的减少而提高，从而提高人均收入水平。另外，劳动力流动还为中西部地区带来了大量的汇款，增加了西部农村居民的人均收入，对那些相对贫困、外流劳动力多的区域来说，这种增收效应特别明显。因此，劳动力流动的后果，从微观上看是流动者或其家庭的经济需求得到一定程度的满足，从宏观上看则影响了整个区域社会经济的发展，推动了区域经济发展差异由不均衡趋向均衡。

但另一方面，西部地区的大量高级人才源源不断地流入东部，使得急需人才的西部地区人才更为匮乏。调查显示，西部外流人才中，受过高等教育和高级技术培训的、具有专业技术职务和管理经验、掌握关键技术和科研成果的人员占了绝大多数，而且他们的年龄大多在 25 ～ 45 岁之间，度过了毕业后的适应期和创业的准备期，正是企事业单位的中坚力量。这些人才流失使东部经济发展所需的人才免费流入，使西部地区的人力资本投资几无收益，西部地区在失去人力资本的同时也失去了持续发展的机会，最终导致"西部地区越穷—人才越外流—西部人力资本投资的积极性就越不高—人力资本存量就越少—西部地区越贫穷"的恶性循环。

第二节　农业区域演变理论

一、农业区域的概念

（一）农业区域的内涵界定

农业区域是农业生产特征类似、空间上密切关联的地区，即在农业生产上具有类似的条件、特征和发展方向的一定地域。农业区域之间存在区际差异性，区内又具有较强的共同性。由于农业生产既是经济再生产的过程，也是自然再生产的过程，同时受自然规律和经济规律影响，因此，农业区域具有自然和经济的双重属性，对农业区域要从自然、经济和社会等多角度去进行分析研究。

一般地讲，农业区域过去一直被认为是以农业为核心产业的地区。虽然支撑农业发展的水田、旱地景观仍然比较辽阔，但是农业占国内生产总值的比重在日益下降，有的国家或地区已经降至 1% ～ 6% 的水平，所以农业区域正在成为包括农业、工业和商业的广义的空间。农业区域仅靠农业就能生存和发展的时代正在接近尾声，大量过剩农民须重新择业，要么成为区域内兼业农户，要么外出进城打工。因此，当今应该这样来理解农业区域：它是一个向外部开放的、具有竞争优势的、多产业复合的经济空间。

（二）农业区域的类型与等级

1.农业区域的类型

一般按照同质性指标和功能性指标，可以相应地将农业区域分为农业类型区和农业功能区。前者是根据相似性或一致性而划分的区域。

农业的类型区是着眼于农业地域经济活动、要素、问题等的同质性、相似性而划分的区域。这种同质性的农业类型区域，可以根据不同的标准、指标划定，从而有多种多样的农业类型区域。根据单指标或多指标，又可相应地划分出单相农业类型区和复合农业类型区。单相农业类型区是以某一部门和主要作物为研究对象，根据它们的生态习性和适生地区，划分农业区域。例如，农区、牧区、粮食主产区、水稻带、小麦带、玉米带、大豆带、棉花带、柑橘带、苹果带、奶牛带、水产品带等。以作物组合、农牧组合地域类型，或者以土地利用、土地生产力水平、农业景观等标志来划分的不同农业区，都属于复合农业类型区。例如，耕作制度分区、土地利用分区等。由于农业类型区域是根据地域的同质性原理，采用一定指标进行划分的，因此，农业类型区域能够揭示农业生产的地域性，具有农业区域的认识功能。但不能动态地反映农业区域的形成原因，以及农业区域之间的功能关联性。当然，认识农业区域现象的特点，也可看成是揭示农业区域形成过程的一个环节，农业类型区域的意义是不容忽视的。

农业的功能区主要是根据农业区域的内聚力、区域经济活动的内在功能联系的强弱程度划定的。因此，农业功能区是由一系列功能密切相关的地域单元组合而成，往往具有相同的指向性（如同时指向中心城市），通过经济中心形成经济引力场和经济技术梯度关系，对农业功能区内部资源的配置起着一定的控制作用。尽管农业功能区内部不尽相同，但由于存在一定的分工关系，形成协调一致的功能，使得它们形成完整的农业功能区。以城市为核心，围绕它周围分布的各种农业地域单元，都主要以服务这一大城市为主要功能目的，它们之间的相互作用就可形成一个农业功能区。面向国内外市场，统筹城乡发展，研究农业综合功能区的形成和发展规律，具有重要的理论和现实意义。

2.农业区域的等级

农业区域是有一定等级、层次的。农业区域作为一个地域单元，地区范围有大小，农业结构繁简不一，经营规模也各不相同，组成一个等级层次体系。一般来说，等级越高的农业区域，所占面积范围越大，农业结构就越复杂，主要着重于农业部门结构（如：农牧结构、农林结构等）；等级越低的农业区域，所占面积范围越小，农业结构就越简单，主要着重作物结构、养殖结构。国家农业区域面积规模比省级农业区域大，农业结构比较复杂，农业部门比较多；省级农业区域农业结构又比县级农业区域复杂，县级农业区面积比较小，农业结构比较简单。

每一级农业区域包含若干个下一级农业区域，下一级农业区域是上一级农业区域的组成部分。国家农业区域包含若干个省级农业区域，省级农业区域包含若干个县级农业区域。不同等级的农业区域具有不同的服务对象，但相同等级的农业区域其农业内容不同，服务对象亦不同。各种各类农业区域在地面的分布，反映了农业生产上的地域差异和农业的地域分工。

实际上，中国不论是理论上还是实践中都还未形成公认的农业区域等级体系。尽管如此，农业区域等级体系的客观存在性还是公认的，这种思想也自然要贯彻在整个农业区域研究的过程中。

3. 农业区域存在的客观基础

地球表面上的自然条件和生产现象是多种多样的，不同地区有不同的自然条件、社会经济条件和生产特点。但在一定范围内则具有一定的共同性和相似性，这些是形成农业区域的前提。农业区域的构成是以农业自然资源和农业经济资源为基础的。农业自然资源包括土地资源，水资源，气候资源，动、植物资源；农业经济资源主要是劳力、畜力资源和生产设备及各种物质投入。农业资源具有地域性，不同地区有不同的农业资源。不同地域有不同的农业生产特点，形成不同的农业区域。

农业区域存在的客观基础，既要从农业对空间的依赖以及空间的差异性去理解，也要从农业活动的本身，由自然分工到专业化劳动地域分工，由简单商品经济到发达市场经济等方面去理解。农业区域存在的客观基础是空间差异和历史演进的统一。

农业生产具有强烈的地域条件依赖性。各种具体农业活动对特定的地域自然条件具有明显的空间选择性和空间适应性。每个地区的自然条件和社会经济条件可能有利于某些部门和作物，不利于另一些部门和作物。实现地域分工便可以在不同地区尽可能多地安排最有利的部门和作物，少安排不利的部门和作物，做到扬长避短、因地制宜地发挥各地区的生产潜力，可以用最少的人力和财力的投入，收到最大的经济效果，并促进各部门生产更快地发展。

生产要素的不完全流动性决定了农业的地域分异。农业生产赖以生存发展的光、温、水、土等农业基本资源要素具有稀缺性和时空分布的不均衡性，在常态下是无法随心所欲地自由流动的。随着技术的进步，通过特定的措施，引导某些自然资源的流动成为可能，但这种流动需要付出昂贵的代价。生产要素的不完全流动性，使得农业活动不可能形成空间的均衡化，构成了农业地域分异的自然基础。

空间距离是农业区域存在的又一重要基础。有空间就有距离，克服距离就要产生成本，即空间成本。随着现代交通、通信的发展，空间距离对农业活动的制约会不断弱化。但只要距离存在，生产要素的流通和聚集经济的形成，就会产生费用和时间支出，农业在区域上的平均分布不可能也无必要。因此，空间距离与生产要素不完全流动性共同构成了农业区域存在的物质基础。

二、农业区域的形成要素论

（一）资源因素

农业是人类和自然界打交道的生产部门，同自然条件有着密切的联系。农业生产的自然再生产过程，也就是农产品生长、发育和繁殖的生理过程，都受到周围的自然环境，特别是光、热、水、土等条件的制约和影响。农产品对其生长的自然环境有一定的要求，特定地域的农业自然条件对于特定作物和畜禽而言，有最适宜区、适宜区、较适宜区和不适宜区之分。正是农业生产的这一特点，决定了农业带发展必须首先遵循农业自然资源的生态适宜性进行布局。农业生产向生态适宜地域集中，能够保证以较低的投入获得较高的产量和较优的品质，从而可以表现出更强的市场竞争力，成为一项有利可图的经济活动，也不至于对自然环境造成破坏。农产品生产的集中能否形成农业专业化区域，还取决于适宜区的空间集中程度和总体规模，取决于相关地区的人均资源拥有量。

（二）市场因素

市场需求规模、结构差异及其变化对农业区域形成具有不可或缺的决定性影响，它与资源因素共同构成农业区域的本底系统。20世纪60年代以后，美国人大多数倾向于食用植物油和植物性高蛋白食品，美国大豆消费猛增，加上对鸡饲料的大规模需求，加速了其大豆带的扩张，大豆生产以挤占其他作物的方式迅猛发展。各种农产品的需求结构不同，对农业布局有不同的要求，也在一定程度上影响着农业区域的形成及规模。粮食属于刚性产品，自给比例高，粮食耐储运，区际流通量比较大，粮食生产布局可以远离消费中心。蔬菜商品率高，收入弹性较高，其消费量与人民收入水平密切相关，同时，该种产品要求新鲜，产品的保鲜程度对价格影响很大，因此，其布局则尽可能接近消费中心。经济作物商品率高，主要为轻工业提供原材料，必须与轻工业发展品质要求相适应才能发展，其布局尽可能接近加工企业。

（三）区位因素

区位因素主要包括交通区位和贸易区位。主要通过运输成本、交易成本的变化等途径影响农业区域的形成。交通区位对农业区域的规模和布局有非常明显的作用，不同的运输条件和运输方式所形成的交通区位、运输成本是不一样的，运输成本太高、交通不够便利的地区，会使具有适宜性的农业资源生产变得经济上不可行，即使有生产某种农产品的资源优势，也很难转化为商品比较优势。因此，交通区位条件的改善，或靠近交通干线和交通枢纽的地区布局，就能更有效地转化、发挥区域农业自然资源比较优势。贸易区位是外向型农业区域发展的一个关键因素。世界经济的发展与国际地域分工关系密切，经济的一体化和区域化趋势，对农产品市场及其国际贸易影响很大，主动参与国际市场也是发展农业经济的一个重要方面。然而，对于中国这样一个幅员辽阔的大陆国家，不同地区对外空间的区位条件也各不相同。自然，沿海地区、沿边地区，首先就具有更为有利的农产品国际贸易区位优势。

（四）技术因素

一项技术创新可以振兴一个产业，技术进步主要通过改善农业资源环境质量、改变市场需求等途径作用于农业区域的形成。对农业区域产生直接影响的技术进步因素，主要表现为农业生产技术和贮运、加工、销售技术等方面。以生物技术为核心的生产技术创新，可以突破农业区域发展的时空约束。通过农作物品种改良，加速各种抗逆品种、优质专用品种的研制与推广，可以使该种产品的生态适宜性扩大，显著改变产品的生产空间分布格局；农膜和新农具的应用、耕作栽培技术的进步有利于赶抢农时，可以充分利用全年的农作物生长期，一定程度上也能扩大农业区域的规模和范围，中国黄淮海地区棉花与小麦套种，就是对生长期更加充分利用的结果。储运、加工、销售技术创新，将在深度和广度上拓展农业区域。通过运输工具的改善，能够缩短农产品的经济运距，降低运费而减少生产成本，由此扩大由利润因素限制的农业生产区域；储运技术的发展改善了鲜活农产品的区位条件，扩展了市场空间范围，使其生产布局有可能向生态最适宜区集中，发展形成新的农业区域；加工技术的创新，可以更加有效地开拓新的市场，提高农产品的附加值，同时对加工原料的品质要求也将发生改变，进而影响到农业区域的品种结构和规模。

（五）环境因素

农业区域发展与生态环境因素关系密切，环境因素也主要是通过影响农业资源质量和市场需求等方式作用于农业区域的形成。在农产品短缺的时期，我国曾出现围湖造田、围海造田、开荒造田，人为地扩大了农业带的分布范围。然而，随着生态环境问题的日益显现，人们对生态平衡、水土流失、土地退化、农业面源污染等一系列生态问题的认识不断提高，不仅对农产品数量、品质有要求，而且对生产农产品的环境质量提出了严格的要求，加倍关注生产农产品的产地环境质量状况，原产地环境因素在农业区域形成和市场竞争中的作用将越来越显著。同时，人们也逐步开始反思以往的土地过度开垦、无机农业，提出退耕还林还草，改善生态环境，发展有机农业、生态农业，生产绿色食品，一定程度上也引起了我国农业区域界限的调整。

（六）政策因素

政策因素主要通过营造制度环境，多路径作用于农业区域的形成和发展。在现代经济全球化背景下，按自由放任和干预来简单划分政府的角色已经过时。在农业区域建设中夸大或忽视政府的因素都是不科学、不可取的。正是基于此，大多数国家的政府介入农产品国际竞争力的研究，并通过这种研究和比较不断修改和完善其政策与法律，通过创造一个提高竞争力的经济环境来影响农业区域的空间位置和规模，进而促进优势农业区域竞争力的提高。政府合适的角色是市场竞争的催化剂，虽然不可能通过其政策扶持创造出竞争性的农业区域，但可以在创造一个农业区域获取竞争优势的环境中发挥建设性作用。政府重要的职能应当是鼓励竞争，竞争越激烈，竞争主体的竞争力越强。但是农业是一个竞争力比较弱的基础产业，竞争的结果有两种，最理想的状态是所有竞争主体的竞争力水平普遍提高，但也有可能只有少数竞争主体的竞争力提高，而大多数竞争主体的竞争力下降。在后一种情况下，如果国外农产品大举进入国内市场，则有可能出现"国内竞争，国外得利"的局面。可以看出政府政策的重要性，特别是对一个发展中国家来说，面对强势竞争对手，政府实施竞争自由化政策有可能使农业这种弱势产业衰退、萎缩。

第三节　农业区域统筹理论

一、农业区域统筹背景分析

（一）区域统筹的相关理论

1. 区域分工论

任何经济活动都离不开某一特定空间，这种经济活动与特定空间的结合，产生了经济区。区际间要素（包括自然要素和非自然要素）禀赋的不同导致了区际间经济活动方式和内容的差异，形成了劳动的区域分工，体现为区域内经济的专业化发展和区域间联系的加强。古典经济学从一开始就注意到了劳动区域分工的存在，并发展形成了若干有关劳动区域分工的理论，目前占主导地位的是比较利益学说。比较利益学说认为，任何国家都有自己相对有利的生产条件，在两个国家中，即使生产的内容相近，如果其中一个能以较低的成本生产最利于本国的商品，以这种商品出口换取在本国生产相对不利的商品，将使两国资源都得到有效利用，使两国均能获得"比较利益"，其实质是"两害相权取其轻，两利相权取其重"，也即"优中选优、劣中选优"的相对比较的优选法则。在比较利益学说提出之初，比较优势主要来源于基于资源禀赋不同而带来的生产成本优势，经过长期的发展，比较优势的内涵已日益丰富，涵盖了自然资源、劳动力、资金、技术水平、规模经济、区位和市场条件等各方面的内容。

2. 区域发展论

在西方区域经济发展过程中，曾有不少经济学家认为，在要素具有完全流动性的假设下，随着区域经济增长，各国或一国内不同区域之间的差距会缩小，区域经济增长在地域空间上趋同，呈收敛之势。但事实上，20世纪50年代以来，发展中国家在经济发展的同时，与发达国家的差距日益拉大，表明仅仅依靠市场的力量已经很难解决所有的区域发展问题。为此，一些经济学家提出了区域经济不平衡增长理论，认为区际间不均衡增长现象是不可避免的，市场力的作用倾向于扩大区域差距而不是缩小区域差距，一旦差距出现，则发达区域会获得累积的竞争优势，从而遏制欠发达区域的经济发展，使欠发达区域不利于经济发展的因素越积越多。要缩小区域差距，必须加强政府干预，加强对欠发达区域的援助和扶持。这些研究为区域经济的统筹和协调提供了理论基础。

（二）农业区域统筹的必要性和特殊性

1. 农业区域统筹的必要性

农业区域统筹是区域分工演进和生产力发展的内在要求。区域利益和整体利益最大化是农业区域统筹的驱动力。

（1）地域差异是农业区域统筹的基本前提

没有农业地域差异，也就没有农业区域统筹的必要。农业是自然再生产和经济再生产相互交织在一起的社会再生产过程，也是人类与自然界在一定地域空间进行物质变换的过程，因而农业存在着强烈的地域差异。

自然条件空间差异是进行农业区域统筹的重要原因。西方古典经济学家与马克思主义经济学家都认可这一点。早期的农业区域统筹主要是以自然差异为基础的，即使是在技术高度发达的现代社会，自然资源与环境的差异同样是农业区域统筹的基本前提。

经济条件空间差异是进行农业区域统筹的又一重要原因。包括劳动力、资本、技术在内的经济因素空间差异之所以影响区域统筹，是由于它们在一定程度上存在区际流动的障碍，通过要素区际流动成本影响农业区域统筹。即使在市场经济条件下，仍然存在要素空间流动的障碍。人口迁移的成本障碍、技能结构障碍和文化风俗障碍都影响劳动力区际流动；固定资本的不完全流动性、金融投资效益与风险的区域差异、金融机构的区域分布不平衡也会影响资本要素的区际流动；技术创新能力、专利保护、技术购买能力、技术应用的配套条件也都影响技术的跨区域流动。

生产要素的流动过程决定了农业区域格局的演变过程与现状。这种历史形成的差异又影响未来农业的区域格局与区域统筹。要素的区际不可移动性可以通过产品流动来统筹和弥补。无论是农业生产的自然条件还是经济条件的空间差异都是明显的，都会影响农业区域统筹发展。地域差异只是农业区域统筹的一个前提与必要条件，而农业区域协作和统筹发展的实现要靠区域利益驱动。

（2）区域利益是农业区域统筹的经济动因

农业区域统筹存在内在的经济驱动力，一方面是农业区域经济利益最大化的实现；另一方面是农业整体经济利益最大化的实现。因此，要按照农业区际间存在的功能关联性，进行农业发展的区域统筹运作，正确认识和处理竞争与互补、效率与公平的关系，实现区域利益与整体利益的协同增进。

农业区域本身是一个开放系统，各区域之间存在功能关联，因此要求各个区域之间进行分工协作。这既是农业区域形成与发展的条件，又是农业区域进一步演化的目标和方向。区域之间的功能关联有以下三种情形：

第一，互补关系。由于各地生产要素比例存在差异，如：可能存在劳动力丰富而资本缺乏和资本充足而劳动力短缺这样两类地区，为了发挥比较优势，它们各自就会分别生产劳动密集型商品和资本密集型商品。农业区域的比较优势和地域分工就是建立在这种优势互补的功能关联上的。

第二，互竞关系。这种互竞关系并不能直观理解为相互排斥关系。尽管同类型区域之间由于产业布局的指向性相同，配置有类似的产业，表面上似乎存在市场竞争问题，但由于区域之间形成较大的整体规模效益，有助于扩大影响与建立共同市场。这是在优势区域布局建设农产品商品基地的理论依据。

第三，制约关系。不同产业在农业区域之间存在相互依赖关系，投入与产出联系密切。

如：农产品原材料生产区与加工区就存在这种制约关系。

有分工必有协作，农业区域间的分工协作普遍存在，分工协作对各方都有利，这使农业区域统筹成为可能。分工使不同区域在国家农业整体发展中承担的目标不同和农业功能各异，然而各区域功能目标的实现需要区域间的合作，需要通过区域统筹来对其进行协调。因此，农业区域统筹是实现区域间的协调发展和整体优化的必然选择，也是国家统筹区域发展的重要组成部分。

二、农业区域统筹的概念、内容与主体

（一）农业区域统筹的概念

农业地域分工造成了区域农业在功能、结构、经济效益等方面的差异，但前文的分析已经指出，这种差异的存在有其客观原因，而且无论从经济规模或增长速度来看，其差异程度都不是十分显著。在进行农业区域统筹时，如果仅仅从地区经济差异出发，很难把握问题的实质和全貌。事实上，从近年来中国区域农业发展趋势来看，农业结构趋同、农业生产布局不利于生态环境改善等问题更为突出。我们认为，农业区域统筹应针对农业地域分工和农业布局造成的各种区域问题进行。因此，在此给出如下定义：农业区域统筹是指从地域空间的角度对全国农业发展的通盘筹划，是立足于国家层面来解决农业发展中的各种区域问题，协调地区间的农业分工关系和利益关系，建立合理的分工与协作体系，最终实现农业区域协调发展、全国农业整体效益提高，为国家社会经济发展提供稳定的基础物质供给的目标。

农业区域统筹的目标就是按照发挥区域比较优势原则，将国家的农业发展目标和拟实现的功能在不同区域间进行合理分工，促进农业区际贸易与区际协作，规范农业发展空间秩序，形成优势互补、良性互动、共同繁荣的农业区域协调发展空间格局，全面提高国家农业的整体竞争力。既避免不同区域在农业发展速度、农民收入和消费水平上的差距过度扩大，又避免区域间恶性竞争，不顾各自的自然、社会、经济条件差异而人为调控，使得农业产业结构盲目趋同。

（二）农业区域统筹的内容

农业区域统筹的内容十分广泛，核心是按照国家农业区域分工指向将各区域生产要素在更大地域空间范围内进行优化重组，促进农业区域协调发展。农业区域统筹基本内容包括要素统筹和目标统筹。

1. 自然资源要素统筹

自然条件作为生产要素直接加入生产过程是农业与其他产业的一个显著区别。尽管科学技术的进步使农业生产受自然条件的制约越来越小，但也不能完全摆脱自然的作用。土地、水、气候、生态环境等自然条件的不同，影响着农业产业结构和效率，使不同区域具有各自的特点和优势。由于大部分自然资源要素的空间可移动性差甚至不可移动，即使移动也要产生比较大的移动成本，因此，农业区域统筹的重点是适应和充分利用自然资源要素这种客观存在的区域差异，因地制宜地布局农业生产，最大限度地发挥各地区的自然资源禀赋优势。

2. 经济技术要素统筹

各区域的劳动力、资本、技术等经济要素的空间可移动性比较强，研究各种经济要素的空间迁移规律和特点是农业区域统筹的重要内容。劳动力要素流动受工资水平的区域差异或劳动力稀缺程度的区域差异以及劳动力迁移障碍等方面的影响。资本要素流动受投资主体的目标、来源区和目标区的投资环境以及障碍因素等方面的影响。技术要素流动受发明在空间上的分布和创新在时空上的扩散过程等方面的影响。

3. 区域发展目标统筹

在区域农业发展过程中，行为主体的多元化带来了利益取向的多元化。各区域在发展目标上既有一致性，也有差异性。农业区域统筹的实质就是对不同区域目标进行协调，以实现整体利益最大化。但在统筹过程中，既要避免地区间恶性竞争、过分追逐自身利益而导致地区分割和封锁，也不能一味地强调整体利益而忽视了地区自身发展的目标。

（三）农业区域统筹的主体

中国经济体制改革的趋势是经济市场化，使市场成为资源配置的主体。不可否认，竞争性的市场机制可以实现经济效率，但农业区域统筹的目标复杂多样，经济效率只是其中之一，更核心的问题是如何协调地区间竞争与协作、效率与公平的关系，这恰恰是市场机制力所不能及的。因此，农业区域统筹的职责只能由政府来承担。进一步的问题是：哪一级政府才是农业区域统筹的主体？我们认为应该是中央政府。首先，农业区域统筹的立足范围是整个国家，是对全国农业发展的通盘筹划，其作用范围和受益群体覆盖了所有区域。而调控全国区域经济发展、平衡各个区域之间的利益关系、促进各个区域共同富裕正是中央政府的重要职责之一。其次，由于地方政府关注的重点是其管辖区域内的经济利益，很少会顾及区际协调、公平等全局性问题，地方政府间的恶性竞争往往会引发或加深区域矛盾。只有中央政府有足够的财力、权威和组织控制能力，来引导、调整和纠正地方政府不恰当的经济行为，促进区域间协调发展。但地方政府在农业区域统筹中的作用也不应忽视，因为地方政府不仅是中央政策的具体承担者和执行者，也是特定地区的利益代言人。

统筹基本单元的选择也是进行农业区域统筹时要考虑的一个重要问题，亦即应明确区域单位在农业区域统筹中要协调的主要是哪些区域之间的关系。按照不同的标准可以进行不同的区域类型划分。最常见的是按照行政权力管辖范围划分形成的行政区域。在行政区域的基础上，按照某些特征的一致性或相似性可以划分一些同质区域，如：根据农业资源的分布情况和农业生产的相似性可以将中国农业生产力布局分成 6 个区域：东北区、华北区、华中区、东南沿海区、西南区和西北区。由于农业区域统筹依赖政府作为行为主体，我们认为，以省级行政区域作为统筹基本单元比较适宜。首先，从政府权力覆盖范围、权力大小等方面来看，省级政府对省内经济活动具有较强的组织、计划、协调和控制能力，使得省内经济活动的联系比较密切，能够促进更细层次区域间（如市、县）的协调发展。其次，省际关系的协调是中国区域经济协调发展的主要任务之一，中央政府制定的区域统筹宏观政策通常都是在省级区域范围内展开。最后，以省为统筹基本单元也便于资料的收集和整理分析。

三、农业区域统筹的运作机制

（一）农业区域统筹应处理好的几个问题

1. 正确处理不同区域间的利益关系

农业区域统筹的核心是统筹不同区域农业发展中的利益关系。随着市场经济体制改革的推进，各区域逐渐成为相对独立的经济利益主体，为维护和增大本区域的经济利益，各区域之间必然展开竞争。如果区域间的竞争是在理想的市场条件下，公开、公平、公正地进行，则可以在区域间形成经济高效的分工合作体系。然而，就我国目前尚不完善的市场体系和法制环境而言，区域间竞争的结果往往导致了市场分割、地方保护主义、重复建设、地区农业产业结构趋同等问题。此外，农业具有多功能性，各种功能都是国家经济社会发展所不可或缺的。各区域根据其比较优势和国家政策要求承担的主要功能各不相同，而不同功能的经济效益又存在差异，从而导致了区域间利益分配的不均衡。农业生产与其他产业生产之间经济效益的巨大差异加上国家政策的倾斜也使得一些以农业（尤其是粮食）生产为主的区域利益受到了损害。因此，在农业区域统筹中应处理好不同区域间的利益关系，要尽量避免区域间农村经济发展水平和农民生活水平差距过大，也要避免各区域采取违背比较优势的赶超战略，一味地追求经济效率，盲目调整产业结构，从而导致区域产业结构趋同。

2. 正确处理农业生产与生态环境保护的矛盾

良好的生态环境条件是保证区域农业可持续发展的前提和基础。然而，随着人类需求的不断增长和大规模商品化农业的兴起，过度开垦、大量使用化肥农药、随意排放废弃物等生产行为，造成了植被破坏、水土流失、草场退化、土地荒漠化、水资源枯竭或污染等各种资源衰退和生态环境恶化问题。农业生态环境的恶化影响了农业生产的稳定性，引发了各种农产品质量安全问题，不仅危害到国家食品安全，也不符合当前绿色、健康、可持续的国际趋势。因此，农业区域统筹应高度重视农业生产与生态环境保护之间的关系，在建立高效低耗、生态友好的农业生产体系基础上协调区域间的经济利益关系。

3. 正确处理农业区域统筹与其他政策的关系

我国的农业区域统筹是在工业化、城市化不断推进，东、中、西部差距和城乡差距日益扩大的宏观经济环境下进行的，是国家"五统筹"战略的深入和细化。农业区域统筹致力于在不同区域之间建立起均衡、稳定、优势互补、相互促进的农业产业体系。然而，农业增效、农民增收、农村发展是涉及众多方面的复杂巨系统，仅仅依靠农业区域统筹难以有效解决，需要与其他农村政策、区域政策互相配合发挥作用。

（二）农业区域统筹的基本路径

1. 政府与市场的作用划分

我国农业区域统筹的主体是政府，但这并不意味着由政府取代市场来主导区域资源配置、左右区域经济发展、决定区域农业产业结构，而是通过政府的宏观调控，刺激市场机制发挥巨大作用。农业生产在空间范围的聚集和扩散，区域农业产业结构的形成、演变和发展不能脱离市场竞争和市场选择而人为控制。随着经济市场化的推进，市场机制将进一步在提高资源配置效率中发挥作用。而政府宏观调控的作用主要是规划、引导、监督和调节，其目标应更多地放在提供公开、平等、规范的市场竞争环境及保障区域公平方面。为此，政府在农业区域统筹中应尽量减少对区域农业产业结构和经营方式等微观经济活动的直接干预。

2. 中央政府的主要作用

中央政府拥有足够的财力、权威和组织控制能力来制定影响范围覆盖全国的区域政策，是农业区域统筹的主体。是否能够实现区域经济的协调发展与中央政府的协调能力有十分密切的关系。中央政府在农业区域统筹中的作用主要体现在以下几方面：

①引导各区域承担应有的职能，实现区域农业发展的目标，保证国家农业发展战略的顺利实现，保障国家食品安全以及不断增长的人口和不断发展的经济对农产品的需求。农业是国民经济的基础，对维持国计民生具有重要意义，但大多数农业生产的经济效益较低，企业和地方政府对投资农业生产缺乏热情，甚至侵占耕地用于其他产业发展，严重损害了农业生产的基础。因此，中央政府有必要通过法律、政策等相关途径引导各区域保障基本的农业生产。

②消除阻碍市场经济发展的区域性行政壁垒。地方政府为追求本区域利益，往往倾向于运用种种手段对资源、人才、技术、产品等进出口实行垄断封锁，造成市场分割；同时，各地区片面追求高速度、高产值，不顾区域比较优势而盲目进行农业产业结构改革，减少粮食种植面积而扩大其他经济作物面积和扩大畜牧业生产，从而引发重复建设、区域产业结构趋同等问题，不仅有损于经济效率，也不利于为国家社会经济发展奠定坚实、稳定的物质基础。为此，中央政府应充分利用其权威性，制定合理的政策以消除区域性行政壁垒，促进劳动力、资金、物质等在区域间充分、自由地流动。

③逐步实现在各区域间提供大致均等的农业公共服务。地方政府为增大本区域的经济利益，还会想方设法谋取中央政府提供的优惠政策和特殊待遇，最典型的如向国家有关部委争取投资项目。这种由政府确定农业发展项目并提供资金的方式本身就存在弊端，影响了市场机制正常作用的发挥。而且，中央政府在地区间直接安排项目容易出现不公平现象。因此，中央政府的作用主要是在各区域间提供大致均等的农业公共服务，着力改善公共物品的供给（如：制度供给、大型基础设施建设等），而逐渐减少对市场竞争领域的干预。

④对贫困地区、自身发展能力弱的地区，如：基础设施薄弱、农业生产条件差、生态环境脆弱地区等，给予适当的扶持。扶持方式同样应以增强公共服务能力、减轻农民负担、加强技术培训等为主，致力于提高贫困区域自身发展能力，尽量避免以直接干预生产和市场竞争的方式介入。

3. 地方政府的主要作用

地方政府主要指省级政府。随着经济市场化改革，地方政府的自主性不断增强，并在一定程度上成为地区利益的重要代表。地方政府在农业区域统筹中的作用主要体现在两个方面：

①在中央政府宏观指导下因地制宜地统筹本区域的农业发展。通过制订和实施合理的区域发展规划和政策引导农业生产合理布局；对本区域市场进行规范、监督和调控，创造良好的环境吸引资金、人才、技术流入。

②加强与其他地方政府之间的协作。试图通过市场分割与封锁来保护本区域经济发展

的行为是短视的。地方政府应逐渐转变观念，认识到由于资源禀赋等的差异，本地区与其他地区之间客观上存在着通过互利合作而实现利益最大化的需要。通过良好的信息沟通及与其他区域的相互借鉴建立双边或多边合作，将有助于本区域在全国农业产业分工中合理定位，并取得持续发展。

第四节　农业区域功能研究

一、农业功能统筹

（一）农业功能类型与发展

农业在不同历史时期面临不同具体问题和需要，其功能作用也在不断演变和增加。在农业社会，农业是人类衣食之源，其功能主要是提供粮棉油肉蛋奶等农产品、就业机会、社会保障，维护社会稳定。在工业化进程中，农业不仅提供生存性农产品，还提供工业原料，积累工业化资本，出口创汇。在现代社会，农业又出现了国家食品安全、改善生态环境、休闲文化等功能。事实上，根据研究的需要，可以对农业功能类型做出不同的划分。

农业功能发展大体经历了以下四个阶段：

1. 关注农业经济功能的阶段

这一阶段的基本特征是，农业以生产供给农产品、实现经济功能为首要目标。具体表现为机械和生产资料的大量使用，育种和施肥方法的改良，种植界线的外延，生产规模的扩大，产量的稳定性和产品的口感等质量的提升，出现无数的划时代的技术创新，实现了农业生产的效率化、安全化、多样化、优质化，满足人类对农产品日益增长的多元化需要。

2. 关注农业生态功能的阶段

伴随着经济的高速发展，各种矛盾逐渐显现。在城市，特别严重的是环境和公害问题，诸如噪声污染、大气污染、河流污染和饮用水的污染，住宅的拥挤和光照的不足以及由此引起的对健康的危害。在农村，体现近代农业工业化特征的机械化、化学化日益显著。由于人口增加，农业人口向工业和城市转移以及将农民从繁重的体力劳动中解放出来的各种技术的出现，"规模化生产—规模化消费—规模化垃圾"的现象愈加严重。而农业经营的专业化，作物的单作化、连作化，导致土壤肥力和重茬病的产生及作物生产力的下降。为控制由此引起的病虫害的多发，又进一步增加农药投入的数量和品种，结果自然是污染环境，进而危及食物的安全和人类生命健康。人们开始关注农业具有的涵养水源、净化大气、防止土壤流失以及增添自然景观多样性等土地保护功能，期待农业在生态环境方面发挥正面效应，克服消极的负面效应。于是，出现了"可持续低投入型农业"以及"环保型农业"等一些新的农业发展理念。

3. 关注农业社会功能的阶段

在城市，随着城市密度的提高，除了已有的环境问题外，还有地价上升和住宅狭窄，绿地面积不足，垃圾问题，交通问题，城市灾害，人的精神障碍，犯罪低龄化和多样化等诸多问题。在农村，随着人口的减少也出现了一系列问题，如：高素质的农业劳动力外流，农村从业人员高龄化、妇女化，乡村活动缺乏活力，灾害频发。面对严峻的现实问题，农业和农村在社会方面的功能（如：人性复苏、教育、福利）引起社会的特别关注。在这种背景下，一切向城市集中和忽视地方农村发展的运动受到质疑和批判，社会生活型农业便应运而生，这种农业的特征在于从维护区域社会生活的角度重建农村以及增进农村与城市的交流，实现包括社会、文化功能在内的社会功能。

4. 关注农业多功能融合的阶段

在国际化背景下，开始出现超越国界的城乡交流和互动等新趋势。农业不仅要面临贸易自由化和缩小区域内外农产品成本差距的挑战，而且要担负起保护区域生命和环境，进而在城乡交流，人口、产业向地方分散的潮流中发挥社会和文化方面的作用。这样，农业必须同时实现经济、生态和文化三个方面的功能。

（二）农业功能统筹思路

进入 21 世纪，我国农业已全面进入国际竞争行列。如何在严峻的国际农产品竞争中立住脚，在此基础上充分发挥我们的优势，在国际分工合作中取得一席之地，是关系到国家利益的重大问题，也是今后农业政策调整的重要战略目标之一。要从根本上应对国际竞争，最关键的就是要制定和实施全面的、正确的农业多功能统筹发展战略。

农业功能之间存在着互动和制约关系，甚至出现冲突，需要对其进行协调、统筹，才能保障农业可持续发展。第一，维持一定的食物自给率，保证国家食品安全是任何一个大国农业的基本功能，但食品安全功能实现的主要障碍是对农民增收的负面影响。第二，经济功能是农业基本的商品属性，没有经济收入的增长，也不会有农民种粮食的积极性和生活水平的提高。但重视经济功能的同时，往往容易忽视粮食安全、生态环境和生活质量问题，从而诱发粮食危机、环境危机和社会危机。如：农产品向优势地区集中或单一品种连作虽然促进农业规模化发展，但导致了地力下降和连作障碍，为增加产量特别是提高商品价值而追求外观好看，而大量喷洒使用农药，就会影响产品质量等，使人类不断面临新技术难题。第三，在重视生态环境功能的同时，又往往容易忽视生产效率和广义的人的生活。如：以保护生态环境为首要任务，无条件地拒绝使用农药和施用化肥，那就会影响农业生产能力，"温饱"问题可能出现反弹。第四，在关注人的生活、社会和文化问题即文化功能时，容易忘却经济功能的要求。如不顾经济发展实际需要，奢谈农业和农村的社会文化，这样的农业和农村也是不可持续的。

农业功能统筹的基本思路是：通过一个区分、建立一项基金、实现三大安全。"一个区分"是指将农业的经济功能与非经济功能区分开来，经济功能的实现主要靠市场机制，非经济功能的实现主要是政府的责任，要政府掏钱买单；"一项基金"是指政府通过整合增量和存量资金建立农业非经济功能发展专项基金，逐步加大对食品安全功能、社会功能和生态功能的补偿；"三大安全"是指通过农业功能统筹实现经济安全、食物与生态安全及社会安全，让占总人口60%的中国乡村农民享有最基本的国民待遇，融入现代化进程，分享现代化、经济全球化的成果，兼顾公平与效率目标。

1. 经济安全目标

经济安全的基本目标是保证从事农业能达到与从事非农行业大体相当的经济收入水平，这是农业功能统筹的基础。

在市场条件下，只有务农收入得到保障，农民才有从事农业生产的动机，农产品供应等其他功能才能有可靠的保障。如果不打算或没有能力大量补贴农业生产，那么，农业劳动力的就业份额就必须下降到大体上与农业 GDP 相应的水平，才能保证务农可以得到与从事其他行业大体相当的收入，保证农民从事农业生产、不断增加农产品供应的积极性。发展农业、延伸产业链、扩大农业补贴是实现农民增收的有效途径。

2. 食物与生态安全目标

食物与生态安全的基本目标是拥有可持续的粮食供给能力，粮食自给率达到90%以上，控制粮食库存量和布局，应对各种突发事件。

（1）食物安全

从发展趋势看，我国粮食需求呈现刚性增长。其原因是全国人口总量庞大，未来30～50年内将迎来16亿人口高峰；人口城市化率不断提高，商品性粮食（数量、质量）需求要相应增长；随着居民食物结构的进一步改善，动物食品消费将增加，并带来粮食间接消费的需求增长。我国对粮食的需求将不断增长，保障国家粮食安全的担子也将愈加沉重。

（2）生态安全

生态脆弱地区要进行生态环境恢复和重建，调整农业活动方式和强度。许多地区生态环境脆弱、土地承载力不高，目前普遍处于人口超载和人类开发活动过度的状态。生态恶化和土地退化现象十分严重，既威胁到区内农业的可持续性，又影响到区内外更大范围的整个生态环境。因此要开展生态环境整治，消除农业可持续发展的生态制约因素。此外，在城市化扩展迅速的地区，尤其是在特大型都市群，城市规划中要注意开发农业的环境绿地功能，构建一个工作、生活、休闲一体化的健康地域空间，从农业和农村被动地服务于城市，变为与城市高度融合、和谐发展。世界上一些发达国家和发展中国家，近年来，出现了"城乡交错空间结构"，不仅低成本，大幅度绿化、净化、美化了城市环境，还促进了城乡协调发展。

3.就业与社会保障目标

农村就业与社会保障的基本目标是改革社会保障体制，建立城乡一体化的劳动力市场与社会保障体系。

（1）就业统筹

促进农业劳动力向二、三产业转移和农村人口向城镇转移，逐步统一城乡劳动力市场，形成城乡劳动者平等就业的制度，为农民创造更多就业机会。取消城乡分割的户籍制度，使农民在城里得到平等的就业机会和劳动权益。发展小城镇，吸收更多的农民就业，同时减轻大城市的压力。

（2）保障统筹

社会保障统筹的基本目标是建立城乡一体化的社会保障体系。与城市相比，农村社会发展是"短腿"，而农村社会保障则是"短中之短"，这是当前城乡差别的最突出表现。土地对农民的保障主要体现在就业上，仅保障了劳动力与土地的结合，一旦农民因年老或其他原因丧失劳动能力，这种土地的保障功能就随之消失。因此，不能因为有了土地的保障，就把农民拒之于社会保障体系之外。经济发达地区率先逐步建立适应新形势发展的农村社会保障体系，主要内容包括：建立城乡一体化的最低生活保障制度，建立包括农民在内的职工基本养老保险制度，建立失地农民基本生活保障制度，建立新型的农村合作医疗制度，实行孤寡老人的集中供养制度。

二、农业功能的地域分异特征

深入分析农业各类功能的地域分异特征是进行农业功能分区的基础。本文着眼于农业在整个社会中所起的功能作用，从我国的实际情况出发，主要研究农业在农产品供给、就业和社会保障、文化以及生态等四个方面功能的地域分异特点。同时，还分析了制约农业功能发挥的主要外部因素的地域分异。

（一）农产品供给功能地域分布

农业的基本功能是为全社会提供农产品，其主要目标是确保国家食品安全，为工业发展提供原材料，生产能够进行国际贸易的商品。产品包括粮食、油料、棉花、畜产品、园艺产品等。这不仅有经济作用，还具有重要的社会作用和政治作用。

在农产品供给功能方面，从产品生产目的上可以分为商品性供给和非商品性供给。在我们这样一个人多地少、农村人口占大多数的国家，相当一部分农产品（尤其是粮食）是农户自己消费的，属于非商品性供给。随着城市化的发展，非商品性粮食生产的比重会逐渐减小。从供给范围上可以划分出全国性供给和区内消费供给两类。无论如何划分，不同类型的供给共同保障着国家的食品安全和经济安全。本书首先考察具有全国意义的重点商品性农产品供给地的区域分布特征。同时，还从国家粮食安全的角度出发，分析那些具有相当规模人口和粮食生产量的区内消费型供给地的区域分布特征。

1. 主要农产品供给地域分布

将农业资源条件、主要农产品供给能力作为识别主要农产品供给地域分布特征的基本标准，主要从人均耕地，复种指数，人均粮食，主要粮食作物、经济作物、畜产品产量占全国比重，大地貌单元、自然地域范围等因素进行空间特征分析，结果显示全国性农产品供给功能地域主要集中分布在五个地区。

（1）东北地区

三江平原片：主产稻米、玉米、大豆。

松嫩平原片：主产玉米、大豆、稻米、甜菜、奶类、肉类。

辽河下游平原片：主产玉米、稻米。

东北半农半牧片：主产玉米、甜菜、奶类。

（2）黄淮海地区

黄淮海平原片：主产小麦、玉米、棉花、油料、肉类。

胶东片：主产园艺产品、油料、肉类。

（3）长江流域地区

江淮平原片：主产稻米、小麦、淡水产品。

江汉平原片：主产稻米、棉花、淡水产品。

洞庭湖平原片：主产稻米、肉类、淡水产品。

鄱阳湖平原片：主产稻米、淡水产品。

长江三角洲片：主产淡水产品。

红壤丘陵片：主产稻米。

四川盆地片：主产稻米、肉类、淡水产品。

（4）华南地区

热带片：主产橡胶、其他热带作物。

滇桂粤西片：主产甘蔗、其他热带作物。

珠江三角洲片：主产淡水产品、热带作物。

潮汕闽南片：主产热带作物。

⑤西北地区

渭北陇东片：主产小麦、玉米。

内蒙古河套与土默川灌片：主产小麦、玉米、油料、甜菜、奶类。

宁夏河套灌片：主产稻米、小麦、玉米。

河西走廊片：主产小麦、玉米、棉花。

吐哈盆地片：主产特色园艺产品、棉花。

天山北坡西部片：主产棉花、小麦、甜菜。

伊犁河谷片：主产甜菜、小麦。

天山南坡及喀什三角洲片：主产棉花、小麦。

2. 重要区内消费型粮食生产地域分布

主要根据区域人口规模和粮食生产规模等因素，识别我国重要区内消费型粮食生产地域的分布特征。分析结果显示，区内消费型粮食生产地域主要有两类。

北方以玉米、小麦为主的地区：晋陕黄土丘陵片、晋东豫西山地丘陵片、陇中丘陵区、内蒙古中部旱地农业片。

南方以水稻为主的地区：伏牛大别山区片、武陵山区片、滇黔桂岩溶区片、南岭山地丘陵片、滇桂热区片。

从我国的现实出发，在今后一段相当长的时期内仍然需要由农业提供就业，农业还要在许多农村地区承担主要的社会保障任务。

（二）生态功能地域分布

农业的生态功能基本上分为两大类型：城市区域农用土地的人工绿地功能，水稻种植区域的人工湿地功能。

1. 人工绿地功能

人工绿地功能地域分布特征识别主要考虑城市规模、城市密度等因素，此功能较为突出的地区主要集中在京津地区、辽东半岛、胶东半岛、长江三角洲、珠江三角洲等城市化地带，以及一些城市人口 200 万以上的大城市郊区。

2. 人工湿地功能

人工湿地功能地域分布特征识别主要考虑水田比重、淹水时间等因素，秦岭淮河以南地区具有突出的人工湿地功能。

（三）文化功能地域分布

农业的文化功能主要包括休闲、审美、教育，保存文化物质遗产，保护文化多样性等三个方面。

1. 休闲、审美、教育功能

农业的休闲、审美、教育方面的功能是普遍存在的，但在都市群区域和大城市郊区比较突出。

2. 文化物质遗产保存功能

农业的文化物质遗产保护功能以其独特性为主要参考量，如：滇桂少数民族的梯田水稻景观、珠江三角洲的桑基鱼塘景观、新疆的坎儿井、宁夏平原和关中平原的古灌溉渠系等，一般其实际尺度较小，且散布在较大的地域空间内。

3. 文化多样性保护功能

在我们这个有着几千年农业文明的国家，农业不仅是一种生产方式，也是一种生活方式，是许多民族文化和地域文化形成和存续的基础。此外，少数民族文化的保护还具有重要的政治意义。农业的文化多样性保护功能则着重于考虑目前与农牧业关系密切的部分少数民族文化。

农业的文化功能主要集中分布在八大地区：

内蒙古牧区：蒙古族游牧文化。

青藏高原牧区：藏族游牧文化。

青藏高原农区：藏族农耕文化。

伊犁及北疆牧区：哈萨克族游牧文化。

南疆、喀什、吐鲁番 – 哈密盆地绿洲区：维吾尔族农耕文化。

南疆西部牧区：柯尔克孜等民族游牧文化。

西南滇桂黔区：多民族山地农耕文化。

长白山地区：朝鲜族稻作文化。

第九章　城乡二元结构与农村区域发展

第一节　区域空间的二元结构

一、关于城乡二元结构形成机理的理论

国外学者通常认为二元结构的主要成因有两个：一是发展中国家实行工业化战略需要获取农业剩余以补贴工业化；二是城市阶层在政治上过大的影响力使农村处于不利地位。刘易斯（W.A.Lewis，1954）将发展中国家的经济划分为两个部门，即传统部门（以农业部门为代表）和现代部门（以工业部门为代表）[1]。他认为由于这两个部门存在着生产和组织的不对称性从而形成了二元经济。新古典主义学者乔根森（D.W.Jogenson，1961）认为，两个部门不同的劳动生产率和工资率以及无限劳动供给使农村劳动力、农业剩余不断地补贴工业化从而产生二元结构。[2]在我国，除了上述原因之外，还因为长期计划经济体制影响，包括优先发展重工业战略、统购统销制度、城乡二元户籍制度、人民公社制度等，都决定了我国依靠农业发展工业、依靠农村发展城市的格局。这种制度安排上的倾向逐渐渗透到文化和意识观念中，至今还没有得到完全改变，并制约了新形势下城乡经济社会的进一步发展。

二、关于城乡二元结构转换内在机制的理论

以刘易斯－拉尼斯－费景汉模型为代表的发展经济学理论，揭示了结构转换过程中农业人口转向工业部门的必然性，也肯定了由乡城的人口流动对现代化进程的积极作用。人们都认为随着生产力的提高，城乡二元结构将最终趋向城乡融合或趋于一元结构。刘易斯模型假设农村有大量剩余劳动力（边际生产力为零甚至为负数），城市不存在失业，认为收入差异、资本积累、无障碍转移推动了农业劳动力的转移，这一过程一直延续到农业剩余劳动力被城市完全吸收，农业部门工资和工业部门工资趋于一致，"二元经济"逐步

---

① 蔡昉. 刘易斯转折点：中国经济发展阶段的标志性变化 [J]. 经济研究，2022（01）：16-22.

② 戴炳源，万安培. 乔根森的二元经济理论 [J]. 经济体制改革，1998（A2）：23-26.

向"一元经济"过渡。这种模型强调了工业化和城市化进程，忽略了农业发展。[①]

1961 年，费景汉（Dr. John C. H. Fei，1923—1996）和拉尼斯（Gustav Ranis）对刘易斯模型进行了补充和修正，认为农业总产出会因为劳动力的流出而减少，出现粮食危机，制约工业发展，必须提高农业生产率，强调平衡增长路径，但仍没有考虑城市失业。[②]乔根森模型后来引入了农业技术这一因素。托达罗模式则考虑了城市工业部门存在大量的失业，一方面，人口大量流入城市使城市失业人口增加，继而工业部门收入下降；另一方面，农业人口大量流出使农业劳动力减少，农业总产出下降，农产品价格上升从而使农业部门收入上升，最终城乡收入差距消失，人口流动停止。[③]该模型强调应放慢人口流动速度来减轻城市的失业压力，也强调了发展农村经济，提高农民收入是解决城市失业和农村发展滞后的根本途径。

二元结构转换的内在机制理论的重要启示是：工业化是城市化、现代化进程的重要方面，二元性是发展中必然存在的现象，它会随着生产的发展，差距的消失，实现传统与现代并存的二元社会向现代一元社会的转变。所以经济发展的关键是发展城市和工业。

三、关于城乡二元结构转型制度条件的理论

无论是发展经济学还是新古典经济学，经济分析的基础一直将"制度"因素排除在外。但对于我国而言，诸如明晰的产权、统一的市场体系、资源的市场配置等这些假定并不可能完全被满足。所以，新制度经济学越来越受到重视。根据西方新制度经济学的分析，不同的制度结构会产生不同的绩效，而城乡二元结构的实质就是城乡之间经济运行绩效的差异，因此城乡二元结构必然伴随着二元的制度结构，而产权制度、要素流动制度则是影响二元结构转型的主要制度因素。产权制度在新制度经济学中居于核心地位，产权明晰界定是减少外部性、降低交易费用、提高经济效率的必要前提，产权制度会通过影响经济运行绩效而作用于城乡二元结构转型进程。对于我国这样的发展中国家而言，明晰产权、完善产权保护体系是促进经济增长的重要动力，也是推动二元结构转型的重要因素。同时，城乡二元结构转型的过程，实际上就是要素积累和流动过程。在发展经济学二元结构理论分析中，一个隐含的前提就是要素可以在市场机制调节下自由流动，而忽视了要素流动过程中的制度约束，这也正是二元结构理论在我国应用中的局限性。我国二元结构转化过程中的要素流动分析必须要考虑制度因素，尤其是城乡分割的户籍、就业、土地制度对人口、

① 王迪，李泽亚 . 论城乡二元经济结构转型问题：基于刘易斯模型的简单分析 [J]. 财经界（学术版），2016（09）：34，37.

② 李丽纯，李灿 . 关于当前我国二元经济结构转型困境的几个理论问题分析：对拉尼斯 - 费景汉模型的重新诠释与修正 [J]. 湖南省社会主义学院学报，2004（03）：52-54.

③ 陆松福 . 托达罗人口流动模式与我国农村劳动力的转移 [J]. 宁波职业技术学院学报，2003（04）：11-12+15.

劳动力、土地等要素自由流动的阻碍。

四、消除二元结构——以自由看待发展

著名经济学家和哲学家，诺贝尔经济学奖获得者阿马蒂亚·森一生关注社会中的穷人和底层人士，特别是他称之为"落在最后的人"，即农民的命运[①]。他反对西方主流经济学忽视底层弱势群体，并从理论和实践上批驳了传统发展经济学及以刘易斯为代表的二元经济结构理论片面追求财富总量增长、忽视人的自由全面发展的观点。他指出，农村贫困落后的根本原因不是农村劳动力的剩余，而是农民可行能力和正当权利的缺失。他提出了著名的"以自由看待发展"的观点，认为仅仅靠经济总量增长，无法解决农村和农业发展问题，关键是要重视农民的发展，而"扩展自由是发展的首要目的和主要手段"。

森认为，当今不发达国家的农村，实际广泛存在着经营上的二元模式，即传统农业经营模式（或称农民经济模式）及资本主义经营模式（或称发达的农业现代化的经营模式）。这两者存在着显著差异。农民经济以外的工资率和农民经济以内的实际劳动成本也必然存在显著差异。企图用统一的工资率来说明农村劳动力转移也是不恰当的。森并不认为农村劳动力没有剩余，或没有劳动力转移的必要，他强调的是农村、农民、农业的贫困和落后与农村劳动力剩余没有必然的因果关系，或者说劳动力剩余不是"三农"贫困落后的根本原因。

实际上是农村生产力及与之相适应的社会关系的发展决定了农村劳动力剩余，而不是相反。森认为，生产的发展，主要决定于人的发展，决定于人是否获得实质自由以及由这种自由获得相应的可行能力。在这一点上，森的农村、农业、农民的发展理论大大超越了传统发展经济学。

森把"发展"定义为扩展人类自由的一个过程。对于"自由"，他强调的是社会成员选择自己所珍视的生活方式的自由。这种"自由"的概念，实质上反映的是人类的生活状态，而并不局限于上层建筑或意识形态领域，因此其内涵更容易从"不自由"状态反向理解。如经济贫困意味着在这一状态下生活的人们未获得满足自身基本生存需求的自由。在这个意义上，经济增长可谓扩展自由的一个重要手段。不过，个人选择生活方式的自由还取决于社会经济制度安排中的诸多工具性自由，例如，参与公共讨论和决策的政治自由、享有教育和健康服务的社会机会自由、参与生产和贸易活动的经济自由，保证个人知情权和社会透明度的信息自由以及借助社会保护（社会安全网）应对生存危机的自由。不同类型的自由可以相互促进，例如，政治自由有助于经济自由，社会机会自由有利于政治经济

[①] 于海雁. 阿马蒂亚·森自由思想探析 [J]. 青春岁月，2017（02）.

参与，信息自由有利于公平交易和防止腐败，经济自由有助于创造个人财富和公共资源，从而也有助于提供社会机会和社会保护，后者则有助于预防和缓解经济贫困等。因此，森把自由既视为发展的目的，又看作发展的主要手段。

森的发展理念体现于联合国开发计划署发布的《人类发展报告》中，提炼出两个新概念作为修筑这一逻辑通道的主要思想基石：人类的功能性活动（Functioning）和特定社会成员实现其所选择的功能性活动的能力（Capability）。据此推论，人类享有的自由体现在特定社会成员多种多样的功能性活动之中，如：自由择业、自由迁移以及有尊严地参与社群生活等。每一成员在多大程度上可以实现自己向往的生活，取决于各自行使其选择的能力。这一能力，一方面，取决于外在的社会经济政治文化等制度环境；另一方面，取决于个人拥有的人力和物质资源。个人拥有的资源，还受制度环境的影响，因为它决定了个人能够行使的权利。

五、我国二元结构与"三农"新问题

（一）"三农"问题的新变化

一是农民的代际变化带来农民与土地、农民与村庄的关系变化。调查和试验跟踪发现，作为未来我国城乡转型的革命性的一代，"农二代"的生活方式基本上已经城市化了，他们跟农业的关系已经不是那么紧密了。他们的土地观念也发生了重大变化，与村庄的关系也在变化，有"乡土变故土、家乡变故乡"之势，必须正视这些变化。我们隐约感到，未来"农二代"的落脚点很有可能在城镇里而非乡村，当然这不意味着他们会与村庄断根。

二是村庄的演化和分化。现在一些人讲乡村振兴，越来越陷入浪漫主义情怀，这非常危险。需要认清的基本现实是未来我国的村庄还会进一步分化，而不可能齐头并进。村庄的生与死是基本问题，如果规律上未来只有少部分村庄能存活下来，那大部分的村庄未来走向何处？这是一个问题。第二个基本事实，村庄适度的聚集是无法避免的现实，不可能还按以前自然村落为基本单位安排宅基地。

三是乡村经济活动的变化。人们原来对农业的定义、农业的功能、农业的形态在理论和政策的认识上都太浅薄了。对比日本的农业、农村发展，一个强烈的感受是，人们为了城市和工业发展，把农业越变越窄，变成单纯解决吃饭问题。整个农业的内涵必须改变，事实上也在改变。农业的功能也要从单纯的满足食品需求到健康、安全、文化的功能转变，进而带来农业的产业裂变。农业经济活动变化之后，传统以耕作为半径的村庄聚落形态也会变化，这个变化对我们土地制度改革也会产生重大的冲击。

从以上三个方面来看，"三农"问题及土地制度改革的需求不仅仅是在发达地区存在，也在大多数的传统农业区存在。这些地区"农二代"跟土地和村庄的关系变化是最大的。原来政策关于"三农"问题、土地制度的基本安排，在整个乡村的三个因素发生变化以后，必须发生改变，否则就会成为乡村转型和城乡关系协调发展的障碍。

（二）"三农"政策导向的改革

"三农"问题一直是制约我国城镇化、全面建设小康社会的阻碍。在经济增速放缓，经济结构调整的新常态下，"三农"问题面临更多的挑战。我国农村的发展资源已经处于竭尽状态。在取消农业税之后，政府可以做的似乎不多了。人们的共识是，只有通过有效的土地制度的变革，才可以引入有意义的变革，实现农村的可持续发展。如果不能改变由农村强人所主导的"集体土地所有制"，那么任何变化都会是表面上的。农民需要分享城市化、工业化的成果，这要求人口的双向流动。

一方面，需要允许农村人口流入城市。农民向往城市生活的趋势不可阻挡。但如果光是农村人口的流出，必然会造成农村的"单向流出性衰败"——今天的局面就是这样造成的。但是要避免这种衰败，就需要允许甚至鼓励城市居民流入农村，在农村居住和生活。

双向的流动是以土地制度改革为基础的。农民、城市居民都可以拥有农村的土地，至少是宅基地。这样，在农村就会出现一种由不同社会群体拥有土地的混合土地所有制。这不仅是发展所需，更是农村社会阶层互相制衡所需。没有这种制衡，无论怎样的政治建设，农村的衰败和"黑社会化"都不可避免。

农村本身的发展具有很大的局限性，单靠农村自身的力量无法实现现代化。农村的发展需要政府的帮助，但仅仅是政府的投入很难可持续。在全球范围内，农村的现代化取决于城市化能够吸纳消化大部分农民和城市居民倒流到农村，实现城乡之间的双向流动。这两者都需要土地制度的变革。在我国，如果不变革目前的土地制度，这两种变化的发生就不可能。

除此之外，解决"三农"问题的关键还在于解决农民问题。从农业发展角度来看，农业现代化的发展需要以高素质农民为基础，只有农民职业素质提高，农业现代化才能有效推进，粮食安全问题才能解决。从农村发展角度来看，农村的发展需要城镇化作为支撑，而在新常态下，农村城镇化的发展在于制度上的创新，而不是单纯靠"硬"资源投入。在制度创新方面则涉及户籍制度、财政制度、社会保障制度和土地制度四方面的改革。这些改革不仅与农民的生活息息相关，而且也推动着"人的城镇化"发展。因此，在农村发展问题上，缩小农民与城市居民的制度差距是关键，只有农民社会福利提高，才能为农村自身发展创造动力。从农民自身角度来看，农民问题不仅关系到农业、农村的发展，同时也关系到国民经济的可持续发展。新型城镇化是以产业结构升级作为基础，而产业层次升级，需要农民身份的转变。

（三）政策建议

针对新常态下的"三农"问题，从解决二元结构问题的角度出发，笔者总结了以下政策建议。

1.逐步建立完善全社会统一的社会保障制度。消除城乡之间的制度差异，使农民老有所养，病有所医。同时，改善现行教育体制，大力发展农村教育事业，消除城乡之间教育不公平。

2.制定产业政策，引导产业向农村转移。通过产业转移，减少农村人口向城市的流动，促进就地城镇化的发展。同时，通过农村承接产业，扩大农村市场规模，降低生活成本，改善农民的生活条件。

3.为农民创造致富条件，转变对农民的扶持方式，增强农民致富的"造血"能力。一直以来，国家对"三农"的扶持，都是以直接的救济、补贴为主。长此以往，农民会过分依赖政府的补贴，不利于提高农民的致富能力。因此，政府应通过加强对农民的技术指导，及时为农民提供农产品价格信息等方式，激发农民自身创造财富的能力。

4.发展农村土地规模化经营，增强农民的抗风险能力。组建农民协会和行业协会，保障农民在农产品市场中的主体地位，保护农民的根本利益。在经济发展新常态下，只有农民问题解决了，农业、农村问题的根本矛盾才会解决，国民经济才能健康可持续地发展。

第二节　农村经济的基本特征及形成原因

一、农业转型

我国农业正在经历快速转型。这主要体现在两个方面：首先，土地流转而积和比重逐年增加。1992 年，我国土地流转面积为 77.4 万公顷（约 1 161 万亩），占当年家庭承包耕地总面积的 0.9%。然而，截至 2021 年，全国土地流转面积已达 5.32 亿亩，占当年家庭承包耕地总面积的 40%。其次，伴随着土地流转的开展，家庭农场、合作社和龙头企业等新型农业经营主体开始大量涌现。数据显示，2016 年，我国家庭农场、合作社等新型农业经营主体总量已达612万个，其中，家庭农场有390万家、合作社有221.9万家。

我国农业正在发生怎样的转变，以及这一转变背后的动力机制是什么？本书将农业转型视为是一个发生在相对较长时期内的"过程—事件"。基于此，农业转型并非一个自然而然、目的论式演变的过程；相反，它是由各种因素和力量——无论是正向的，还是反向的——相互交织、共同构建一个具体转变过程。因此，我们必须更为深入地考察一个地区农业转型的具体发生过程，并在这一具体过程中探究动力因素和反向力量如何发挥作用；也只有如此，才能够更清楚地揭示我国农业到底发生了怎样的转变。

二、农村问题

我国现在面临的关键性问题不是"农业问题"，而是农民问题、"农村问题"。工业化、城市化过程会导致农村人口下降，许多乡村社区因此消失，这是几乎所有现代化成功的国家都经历过的阶段。但是像我国如今这种关于"乡村衰败"的强烈呼声却是很少见的。从表面看，与一般国家农民进城初期形成都市贫民社会、乡村中无人居住的房子破败不堪相比，我国由于强制禁止进城农民低成本安家造成普遍的"两栖人"或"流动劳工"现象——城市中号称没有贫民窟，农村中充斥着"两栖人"血汗换来的"无人新居"，但在光鲜外表下的社会性"衰败"却有过之而无不及：取代大型贫民窟和乡间废村的是我国无与伦比的家庭离散现象和"候鸟"人口，农村中的"三留守"现象（留守老人、留守妇女、留守儿童）造成各种社会问题。

乡村衰落主要体现在五个方面：一是农村空心化，农村房屋大量闲置，农村家庭空巢率持续上升，一些传统村落凋敝甚至走向消亡，乡村记忆消失，文化流失明显。二是农民老龄化，许多农村地区支撑农业生产活动的主体是50岁以上的老年人和妇女，"谁来种地"的矛盾突出。三是农业副业化，虽然近年来现代农业不断加快发展，但这仍只是存在于一些区位条件好、资源优势突出的局部空间和点位，大量存在的则是小规模、一家一户的传统农业、兼业农业、老人农业。四是农村教育、科技、文化、卫生等公共事业发展滞后，城乡公共服务均等化程度低，乡村治理落后，农民的法制意识比较薄弱，现代文明程度低。五是农村生态环境退化，不少地方的土壤退化、水土流失现象突出，农膜、农药、化肥超量使用，农村面源污染较为严重；垃圾与污水缺乏处理，乱排乱放。总体而言，我国农业现代化已成为"四化"建设最大的短板，农村已成为全面建成小康社会的最大制约。造成乡村衰落主要有以下体制机制障碍：

1. 长期以来形成的城乡分割体制并没有被打破。几十年来，对农民的就业限制没有得到根本的改变。尽管很多农民已经进城就业几十年，依然被贴上"农民工"身份标签，导致了农民工"既融不进城市，也回不了乡村"的尴尬处境。这种人为割裂城乡之间关系，使农民长期不能平等享受改革开放的成果，也限制了乡村的发展。

2. 单方向城镇化的影响。一个表现是认为我国的城乡对立关系就是要通过"非农化"来破解，把农村的人才、劳动力、资源、资金吸纳到城市，把一个个乡村通过土地商业化、居住楼宇化，变成城市化的小区和集镇。在这种发展思路的引领下，我国农村文化被漠视，传统乡村文化消失，农村独有的社会结构被消解；另一个表现是限制城市人才下乡和返乡。

3. 一些人不了解农业和农村的基本特点，崇尚把农民变成既拿地租又挣工资的农业工人，热衷于通过流转农民土地搞"招商引资"式的规模经营，或以种种理由迫使农民把土地流转给所谓"大户"，把农业变成了排斥农民的产业。这一做法，导致了两个方面的消极后果。首先是伤害了农民。农民拿着地租，或外出打工，或无所事事，成为边缘人。农民失去土地的同时，也失去了在乡村的主体地位，失去了对生产的支配和参与权，自然也就失去了发展农业的积极性、主动性和创造性，加速了乡村的萧条和衰败。其次是伤害了农业投资者。政府主导的土地流转，极大地推高了地租，提高了农业生产成本，增加了农业经营风险，如果没有政府持续的强有力的财政支持，农业"大户"苦不堪言，难以为继，这使很多凭着热情和理想做农业的人极受打击。

4. 实际工作中有人把趋势与理想混为一谈，通过人为干涉试图短期实现所谓机械化、规模化目标，于是出现了违背农民意愿、强迫流转土地，搞形式上的规模化，盲目推进。结果是政府花钱制造出规模化荒地，这种现象在各地均已出现。

5. 乡村教育的衰落是乡村衰落的重要表现，也是原因之一。乡村学校撤并，由原来的"村居学校"逐步演变为一镇一所的"离土型"学校，使学校与乡村距离越来越远。撤点并校不仅影响了乡村文化的传承，也隔断了乡村与学校的联系，甚至成为乡村衰败的重要因素。乡村衰败成为撤点并校的理由，撤点并校又反过来成为乡村进一步衰败的原因，形成了乡村的恶性循环。

6. 有些地区搞大规模的并村运动，把多个村庄并到一起美其名曰"新型农村社区"，模仿城市的住宅小区，其特征是农民上楼、规模居住。农民因此远离耕地，失去了从事农业生产的便利条件，削弱了农业生产，甚至完全丧失了农业生产条件。也因为没有了农家院落，家庭养殖业和手工业难以为继，大部分所谓新型社区难以就地解决农民就业问题，农民为生计只能外出打工，导致所谓"新型农村社区"和小城镇走向衰落。

7. 易地扶贫搬迁是解决贫困的有效措施。那些生活在山区、荒漠地带、石漠化地区、生态脆弱地区的贫困农民，靠当地资源难以改善生活摆脱贫困，通过易地搬迁从根本上解决他们的贫困问题是十分有效的，也受到村民的拥护和支持。但是在实际工作中，受到建设用地增减挂钩利益的驱使，有些地方从整村搬迁发展到整乡拆迁，把大量可以在当地脱贫的乡村强行搬迁，搬到了一个没有生计，只能靠救济维持生活的环境。搬迁导致的乡村消失不是农民自由、自愿选择的结果。

三、农村—农业发展途径

（一）"农村"不等于"农业"

很长一段时间以来，扩大农场规模被认为是解决农民增收和提高我国农业在国际市场上竞争力的出路，前些年更是大力提倡公司经营农场，结果均以失败告终。原因何在？

政策制定者和公司经营者都没有认真对待发展经济学里的两个铁律：农产品价格相对于其他产品，特别是服务业产品价格的长期下降；农业份额在国民经济中持续下降。

第一个铁律背后的原因是得益于生物技术突飞猛进的发展，农业技术进步速度快于其他行业。如同电子产品一样，快速的技术进步导致农产品价格的下降。

第二个铁律背后的原因是，农产品的需求弹性小于1，即如果消费者的全部消费支出增加1%，他们对农产品的支出增加幅度小于1%。恩格尔系数就是用来描述这一现象的指标。在过去的40年里，我国的恩格尔系数持续下降，到2021年降至29.8%；相应地，农业增加值占GDP的比例也持续下降，目前已经低至7.6%左右。在这两个铁律下，要想把农业搞成挣钱的商业化产业，非常困难。

（二）劳动力流动不等于城市化

调研中发现，不少进城务工人员，宁肯将家中耕地撂荒，也不愿流转出去。他们这样做是因为知道城市中留不下来，为的就是有朝一日回到农村。由此可见，可用耕地其实并未得到充分的利用。在劳动力流转不畅的情况下，当前在农村大规模兴建基础设施，会使得土地细碎化的现状趋于固化，为将来的土地整并增加难度和成本。

正是由于我国城市化的滞后和制度性障碍的制约，导致农业劳动力过多，土地严重细碎化，使得粮食生产难以规模化。虽然在大量补贴农业的条件下，农业产量在上升，但由于规模经济缺失，推高了生产成本，使我国的粮食在国际市场上缺乏价格竞争力。所以，提高农民收入和我国粮食竞争力的最根本途径，在于持续推进城市化，逐步取消限制劳动力自由流动的制度障碍。

从国际经验来看，"大农场"的美国模式远比"小农经济"的日本模式有竞争力。规模经济是农业现代化的必由之路，美国模式具备普遍意义，法国、加拿大、澳大利亚等发达国家都采用这种模式。

和我国国情类似的发展中国家巴西也采用了大农场模式，因而在过去 30 年成为世界粮仓。该国的政策是通过不断的城市化，转移大量农村人口，为农业规模经营创造条件，然后再引入国外资本，对其农业生产模式进行改造，效果显著。

第三节　城乡融合发展与实现途径

一、"三重二元结构"与城乡融合发展

我国的"二元结构"相比较于一般的二元结构，可能是更为复杂的"三重二元结构"。第一重二元结构指的是城乡之间的二元结构，假如把中国分成两块，一块城市一块乡村的话，城乡有很大差别，形成一个二元结构。第二重二元结构称为"区域内二元结构"，就是每一个地区内部又分"二元"，有发达地区和不发达地区的巨大差异，比如，在广东省，就有极其发达的地区，也有相对不发达的地区，形成巨大反差，不同发展程度的地方共存在一个大区域内部。第三重是区域和区域之间的二元结构，比如，东、中、西不同区域之间的巨大差异。当然这"三重二元结构"的根本问题，还是城乡差距。

三重二元结构的存在，导致我国好像一个极度分裂的社会，到处存在着巨大的差异，这种经济和社会的"二元性"，已经严重影响了我国普通百姓的生活质量和幸福感，无论是处于二元结构中"高层次"的一端还是"低层次"的一端。

党的十九大报告提出要建立城乡融合的体制机制，这是实现乡村振兴战略的根本，因为乡村问题不单是乡村自身造成的，城乡格局下乡村振兴不可能单兵突进。城乡关系是一道长期未解决的难题。我们在计划经济和国家工业化阶段未解决好，在改革开放后也没有得到解决。随着工业化、城镇化的快速推进，我国的城乡收入差距进一步拉大。从党的十六大以来，我国实施城乡统筹战略，推进城乡发展一体化，城乡统筹政策体系的建立在公共政策上解决了城市有、农村没有的问题。但是，城乡发展"两张皮"的局面没有改变，城市繁荣、乡村落后的反差没有改观。

在经济发展的过程中，有三个层面的城乡融合：第一，空间意义上的融合，这种融合是最简单的，只要农民不断地进城，城市人口比重不断提高，城市居民和新移民实现空间上的融合；第二，城市居民逐渐消除对于新移民的歧视，消除农村居民在就业服务、社会保障和子女教育等各方面所受到的不公正待遇，城市居民和城市新移民的差距缩小；第三，农村居民和城市里的新移民不会因其身份而与原城市居民在公共事务和政策决定方面拥有

不同的权利，从而为政策的决定机制上消除城乡分割形成基础。现在，政府已经提出，要在人大代表中增加农民工的数量，一些地方政府开始尝试取消城镇和农村户籍的区分，这些都是城乡融合的重大举措。要实现从城乡分割到城乡融合的转变，除了随着城市的资本积累而不断地增加农村向城市的移民外，更为根本的是必须改变城市单方面地制定有利于自身的政策这一现状。"社会主义新农村建设"和解决"三农"问题不只是农村的事，也是城市的事。从舆论宣传上致力于消除城市居民对农民工的歧视、减少城市对农村劳动力流入的种种限制、在制度上逐渐实现进城的农民工享有与城市居民同等的社会保障待遇等，这些都是城市在新农村建设中容易被忽视却非常重要的方面。在城乡分割到城乡融合的制度转变中，中央政府需要承担更多的责任，因为这很可能并不符合地方政府的利益。

二、城乡融合发展的实现途径

（一）以农业现代化推动农业生产的发展

农业现代化是当前农业发展的方向。随着我国经济进入新常态，农业发展的内外环境正在发生深刻变化，而农业作为第二、第三产业的发展基础，则关系到国民经济的整体发展水平。在资源环境约束条件下，要进一步发展农业经济，必须依靠农业现代化，改变传统农业的发展方式。

目前，农业现代化面临巨大挑战，主要表现在以下几个方面：第一，农业剩余劳动力大量存在，劳动力素质低。目前我国城市化相对滞后，第三产业发展不完善，制约农村剩余劳动力向非农产业转移。同时，农民受教育程度普遍低下，无法满足农业现代化对高素质农民的需求。第二，农业产业结构不合理，劳动生产率低下。我国农业主要以粮食种植为主，经济作物种植规模较小，加上以家庭联产承包制为主的农业经济方式由于经营分散、规模小，无法形成机械化生产规模，制约农业科学技术推广。第三，农业生产技术落后。当前农民对生产的投入大都集中在土地与劳动的外延性投入上，粗放经营、乱砍滥伐的现象依然存在，这不仅破坏了生态环境，还不利于农业可持续发展。这些问题长期制约着农业现代化的发展，而经济发展进入新常态，农业现代化又面临新的问题。

面对这些问题，2012—2015年中央"一号文件"都把农业现代化作为"三农"问题的重点。政策方面的内容可以概括为以下几点：以农业科技创新为驱动力，引导现代农业建设，确保粮食安全；以全面深化农村改革，推进农业现代化；进一步加大改革创新力度，加快农业现代化发展。

从推进农业结构调整、强化农业科技驱动、创新农产品流通方式等三个方面转变农业发展方式。从政策内容中可以看出，农业现代化进入了提质增效、体制创新的结构调整阶段，这与经济发展新常态相适应。随着经济的发展，传统的农业发展方式已不再适用新常态下农业经济发展的要求，发展现代农业成为推进农业经济发展的重要方式，而发展现代农业则必须进行深层次的改革。针对经济发展新常态，当前推动农业现代化发展还应考虑两个方面的问题。

一是农业现代化与工业化、城镇化同步发展问题。有些学者认为，城镇化、工业化对农业现代化变动的影响较深，且城镇化的变动对农业现代化的影响比工业化变动大，而另一些学者认为三者之间是互为基础、相互依赖：一方面城镇化促进了农业现代化的发展；另一方面农业现代化也推动城镇化的发展。概括来说，首先，农业的现代化促进了农业生产的机械化，减少了参加农业生产的劳动力，进而使得农村剩余劳动力转移到第二、第三产业，促进城镇化的发展。其次，农业现代化提高了农业生产效率，降低了以农产品为中间投入品的工业产品的成本，降低了最终消费品的价格，从而提高居民的消费水平，带动经济发展和推进城镇化进程。最后，农业现代化带来了大规模的机械化生产，有利于推动深加工和以物流、金融服务为代表的第三产业发展，促进城镇化。

二是农业现代化发展的区际差异问题。国内学者针对农业现代化的区际差异问题进行了较为深入的研究，有些学者认为不同区域农业现代化水平呈现非均衡性、梯度演变性、整体偏低性等特征。有些学者主张东部地区农业要向技术集约型和资本集约型转变，率先实现现代化，中部地区农业要走技术、劳动密集型的现代化道路，西部地区要走生态农业和特色农业的劳动密集型农业现代化道路。因此，农业现代化要以区域经济发展的条件为基础，因地制宜，不宜采取"一刀切"的发展思路，并且要结各个区域资源环境条件，发展具有特点的现代化农业。农业是国民经济发展的基石，农业现代化关系到国民经济发展的潜力。在新常态下，农业经济进入结构调整的重要时期，农业发展面临诸多挑战，迫切需要转变农业发展方式，适应现代农业发展要求。

（二）以制度创新推进城乡一体化发展

城乡二元结构是我国长期计划经济的产物，自 1958 年颁布《中华人民共和国户口登记条例》以来，一直严格区分农业户口和非农业户口，从政策上限制了农民向城市的转移。同时，为实现工业赶超战略，国家以法令的形式进行城乡分割的二元管理，致使大量劳动就业、社会保障、财政投资等社会资源流向城市。推进城乡一体化，缩小城乡差距的中央"一号文件"的内容主要集中于三个方面：第一，加大农村基础设施建设力度，确保水、电、交通、住房、通信等基本生活设施保障；第二，提升农村公共服务水平，改善农村教育条件，完善农村医疗服务体系，健全农村基本养老制度；第三，引导社会资本投向农村建设，解决农村建设方面的资金短缺问题。从相关政策内容可以看出，缩小城乡差距主要通过对农村"硬"资源的投入。而在经济增速放缓的新常态下，城乡之间在经济总量上的差距虽然保持缩小趋势，但城乡之间的经济结构的差异却依然很大。

经济结构差异源于制度差异，所以城乡一体化应以减少制度差异为主，突出制度创新的作用。从当前影响城乡一体化的制度因素来看，主要有四个方面需要加强制度创新：

第一，长期存在的户籍制度。户籍制度的存在使得农民在医疗、就业、社会保障等方面与城镇居民存在非常大的差距，这不仅使农业人口向非农转移受到限制，阻碍新型城镇化的发展，同时也阻碍农村劳动力的流动，不利于经济的发展和产业结构升级。因此，加快户籍制度的改革与创新，推进新型城镇化进程，成为破除城乡二元结构的关键。而要改革目前的户籍制度，则首先要消除社会身份上的巨大差异，建造一个公平、和谐的社会环境。有些学者主张建立一元户籍制度，加速科技人才流动。但取消户籍制度不能操之过急，一方面，若取消户籍制度，则大量的农民涌入城市，会造成城市交通的拥挤、住房需求的紧张、城市教育成本的上升；另一方面，户籍制度的取消必然造成农村人口下降，这不利于就地城镇化。

第二，财政体制不平衡。我国现行的分税制阻碍了城乡一体化的发展，虽然为支持"三农"取消了农业税，但是财政体制向城市倾斜的现状依然没有改变，尤其是对农业公共产品和服务资金的投资严重不足。同时，由于政府制度安排落后于农业发展，财政支农资金使用率不高。从目前发展情况看，财政体制不平衡的情况不会在短时间内得到改善，而农村的发展需要资金的支持。因此，加强民间资本投入可以有效解决这一问题。一方面，可以缓解资金短缺问题；另一方面，有利于促进农村经济市场化，激活农村自身经济增长潜力。

第三，土地制度不完善。城乡一体化中，涉及土地制度问题较多，一是农村土地产权主体不明晰，我国法律规定农村土地归集体所有，但是对集体的界定还比较模糊，农民无法有效提高农村土地的使用效率；二是土地不能有效流转。这些都将影响土地集中化经营和规模化生产，降低生产效率，导致小规模生产面临大市场竞争的压力。因此，有些学者主张应按照依法、自愿、有偿的原则建立有效的土地承包流转机制，允许农民流转土地经营权，发展与市场相适应的规模生产经营体制。为此，应首先完善相应的法律法规，依法明晰土地产权；其次，加强政府调控能力，避免市场操控和投机行为，科学引导土地流转。

第四，社会保障制度发展不平衡。涉及农民养老的新型农村社会养老保险虽然参保人数较城镇保险高，但后者的财政支持力度比前者大，且覆盖范围广。同时，现行农村社会养老保险制度安排缺乏连续性，各部门信息沟通不流畅，养老保险方案在制订落实方面缺乏相应的法律保障。基于以上情况，近几年中央"一号文件"就消除城乡保障不平衡进行工作部署，可以看出，城乡之间的社会保障差距在不断缩小。而缩小城乡之间社会保障的差距，除了加大财政投入，还需要提高农民参保意识，激发农民的参保积极性。总之，城乡发展差距的形成是长期历史发展的产物，而城乡制度差异是导致城乡二元结构的根本原因。在新常态下，单纯的资源投入对城乡一体化发展的影响不明显，而应该以制度创新为主导，改变城乡制度差异，使各种资源自发流向农村，促进城乡一体化。

（三）推进新型城镇化发展

新型城镇化，不仅能够解决农村发展问题，而且是未来经济发展的主要动力：一方面，在经济增速放缓、经济结构调整的新常态下，经济增长以第二产业推动为主转向第二、第三产业共同推进，由此引起的产业结构升级需要新型城镇化作为支撑；另一方面，经济增长的动力也转向内需拉动，而新型城镇化是扩大内需的最大潜力。但我国新型城镇化的发展存在诸多问题，首先，是财政支出能力不够。新型城镇化是以人的城镇化为核心，涉及医疗、住房、就业、教育等公共服务方面的均等化，因此相关的财政支出庞大。其次，户籍制度制约城镇化的发展。户籍制度的存在提高了农民向中小城市转移的成本，同时也从根本上增加了再就业制度、社会保障制度、土地管理制度方面的不平等，阻碍新型城镇化的发展。最后，产业发展也制约了新型城镇化水平。新型城镇化的发展必须有一定的产业发展作为基础和支撑，而目前我国产业发展呈现明显的不平衡。东部地区承接国际产业转移，区域经济发展水平很高，城镇化水平也很高。相比之下，中西部地区由于产业驱动力不够，城镇化水平较低，这导致区域间城镇化水平进一步拉大。

在新常态下，新型城镇化还应关注以下三个方面的问题：

一是新型城镇化应以"人的城镇化"为主。"人的城镇化"主要是从制度层面改革，通过相应制度创新使农民享有公平待遇，实现农民工市民化。因此，首先应解决户籍制度，消除农民由农村转移到城市的障碍，使农民充分融入城市生活，享受与城市居民平等的公共服务待遇。其次，应打破社会保障差异，尤其在医疗和基本保险方面实现无差异，打破"新农合"医疗保险的限制，实现农民工在就业地报销；同时，还要提高基本养老、工伤、医疗等保险参保率，增强参保意识。最后，应突破土地制度限制。我国农村土地所有权是归国家所有，农民只有使用权，土地所有权不能转让，永久进城生活的农民要放弃承包地和宅基地，这在没有完全落户保障的情况下，直接增加了农民进城的资金成本。因此，应尽快改革土地制度，降低农村人口转移成本，保障农民根本利益。

二是大城市化与小城镇化发展应齐头并进。大城市化侧重发展大城市，促使人口、资本等生产要素向大城市集中，而小城镇化则侧重于发展小城镇。对于新型城镇化而言，优先发展哪一类城市都不是最优选择。小城镇化确实是新型城镇化的重要载体，发展小城镇可以加快就地城镇化的进程，但这并不意味着要放弃大城市化的发展。有些学者认为，通过小城镇化发展，实现农村人口就地转移，表面上实现城镇化，但是农村劳动力依然会流向大城市，因为小城镇缺少产业支撑，小城市对生产要素的集聚力不强，从而导致就业机会缺失。而对于进城的农民而言，要在城市生活必须实现就业。

三是新型城镇化应强调市场的作用。新型城镇化是在市场力量的推动下进行的，与过去计划经济的城镇化不同，新型城镇化强调市场的作用，单纯依靠政府推进城镇化是无法持续下去的。政府主导的用大量投入资金、人力等方式支撑的城市化必然造成资源要素配置不合理和城市运行效率低下等问题。

新型城镇化是以不牺牲农业、生态环境为代价，而是以人为核心，实现城乡基础设施一体化和公共服务均等化。这不仅与新常态的经济发展现状相适用，同时也是解决农村问题的有效手段。在未来，新型城镇化必然成为新的经济增长点，一方面，新型城镇化的发展推动农村产业结构升级，增加农村经济发展活力；另一方面，新型城镇化在解放农村剩余劳动力的同时，将带动城乡产业联动发展，为城市和农村的共同发展创造活力。

（四）城乡融合发展的基础是县域

城乡融合发展，其着力点主要在县域，县域经济是连接大城市与乡村的纽带，也是实现融合发展的关键所在。近年来我国县域经济十分活跃，发展机遇非常多。经济新常态下，县域发展面临的环境条件发生了很大变化，经济增长所依赖的传统行政手段、低成本优势逐步丧失，因此，其产业布局和产业转型正在迅速进展当中。很多产业在县域范围成长还不够，还处于比较初级的阶段，还需要很好的引导、政策扶持和顶层设计，一些配套的基础设施还有待完善。

一是城乡融合发展是县域拓展发展空间的迫切需要。在过去多年的发展中，多数县域依赖低成本的资源要素和行政推动力，实现了经济社会的快速发展，但县域发展相对独立封闭，同质竞争导致资源浪费的弊端也日益凸显。进入新常态后，县域发展所依赖的传统优势正在消失，封闭式发展模式难以持续，迫切需要通过区域一体化来拓展发展空间。

二是城乡融合发展是提升县域核心竞争力的必然选择。在城镇化的快速推进和日益细分的市场体系中，任何县域的区位优势和资源优势都是相对的，只有在更宽广的区域中找准自己的产业与市场定位，整合资源实现差异发展和特色发展，才能真正形成自己的核心竞争力。诸多县域发展以自我为中心，市场流通半径小，产业结构单一，缺乏核心竞争力。

三是城乡融合发展是加快县域资源要素优化配置的客观要求。新常态下，县域发展正面临要素价格不断攀升与资源环境约束日益强化的挑战，推进县域区域一体化，能够加快资源要素跨县域流动，在更大范围内进行资源要素的空间组合，节约交易成本，提高资源要素利用效率，促进区域内专业化分工和社会化协作，能够从根本上解决县域发展的要素约束问题。

第四节　双轨城市化

一、"三农"与城市化进程

我国从 20 世纪 50 年代开始大规模工业建设，建立起相对独立、完整的工业体系。但城市化率 1949 年时为 10.64%，1978 年仅达到 17.92%。其间，因指导思想、体制、政策等多方面原因，城市化进程有所反复。

农村联产承包改革以后，农村剩余劳动力解放出来，也有了一定资金积累，于是乡镇企业异军突起，在相当一段时期内成为国家工业化的主力军。乡镇企业推动产业和人口集聚，催生了大量小城镇，并使一些原有的中小城市发展为大、中城市，掀起了改革开放之后，我国快速城市化的第一波。这一波的鲜明特点是农民自主参与工业化、城市化进程。紧接着，全面铺开的城市改革，特别是多种所有制经济的发展，进一步扩大了国家的经济规模，成为加快城市化的第二波。两波合并，到 20 世纪 90 年代中后期，持续了将近 20 年。其间，国家逐步放开了对农村的人员流动限制，农民可以进入城市，到各行各业寻找就业机会。20 世纪 90 年代中后期的企业改制，使乡镇企业逐步退出历史舞台，城市就成了农民改变命运的主要舞台。20 世纪末、21 世纪初，越来越多的农民离乡背井涌入城市，形成史无前例、波澜壮阔的民工潮。这是我国加快城市化的第三波，持续至今将近 20 年。

40 年三波推动的城市化发展，再次充分说明，城市化的基本驱动力是工业革命和产业革命。当然，所谓三波推动，是一个并不全面的概括，实际上诸如经济特区、国企改革、科技创新等，都对国家的工业化、现代化和城市化发挥着引领、带动、推动的重要作用。2021 年，我国城市化率达到 64.72%，这个数字表明，我国在从传统的农业社会转变为工业化、现代化国家的征程中，取得很大成绩。

回顾全世界包括我国城市化的发展历史，可以从中得出如下判断：城市化是对 200 多年来人口流动趋势的理论概括，产生这一趋势的基本动力是工业化和产业革命；城市化对城市发展提出许多新的要求，但城市发展并不等于城市化。如：苏联和许多第三世界国家的城市发展水平，比北美、欧洲各国的城市发展水平低很多，但这些国家的城市化率却很高。又如，当前我国的城市发展水平与西方发达国家相比，有很多方面可以说是有过之而无不及，但城市化率只相当于西方国家 20 世纪中期的水平。

二、城乡二元土地制度与双轨城市化

在二元土地制度下，城市政府依靠强制性低价征收权和土地一级市场独家垄断权，利用土地招拍挂出让和土地抵押融资，为城市建设提供主要资金来源，基础设施建设迅猛增长，城市面貌日新月异。但是，受制于城乡二元体制，城市政府只向拥有户籍的城市原住民提供公共服务。两亿多入城的农民大多数只能在城市扩展过程中形成的城中村、城边村及城郊村落脚。这些区域的农村集体组织和农民利用政府征收后剩余的集体建设用地和宅基地盖房出租，为外地人提供栖息之地，所在地的集体组织也提供了这些区域主要的公共服务，即"双轨城市化"：第一轨的城市化解决了城市化进程中的资本来源和公共产品提供，但也导致城市蔓延、效率低下、结构失衡、政府财政和银行金融风险；第二轨的城市化为进城农民落脚城市提供了有组织的生活空间，但也造成法外之地蔓延、基本公共服务提供能力不足、外地人与本地人的权利不平等以及治安事件集中发生等城市治理问题。通过消除城乡二元土地制度实现双轨城市化的融合，是我国下一阶段城市化要解决的关键问题。

三、政府主导的城市化

双轨城市化的第一轨由政府主导。城市政府通过城市规划变更、行政管辖权调整、土地制度安排所赋予的排他性权力，不断扩大城市版图和发展空间，快速实现城市规模扩张、城市基础设施建设、城市形态改变和城市治理能力提升。

无论是发达国家还是发展中国家，城市化进程的共同特征是，人口从乡村向城市迁移，土地从农地转换为非农用途。在土地用途转换中，除了公益性用途实行基于市场价格的强制性征收外，城市用地主要通过土地市场获得。城市政府主要依靠不动产税收和土地价值捕获分享土地增值，并以此资金进行城市基础设施投资和城市治理。

我国独特的土地制度是实现政府主导城市化的关键制度安排。与其他经济体相比，我国的土地制度安排具有以下特征：一是农村土地和城市土地分别实行集体所有和国家所有，城市国有土地所有权属于国务院，实际由市县政府行使。二是农村土地转为非农用地一律实行征收。政府对土地被征收的农民按原用途进行土地和安置补偿，两项之和不超过前3年农业产值的30倍。三是非农经济活动所需的建设用地由政府供给，从事非农建设只能使用国有土地。政府拥有土地一级市场的排他性权力，中央政府为了保护耕地和国家粮食安全，实行土地规划、用途管制和指标管理，建设用地的出让方式和用途由地方政府决定。四是地方政府成为土地增值收入的主要捕获者。建设用地从不得转让到允许合法转让、从无偿使用到有偿使用、从协议出让到实行经营性用地，甚至工业用地的招拍挂出让，土地资本化的深化使地方政府从土地出让中捕获的价值增值不断攀升。五是地方政府利用土地进行抵押融资，土地的金融化为城市建设和基础设施投资提供主要的资金来源。尤其是为了应对2008年全球金融危机，允许地方政府利用储备土地、平台公司、土地抵押进行以地融资。在以上这套系统性土地制度安排下，地方政府通过征地、卖地的排他性垄断权，获得从农地转为市地的增值收入，通过土地使用制度和单边垄断的市场化改革，推进土地资本化，不仅为政府主导的城市化提供巨额资金来源，也通过土地资本化提升了城市政府的治理能力。

四、土地制度改革与双轨城市化并轨

改革开放以来，我国的城市化已经走过快速发展的上半程，下半程必须转向城市质量提升和城市治理能力的提高。其核心是实现政府主导城市化与农民自动自发城市化的并轨，关键是推进土地制度改革，主战场在城乡结合部地区。

第一，改革"以地谋发展"模式。随着我国经济增长从高速转向中高速，土地的"发动"机功能减退，土地需求转向引致性驱动，土地出让收入增长波动加大，土地成本上升、净收益下降，继续依靠规划等行政体制调整扩展城市的报酬下降，中央政府必须下决心改革"以地谋发展"模式，改革土地指标计划管理，严控新城、新区规划，刹住政府换届就换规划扩城市的风气，防范土地相关债务和金融风险，在严格规划和用途管制的前提下，发挥市场配置土地资源的决定性作用。

第二，土地结构优化与城市产业升级。产业结构失衡的根源是土地功能引致的土地结构不合理，土地供应结构不改变，城市产业升级就会受阻。可选择的土地结构性改革方案有：控制新工业项目、尤其是大型重点招商引资项目在城市区域落地，鼓励老工业项目向城郊地区或已有工业区迁移，制定明晰的工业用地转经营性用地政策，查处规划调整中工业用地转商业用地时的土地腐败；减少政府用地比例，严控政府大马路、大广场、大办公楼等形象工程用地，优化公共用地布局和结构，增加街道用地、公共空间等方便百姓宜居、宜业；不断增加房地产供地，实行住宅居住性和投资性用地区别供应，遏制住宅投机，制定针对购买性和租赁性住宅的用地政策。

第三，城乡接合部地区的制度融合。由于城乡二元体制的存在，尽管城乡接合部地区伴随城市化进程进入城市版图，但是以上所有方面仍然按农村体制规制，造成这些地区城不城、乡不乡、亦城亦乡的尴尬局面。广东珠三角"三旧改造"、北京 50 个重点村改造的经验均表明，只要下决心从农民（包括原住农民和栖息在这里的外来人口）权利出发，从城市整体格局考虑，成体系地打破城乡二元体制，将城乡接合部地区纳入城市总体发展规划，承认农民集体土地从事发展城市的产业，允许农民集体利用集体土地融资搞开发，城市政府向原住农民提供均等的公共服务和社会保障，城乡接合部地区就能实现双轨城市化的并轨，城市也能换来很大发展空间，城市范围内的"两张皮"就能合缝，城市治理问题也能得到大大改进。

第四，土地增值的捕获与城市更新。两个轨道城市化并轨的关键是土地价值的捕获与分享。我国大多数城市已经从外延扩张转向内生发展，城市更新比城市扩张对未来影响更大，无论在政府主导的城市区域还是农民自主的城乡接合部区域都有巨大潜力。在老城区、新城区和城乡接合部区域，政府通过规划、基础设施、投融资、产业发展等政策创新，提高土地价值，相关利益主体分享更新后的土地价值增值，既实现了旧城和城乡接合部改造，也推进了城市产业升级，双轨城市化模式得以融合与并轨。

第五，新移民的融入与居住权保障。城市化的最终目的是城市人的权利平等。两个轨道的城市化，都将外来人口排斥在外。在城市化下半程，公共政策必须根本改变"农一代"时期将农民视为"过客"的取向，让已经和即将进入城市工作和生活的新生代融入城市。其中，最重要的两项权利是子女教育权和相对体面的居住权。后一项权利的实现需要土地制度改革的配套，即允许城市范围内农民存量集体建设用地盖集体租赁房出租，这一改革能起到多赢的效果，城乡接合部农民可以长期分享土地增值的好处，新移民可以实现相对体面的居住，城市政府也可以减少为这些人口提供住房保障的财政负担。

第十章　农业经济发展趋势

第一节　土地资源的保护

一、土地资源保护的起源与发展

（一）土地资源保护的历史起源

土地资源保护行动是伴随着土地退化现象而产生的，土地资源保护实践先于土地保护理论而出现。我国自古就有进行土地保护的朴素唯物主义思想，古代先人在满足生存的基础上，总结出易经等"天人合一"的哲学思想，提出的"阴、阳""八卦"以及"金、木、水、火、土"五行相生相克等朴素的唯物的物质认识，都是从土地利用的实践中产生的，通过"堪天舆地"，产生了"风水"的认识论，并将这些朴素的认识应用到皇城、村落、城市的选址和房屋空间布局的安排。在"风水"朴素的思想指导下，通过对于村落朝向、方位、空间位置等的选择，形成了中国特有的土地资源保护的文化模式，这种模式深深扎根于中国的文化中，使中国的文化能够在这片土地上源远流长，并形成了"万物土中生、有土斯有财"等朴素的土地保护思想。

而国际上的土地利用与保护，自 1972 年斯德哥尔摩联合国人类环境会议以来，各国都十分重视环境（包括土地）保护。1977 年，联合国荒漠化会议提出了土地荒漠化这一当今世界上的重要环境问题。1992 年 6 月，联合国在巴西召开的国际环境与发展大会把它作为全球重要的环境问题而列入《21 世纪议程》第十章。近年来，美国、日本、瑞士、意大利、葡萄牙、瑞典、波兰、捷克等几十个国家和地区都开展了土地保护研究，并通过了类似"耕地保护法""地力增进法"的国家级法规。目前，土地质量研究已被土地科学研究领域中最为活跃的几大国际组织如世界银行、FAO 和 UN–DP 确定为优先研究项目，其核心问题就是土地退化和土地保护等问题。

（二）土地资源利用与保护的发展特点

1. 土地保护与土地利用相伴相生

人类在发现"万物土中生"的同时，也发现了连作会使作物的产量越来越低，并采取了各种各样的措施以保护地力。在我国表现为施粪、耕、锄、耙、耢等一整套耕作技术，并形成了间作、套作、轮作等土地利用方式；而在西方则表现为休闲、轮作等技术，土地利用与保护相伴相生。

2. 土地保护的内涵和外延不断扩大

应该说最初的土地保护，是基于人类为生存空间而进行的，形式是通过设置土地产权，通过产权进行土地保护；而对于具备公共资源性质的土地，不仅需要设置产权制度，还要通过土地的相关法律、制度、政策来进行耕地保护，并通过土地规划实现对土地资源的保护。

从土地保护的内涵来讲，对于私人意义的土地资源，其内涵是保护权利人的利益不受侵害；而从公共资源角度来看，土地资源的保护主要围绕土地资源的数量、质量、生态安全、景观、文化特点以及生物多样性的保护等多方面，土地保护的内涵和外延随着人们对土地的需求转变而产生变化。

二、土地资源保护的意义

（一）土地资源利用与保护的国家需求

1. 国家粮食安全资源保障的需要

粮食安全是指一个国家满足粮食需求以及抵御可能出现的各种不测事件的能力，其决定性因素是粮食生产及消费的能力和水平，同时和国家经济发展水平及外贸状况有着密切的联系。随着我国经济的快速发展，城市化进程加快，城市规模不断扩张，导致建设用地的大幅增加和耕地资源的不断占用。耕地面积的减少直接影响到粮食的生产和供给。

保证国家粮食安全，最根本的是保护耕地。首先，耕地提供了人类生活必需的粮、油、棉等主要农作物，而且95%以上的肉、蛋、奶产品也由耕地资源的主副产品转换而来。虽然农业科技的应用使耕地单产日益提高，但无论农业技术怎么提高，粮食生产都离不开耕地，因为粮食生产的基础是土地。我国耕地减少的年代，粮食安全就受到威胁。即使是农业科技相当发达的国家，如美国，也十分强调对耕地的保护。因为单产的提高难增加，并且提高空间日益缩小。随着粮食安全由供应保障向健康、卫生、营养理念的转变，化肥、农药等农业科技产品的应用空间逐渐减小，边际效益不断降低。世界农业从原始农业到石油农业，再到生态农业，回到了以注重耕地等自然资源保护和综合开发利用为主要内容的可持续发展道路上。与此相对应，从无害化食品、绿色食品到有机食品，对食品的产地环境质量提出了越来越高的要求。

2，国家生态安全的需要

耕地是一种重要的自然资源，除具有的首要功能为食物生产外，还具有生态服务、经济（金融）安全和社会稳定等多种功能。

土地资源的生态服务功能。与各种自然植被、湖泊、沼泽等类似，土地的生态系统具有重要的生态服务功能，在生物多样性的产生与维持、气候的调节、营养物质贮存与循环、环境净化与有害有毒物质的降解、自然灾害的减轻等方面发挥着重要作用。此外，耕地作为人工生态系统，由于接受了更多的物质投入，是一个物质快速循环的高生产性生态系统，其生物生产量比林木和草坪大得多；与同面积的林木和草坪相比，农作物发生光合作用吸收的二氧化碳和释放的氧气也多得多。可见，土地资源有着重要的维护生态系统安全的功能，对于满足国家生态安全的需求有着重要的作用。

3. 传统文化传承的需要

土地利用是一个历史的范畴。人类数千年在这个土地上生活，人类历史的记忆，人类精神的传承，人类情感和审美的方式，人类一切的文明和创作，都留在这个土地上。

人在土地上生存，利用土地创造了难以计数的物质财富和精神财富，土地又以不同的地貌形成了人不同的聚落，以不同的环境构成人不同的生存文化，我们今天有酒文化、茶文化，实际上土地是一个更大的概念，是包容力更强、涵盖范围更广的一个文化平台。所以从文化的意义上讲，土地对于文化传承的作用不可估量。

4. 经济安全的需要

传统的经济安全主要指国家自然资源供给及资源运输通道的安全。随着全球经济一体化的加快，经济安全的观念逐步转变，将抵御外来经济干扰的能力放在首位，并开始强调市场的稳定运行，包括市场规模的提升以及市场结构的改善等。土地作为一种稀缺资源，它具有资源和资产的双重属性，并通过四个传导渠道来影响宏观经济。作为资源和要素，土地通过生态渠道和产业渠道影响宏观经济；作为资产或资本，土地通过信贷渠道和财政渠道影响宏观经济。

我们要充分发挥土地参与宏观经济调控的"闸门"作用，按照供给制约需求和节约、集约原则，在保障重大基础设施建设的前提下，对非农用地增长速度和规模加以控制。同时，还应重视建立土地资源循环经济机制，规范土地供应和开发行为，鼓励盘活存量用地，优化建设用地的配置结构，从而保障城乡经济持续、健康地发展。

（二）土地资源利用与保护的关系

土地利用是人们为获得需要而对土地施加的资本、技术和劳动力等生产要素的干预过程，其具体表现在土地利用类型、土地利用方式和土地利用强度三个方面。由于土地资源的有限性和位置的固定性以及土地资源的特殊的生态过程及其影响，要保障土地资源的持续利用，必须采取一定的法律和政策以及道德等手段，对土地利用行为进行约束和规范，以保障土地资源的可持续利用。

两者之间需要在达到一种均衡与协调状态，以促进土地资源的可持续利用，围绕在土地利用的各个过程，两者之间既存在统一也存在对立。

土地利用改变土地利用类型、土地利用方式和土地利用强度，对自然的土地施加了影响，改变了土地利用覆盖，从而对生态、经济以及社会各个方面产生影响，这些影响包括正面和负面的影响。正面的影响包括满足了人类获得衣食住行的需要以及文化精神的需要，在利用的同时，也由于利用方式不当，导致水土流失、土壤退化、耕地生产能力减低以及气候和水文变化等不利影响。

而土地利用保护就是要基于对于土地利用变化对生态环境可能产生影响的基础上，基于产权、法律、政策、道德文化等对土地利用方式进行限定，以保障对土地资源的持续利用。因此，土地保护是基于对土地利用变化及其变化过程的可能影响方面做出的有关制度安排、法律保障以及思想道德的约束，并在自然条件、法律和经济条件等约束下进行的土地保护的行动。

要进行更好的土地保护，就必须从研究土地利用及其变化驱动机制，分析土地利用变化过程，并对土地利用变化的可能影响进行分析，才能形成土地利用的保护方法以及相关的技术手段，保障土地资源的持续利用。

第二节　农业资源的可持续利用

一、农业可持续利用理论基础

（一）农业生态系统理论

生态系统理论可以看作是发展的心理学，是由生态学与心理学共同组成的新生学科。生态系统理论是系统与个体之间彼此作用、彼此制约。简单来说，生态系统理论所要表述的主要观点如下三个方面：

1.生态系统理论认为人生来就有与环境和其他人交流的能力，人与环境之间彼此作用、互利共生的，并且个体能够与环境形成良好的彼此协调度。

2.个体的行动是有目的的。人们自古以来便遵循着"适者生存、不适者淘汰"的生存原则，个体所存在的意义，是由环境赋予的。因此要理解个体，就必须将其置于环境中。

3.个体所面对的问题，是其在生活过程中所面临的一切问题。对个体所面对问题的理解和判定，也必须将此问题放置于其所在的环境中。

农业生态系统理论，是以生态系统理论为前提，个体为生产利用农业资源的人们个体，生态系统理论所提及的"环境"，则是个体在农业生产活动中所涉及的自然环境以及社会经济环境。农业生态系统理论，表示着人们在农业生产过程中，人们既影响着环境，环境也对人们的生产的历程产生一定的作用。而人们作为利用自然资源的主导者，只有科学合理地利用自然资源，与自然资源形成友好共处的关系，农业的生产才能达到一种生态平衡的现象，农业生产过程才能高质高效进行。

（二）农业资源可持续发展理论

农业资源可持续发展理论，是对人们在农业资源开发与利用过程的考察，是用来揭示人们在农业资源利用过程中，社会对人们利用资源、资源被利用的一种愿景，即农业资源的可持续发展。

1.转变了对于传统的单纯经济增长，而忽视生态环境保护的发展模式。

2.由资源型经济过渡到技术型经济，统筹分析社会、经济、资源与环境所带来的收益。

3.通过对新型技术的研发与利用，对农业生产方案做出优化，实行清洁生产与文明消费，提升资源的运用效率，减少废弃的水、气、渣的排放，协调农业资源与农业生产之间的发展关系。保证社会经济的发展不仅能够供应现在人们的消费需求，同时不会对未来人们的发展造成一定的威胁，最终目的是使社会、经济、资源、环境与人口持续稳定的发展。

二、农业资源可持续利用的途径与措施

（一）农业资源可持续利用的原则

农业资源可持续利用，应遵循以下原则：

1.因地制宜

每个地区农业资源的基本特征不同，特别是农业自然资源方面。在实现农业资源可持续利用方针之前，应对区域农业自然资源进行资料采集以及数据分析，方能拟订农业资源

利用计划与方案。

2. 利用和保护有效结合

农业资源可持续利用，并不是仅仅对农业资源的开发利用，更注重的是，在利用过程中对农业资源的保护。农业资源利用的方法、规模、密度等因素，均在保护范围之内。

3. 经济效益与生态效益相结合

农业资源的利用目的是产生一定的经济效益，在追求经济效益的同时，应维持区域内原有的生态效益，或者优化生态效益。

4. 局部与整体的和谐关系

农业资源所涉及的方面杂而多，农业资源利用的目的需要通过局部性与整体性的和谐统一。农业自然资源、农业社会经济资源以及农业环境资源，每种资源均须实现可持续利用的目标，区域内农业资源的整体性才能完整与高效，农业资源所产生的经济效益与社会意义才能长远。

（二）农业资源可持续利用的措施

1. 合理利用和保护耕地资源

首先需要制定一套完善的节约用地制度，节约用地制度体现的是一种集约的用地方法，对原耕地的用地方式以及新增用地的开发方式提出了要求。而节约集约用地机制，不仅是一套节约用地的长效机制，限制了新增用地的开发方式，同时也对新增用地的开发范围提出了要求。对建设型新增用地，提出了选址要求，其选址不应对耕地造成影响。节约集约用地制度，还需要对土地资源的评价和考核提出一套指标，对于耕地资源而言，应对其种植目的、种植品种、品种年限及产出率提出要求；对于建设用地而言，应对其建设过程监督与管理，保证区域内用地的有效性与生态性。

另外，应将土地有偿使用机制进行改革，将其市场配置范围进行扩展。市场机制也就是产生市场经济效益，对于耕地资源而言，是促进节约集约用地方式的重要因素。对与耕地资源，将其国有土地有偿使用范围进行扩展；对于建设型用地，如工业用地，应将其土地储备制度进行优化，引入市场机制，有限储备盘活闲置、空闲和利用率较低的土地。

2. 大力发展生态农业

在利用自然资源的过程中，应以生态学与生态经济学作为理论依托，以全新的科学技术作为技术指导，以完善系统作为工程方案，让自然资源科学、高效地利用，实现低投入、高产出且维持生态平衡和谐发展的良好局面。

实现生态农业的快速发展，首先，需要培养优秀的生态农业建设人才，指导各个区域生态农业发展。其次，地区政府应在农村普及发展生态农业知识，培养村民发展生态农业意识，并将大力发展生态农业计划有组织、有条理地传达于村干部，形成政府监督村干部、村干部监督村民的紧密结构，将生态农业发展计划进行到底。只有生态农业计划实行，农业资源可持续利用的远景才能实现。在生态农业意识与计划普及的过程中，必须继续研发生态农业生产技术，比如，耕地松土技术、施肥配方技术、浇灌技术等。

3. 强化市场作用

强化市场作用，带动结构优化农业结构优化调整应深入研究潜在市场，找准切入点，进而科学引导农民主动进行农业结构调整，避免盲目调整、被动调整、从众调整和低层次调整，防止结构趋同；建立以产区为中心的区域性批发大市场和专业大市场，通过市场的引导和带动，形成农业主导产业和支柱产业。

4. 加大资金投入，升级农业产业结构

加大资金投入，开辟融资渠道农业产业结构的优化升级，需要市场化运作、分工明确的投融资体系，引导社会资金流向，拓宽产业结构优化的投融资渠道。首先，应增加财政资金投入量，建立财政农业投入的稳定增长机制，形成稳定的财政支农资金来源；其次，应加大农业银行、农业发展银行和农村信用合作社等金融单位的信贷支持力度；最后，应积极引导民间资本和国外资本的投入，开发建设农业生产、加工项目。

5. 提升服务管理

改革管理体制，服务结构优化在宏观管理层面，转变政府工作职能，增强农业社会化服务功能，避免政府职能交叉、政出多门、多头管理，从而提高行政效率。在微观经营层面，应鼓励形成行业协会和大型农业企业，政府将社会职能让位于这些组织，逐渐从直接干预农业中退出。在农业政策方面，加大农业投入比重，完善农业信贷政策，建立农业专项保险制度，降低农业结构调整风险。

6. 构建农业资源核算体系

建立农业资源核算体系，从量上系统地反映农业资源的开发利用状况，以及对资源利用过程中人口、经济、环境以及生态各个因素之间的内在系统性的体现，以数据的形式为资源可持续利用评价提供依照。农业资源核算体系的内容，包含了农业资源的核算方法、核算指标以及核算模型。

建立农业资源核算核算体系，不仅体现了农业各个资源之间的关系，同时统一规范了资源核算计量方法，使得各个区域的农业资源利用状况可统一计量，有效对比。农业资源

核算体系，必须以相应的农业资源开发利用谱系作为评价指标，当核算数据超过指标则农业资源的利用状况不尽乐观，存在潜在危机时，需要及时解决，而当核算数据在评价指标范围之内，则说明农业资源的利用具有可持续性，应保持原有的利用方式与状态，或者可进行优化利用。

7. 加强法制建设和管理

加强法制建设和管理，首先，是将"一个平台、三个系统"有效实行。"一个平台"是指在建设产业集中的区域，通过产业的汇集促进生产主要元素的规模汇集和完善组合，形成竞争的有利条件及发展驱动，营造资本、技艺和英才新高地。"三个系统"，一是现代化产业系统，要求加快构建现代农业及工业主导的产业、高新技术的产业、现代服务产业和基础产业互相扶持、互助成长的产业系统，加快工业化进程；二是现代城镇系统，大力发展城镇化建设；三是自主创新系统，做好科研工作。"一个平台、三个系统"的实施内容要真真切切地落实，在实际工作中还须灵活结合耕地利用相关制度，提高执法监察效果。

其次，建立立体化的监管体系。一是加强天空监管。以国家开展卫星执法监察为台阶，通过技术等提高卫星监测的密度、频率以及范围。通过卫星监测的方式，对所须关注的重点地区、重点时段以及重点项目进行实时有效的动态监测。二是加强地面落实。需要建立一套完善的动态巡查监管体系，对资源各个方面的利用监测应划分职责，明确监察任务。省、市、县要以大管小的模式，将巡查监管的责任落实到地区、岗位以及人，做到人人巡查监管，不留监管死角。三是加强网络化控制。通过网络系统记性监督与管理。传统的资源监管模式，是由下级主动将资源利用数据上报上级，而网络管里则可实现上级可自主通过网络系统，对资源利用数据进行调查。以图纸的形式作为动态检测平台，不仅促进上级对下级工作的监管，同时可以对资源利用计划进行"批、供、用、补"全方位即时监管。

最后，国家相关部门需要有效沟通与紧密配合，如：执法局、建设局、土地管理局等。通过各部门之间的发展目标，营运计划，共同对农业资源的利用情况进行巡查、检查与监察。对违法乱盖的现象严令禁止、对顶风作案的行为严格惩罚。为促进各个部门工作的顺利进行，第一，要对农业资源的有效利用做出一番传播，有效利用的重要性、有效利用的方法等方面的知识应通过教育的方式普及。第二，各部门之间应完善其工作职责，只有各自完善了工作职责，部门之间方能实现有效配合。第三，部门工作需要保持公平、公正的态度，对违法现象及时监察、果断处罚。第四，各个部门的监察工作需要公开透明，一方面，让群众了解政府部门的工作性质、了解农业资源有效利用具备的法律意义；另一方面，满足群众一视同仁之心，让群众自愿监管，自觉实行用地计划。

第三节　发展农业循环经济

一、政府引导农业循环经济的必要性分析

可持续发展始终是一个动态的过程，必须不断积极探索新的实现形式以适应经济社会的发展。正是在这样的背景下，近年来各地方政府和国家有关部委都将目光聚焦在了农业循环经济，普遍认为追赶发展循环经济的时代大潮是农业可持续发展的迫切需要。

（一）农业循环经济是保持农业可持续发展的有效途径

1. 以现代化为目标的农业可持续性要求，将循环经济与农业相结合以改造传统农业

可持续发展既是现代农业的出发点，又是其最终的目标，未来农业发展的趋势就是建立在可持续性基础上的现代化农业，农业发展的可持续性是一个内涵丰富的概念。高旺盛教授指出，主要体现为"三个可持续性"的协调发展，"即生产持续性，保持农产品稳定供给，以满足人类社会发展对农产品的需求的能力经济持续性，不断增加农民经济收入，改善其生活质量的能力，主要体现于农村产业结构、农村工业化程度以及农民生活水平等方面生态可持续性，人类抵御自然灾害的能力以及开发、保护、改善资源环境的能力。这种能力是整个农业发展与经济增长的前提，没有良好的资源基础和环境条件，常规式的现代农业就会陷入不可持续的困境之中"。

然而，传统农业已不能同时满足生产持续性、经济持续性和生态持续性，尤其是在保护农业资源和环境方面显得无能为力甚至产生负面影响。在我国，传统农业生产的初级产品经过加工后，作为商品开始流通，在完成使用和服务价值后，部分商品变成垃圾，加剧了农业面源污染。循环经济源于可持续发展，它是人类发展到一定阶段受自然"胁迫"后反思的结果，发展循环经济就是对可持续发展道路的探索。而针对传统农业所进行的现代化改造，正是循环经济在农业领域展开探索的时代背景和阶段特征。只有在这个特定的阶段，农业循环经济的一系列思路和理念才能在保持农业可持续性和发展现代化农业的目标中发挥最大效用。

2. 循环经济适应农业可持续发展的内在要求，是积极、和谐地实现资源、环境与社会经济的可持续发展

农业作为直接利用自然资源进行生产的基础产业，是人类对自然资源与生态环境影响

最大依赖性最强的产业。农业可持续发展的核心是保护农业资源与环境，农业要实现可持续发展很重要的一点就是实现资源的可持续利用，这是本质所在。农业循环经济以资源的高效利用和生态环境保护为核心，以"减量化，再利用，资源化"为原则，如：畜禽养殖冲洗用水可用于灌溉农田。也就是说，农业循环经济在资源利用方面强调利用自然生态系统中各要素的特性，形成空间上多层次和时间上多序列的立体多维的资源利用系统。

（二）发展农业循环经济有利于促进农民增收

"农民收入是衡量农村经济发展水平的综合指标，是检验农村工作成效的重要尺度。农民收入增长缓慢，不仅影响农村经济的发展而且制约着工业品市场容量的扩大，也不利于整个国民经济的发展"。解决农民增收问题的思路不创新，不下大力气缩小城乡贫富差距，就不可能为我国的加工业和服务业提供大的市场，国内巨大的潜在消费能力就难以真正释放，平稳较快的经济增长就难以保持。

1. 有利于大大提高农业资源利用率，节约农民生产性开支，变废为宝

稀缺性、有限性是农业资源的特点，在客观上要求农业各项生产活动都必须十分珍惜利用农业资源，充分开发利用农业有机资源，尽可能提高农业资源的利用率做到"吃干榨尽"。农业循环经济通过生物之间在生态链中的各个营养能级关系，相应地，使剩余农业有机资源转化为经济产品，投入农业生产过程，替代或增加新的生产要素，使农民获得经济效益增加农民收入。

2. 有利于适度规模化生产经营的形成，变"粗放型"为"集约型"农业生产方式

尽管生态效益和经济效益同为政府和包括农民在内的社会公众所关心，但是在市场经济条件下，一种农业模式能否得到推广关键还是在于它能否带来经济效益。农业循环经济要求根据区域农业资源优势、产业结构特征以及废弃物特征和分布状况，实现区域范围的大循环，这无疑将加快由家庭小生产经营向集约化，规模化大生产经营方式转变，"集体化"可以提高农作物的单位产量，增加农民的生产性收入，并可以解放大量劳动力向城市和农村非农产业转移，增加农民收入的来源形式。例如，在各地蓬勃发展的生态农业旅游、农家乐等都为农民致富开辟了广阔天地。促进农业生产规模化经营不仅可以降低农业生产的成本，增强农业抗风险能力，提高农业生产的经营效益，同时"还可以将市场竞争中长期处于弱势地位的单个农民变为真正具有市场竞争和博弈能力的市场主体，增强农民的市场谈判能力，有效地保护农民权益降低农民的交易成本，增加农民收入"。

3. 有利于促进农民就业，带动人力资源开发

我们依据循环经济原理来分析农业循环经济促进农村人口就业的运行机制。循环经济要求各类产业或企业间具有产业关联度或潜在关联度，能够在各产业间建立起多通道的产业链接，实现产业或企业间的能源共享：提高供应链管理的水平，通过核心业务的选择和调整，进行有效的产业链整合，从根本上提高生产和服务的效率，减少能耗，提高产品和服务质量，提升核心竞争力。产业链的整合会促进产业的延伸和产业间的融合，促使第三产业向第一产业和第二产业的延伸和渗透，以及工业、农业、服务业内部相关联的产业融合提高竞争力，适应市场新需要。

因此，发展循环农业，通过产业链整合促进产业间的延伸整合，可以使内生就业机会增加，有效解决农民就业问题。农业循环经济要求农业生产是产业化的生产，形成一个良性运转的"产业链"或"产业网"。这提高了农业生产效率和人才资源配置效率，增加了农业就业机会。农业循环经济的发展还扩大了劳动密集型的园艺、畜牧、农产品加工等优势产业的规模，可以吸纳更多农村劳动力就业。

二、政府推动农业循环经济发展的对策措施

（一）制度建设是发展农业循环经济的基础

1. 推进农业循环经济法制建设

实践证明发展循环经济的主要杠杆，一是要靠经济、价格政策；二是要靠法律法规，即法律规范机制，就是说要用立法方式加以推进，才能事半功倍。循环经济无论作为一种经济理论还是一种现实的经济模式，要在全社会范围内深入人心，要建立农业循环经济体系，实现农业可持续发展，必须建立一个强有力的法律支撑系统、一个规范的行为准则、一个明确的导向系统。发展农业循环经济是一场变革传统生产方式、生活方式的社会经济活动，需要明确的导向。没有明确的思想和价值观念为其指明方向，没有可靠的行为规范、行为准则来统一其行动，发展循环经济就会陷入混乱。因此，必须加强农业循环经济立法。也只有通过立法，才能把循环经济从一种经济理论转变为人人都能遵守的行为规范。目前，在农业循环经济发展方面，相关的法规制度还十分薄弱，因此，加快有关农业循环经济法治建设工作已是当务之急。应建立和完善农业生态环境保护法、农业废弃物无害化处理与利用标准、绿色农产品认证制度、市场准入制度、生态农业补偿制度以及生态农业发展的激励政策与机制。

法律具有强制和教育、引导的功能。加强农业循环经济立法，可通过发挥法律的强制

作用，扭转农民陈旧落后的思想观念，提高其环保意识，使其逐渐抛弃自私自利的小农思想，用长远的眼光看问题，杜绝短期行为。同时，农业循环经济立法还可以充分发挥法律的引导功能，通过规定经济激励制度、技术支撑制度、信息服务制度及政府的指责等内容，帮助农民解决发展循环经济过程中遇到的资金、技术、信息等问题，化解发展农业循环经济可能给农民带来的风险，消除他们对发展农业循环经济的顾虑。

坚持循序渐进和因地制宜原则。全国性农业循环经济立法要兼顾我国区域发展差异条件下的不平衡性，地方性的农业循环经济立法要因地制宜，结合法律的前瞻性和可操作性，结合本地区的农业资源和生态资源情况、农业生产力发展水平，做到科学立法，增强立法的质量与效益。坚持政府引导和市场推进相结合。农业循环经济的发展要遵循市场经济规律，充分发挥市场经济所具有的市场联系、产品选择、收入分配、信息传递、经济引导与刺激、促进技术研发、供求总量平衡、促进政府执法方式转变和提高执法效能、促进贸易与经济发展等功能。但市场经济的这些功能具有互动性和自发性的特点，互动性和自发性如不受政府的合理干预就会产生市场失灵的问题。因此，发展农业循环经济，必须强调政府适度的服务性、技术性和政策性引导甚至强制干预功能。在农业循环经济立法中，要把市场推进与政府引导结合起来，既要解决农业循环经济发展过程中市场失灵的问题，还要解决历史上形成的政府干预过度问题，不能越俎代庖，做一些本应由市场机制就能解决问题的事情。

坚持农业自然资源的开发利用和保护相结合的原则。自然资源是农业生产赖以发展的物质基础，丧失了自然资源，就丧失了农业的劳动对象，也就无法进行农业生产；农业自然资源受到破坏，就会影响农业生产的持续稳定发展。因此，必须合理利用并注意保护农业资源，才能保障农业的发展，对于开发利用农业自然资源的各种活动，必须加强监督管理。按照生态经济规律的要求，合理开发利用自然资源，并在开发利用过程中，保护好农业自然资源和农业环境，是促进农业生态系统良性循环，实现资源永续利用的关键所在。

2. 建立政府经济激励机制

法律法规体系的建立和完善能够为农业循环经济的发展提供坚强有力的后盾支持，做到有法可依，有据可循；能够规范各行为主体之间的关系。"但法律法规并非循环制度安排的唯一内容，西方国家的循环经济实践表明，经济手段同样具有十分重要的作用"。农业循环经济必须遵循市场经济一般法则，其主体是企业和农户。"经济人"的天然属性要求经济行为必须有利可图，"事实上，无论是传统经济中企业的逐利行为造成的负外部性，还是实施循环经济后所形成的正外部性（生态环境效益），都可通过经济手段予以内部化。

由于企业具有天然的'经济人'特性，使用经济激励可能比强制性制度获得更低的交易成本和更高的效率"。

（二）政府生态服务职能是引导农业循环经济的保障

在我国现代政府范式系统中，生态服务型政府范式被视作服务型政府观念范式的具体表现形式，它是作为观念范式的"服务型政府"和作为操作范式的"生态型政府"相互嵌套和相互契合的产物。"而所谓生态型政府就是指以实现人与自然的自然性和谐为基本目标，将遵循自然生态规律和促进自然生态系统平衡作为其基本职能，并能够将这种目标与职能渗透和贯穿到政府制度、政府行为、政府能力和政府文化等诸方面之中去的政府"。因此，政府引导农业循环经济发展，政府本身应积极构建包括"生态服务型政府"内涵在内的服务型政府，完善政府生态服务职能。换句话说，政府生态服务的价值观念是政府生态服务实现的首要前提，也是政府生态服务实现的规则制度和操作理念及行为的内在灵魂。

从另一个方面来看，市场机制是农业循环经济运行的基础性制度机制，但农业循环经济并不是为经济而经济，它之所以优越于传统的农业经济发展方式，就在于其内含的生态价值导向。一方面，是遵循市场经济的价值规律以使农业循环经济获得强大的生命力，而不至于仅仅停留于对改善环境的美好的理论想象；另一方面，存在于社会认可的经济价值背后的生态价值是农业循环经济发展模式的真正根基。正是如此才使得农业循环经济从短期的经济利益出发，又超越经济利益而兼顾子孙后代赖以生存的生态环境。这样，政府的生态服务职能在农业循环经济生态价值发挥过程中起到关键的主导作用：一是农业生态环境作为比较典型的公共物品，具有广泛的公共意义，明显体现出社会的整体利益、公共利益和长期利益，而作为其他个人与组织都不具比较性的公共代表性的政府就必须承担相应责任。二是农业生态环境问题本身存在一定的跨区域性，其他组织和个人的合法性与强制性以及宏观调控能力都无法和政府相比拟。三是生态公民社会的成长、企业生态责任感的增强还不足以取代政府在生态环境治理中的主导地位；相反，农业循环经济相关企业的生存成长、非政府生态组织的发育发展、公民的生态治理与意识、教育熏陶还需要现代政府发挥特有的培育、倡导和组织作用。四是我国大多数公民视政府为自己依靠的依赖型政治文化环境，更是需要政府在生态环境治理中居于主导地位和发挥主要作用。

（三）引导农民积极参与发展农业循环经济

马克思主义认为，人是一切经济社会发展的主体。人的自由而全面发展，是人类社会发展的终极目标。建设社会主义新农村，人是第一资源，没有农民素质的现代化，就不可能有农业和农村的现代化。

1. 转变农民的思想观念，促进农业循环经济理念扩散推广观念更新是发展农业循环经济的重要前提

农民的思想意识和价值观直接影响着农业经济的发展。要转变农民传统、保守的思想观念，树立循环农业发展观念，增强广大农民群众实施循环农业的积极性和自觉性，为循环农业的实施提供强大的社会基础。因此，在农业教育、宣传中，要将转变其思想观念放在首位，应适时引导他们抛弃传统的小农意识，走出安于现状、不思进取的误区，自己融入发展市场经济和建设现代农业的大潮，使之感到知识经济时代已经到来，生产劳动不再是单纯的体力消耗，而是"技能＋体能""知识＋勤劳"的复合性支出。同时，使他们明白，日新月异的科技进步，突飞猛进的世界经济发展，唯有不断接受教育，积极学、用现代科技，才跟得上社会发展的节拍。要加强对农民的宣传教育，增强农民的资源忧患意识和环保意识，普及循环经济知识，逐步培养起节约资源、保护环境的生产方式和生活方式。

发展循环农业，需要农业劳动者不断学习新知识、掌握新技能，这就要求农民群众树立"终生学习"的理念。当前，农村人力资源开发的一个重要任务是培养农民的学习习惯、再学习能力，培养学习型的农村社会、学习型家庭，让农民经常学习，科学劳作，增大劳动中的知识含量，通过学习指导日常工作，从而减少各种损失，提高效益。

农业循环经济是知识经济。农民群众还要树立"知识致富"的理念。21世纪知识就是经济，谁拥有了知识，谁就拥有了财富。没有知识的土地是贫瘠的，农业人类资源开发，就是要让农民掌握知识，运用知识，耕耘土地，创造财富。开发农民的潜能，在生产中，变"体力劳动为主"为"脑力劳动为主"，运用各种工具辅助劳动，运用各种知识指导劳动，创造财富。

直接面向农民群众的基础领导干部在转变农民思想观念上具有表率作用。在农村现实生活中，一旦正确的政策路线确立后，干部队伍便起着关键性作用。他们直接影响着政策路线的正确实施。因此，转变落后的思想观念，首先是要转变农村干部的思想观念。各级干部要以科学发展观为指导，辩证地认识知识经济增长与环境保护的关系，转变把增长简单等同于发展的观念。在发展思路上要彻底改变片面追求GDP增长而忽视资源和环境问题的倾向，树立资源意识和环保意识。要深刻认识发展农业循环经济对于落实科学发展、实现经济和社会可持续发展、全面建设小康社会的重要性、必要性和紧迫性，牢固树立农业循环经济的发展理念。

2. 继续加大农村人力资源开发投入力度

"在同等条件下，一个具有较高人力资本的农民与土地、自己结合便能够产生更多的产品，创造更多的财富，进而更多地增加农民的收入。人力资本低，产出效率必然低，从而影响农民收入"。政府要加大对农村人力资源建设的投入，在经费上给予大力支持。要增加教育投资力度，继续提高国家财政的教育经费支出比重，使教育费用支持增长率高于国家财政支出增长率。鼓励社会增加教育投入，尤其是鼓励和宣传一部分富裕农民集资捐助教育，为农村教育筹集大量资金。提高个人、家庭对教育的投入。同时，政府为农民提供入学贷款、为大学生到农村创业提供融资、信贷等优惠。此外，政府也应加大对农村营业、卫生、医疗、保健等方面的资金投入，努力改善广大农村地区的自然条件、医疗卫生条件等，为农民身体素质的提高提供资金保证。

农民提高认识、转变观念、参与农业循环经济发展，需要的是信息的充分供给。政府须对现有农业信息传播体系进行集成整合，完善农业循环经济信息网络建设，提高网站质量，扩充信息量，让农民与时俱进；要加强信息标准化建设，构建智能化农村社区信息平台，促进循环农业信息资源共享和开发利用，全面、高效、快捷地为农民提供信息咨询服务；促进农村信息化进程，加快信息进村入户，把政府上网工程的重点放在村组两级，不断提高农村基层适应市场，把握农业、科技发展前沿动态的能力，增强其参与农业循环经济发展的积极性和自觉性。

3. 建立农民群众投身循环农业发展的激励机制

农村广大农民群众的经济参与，是循环农业健康发展的重要保证。我国自 20 世纪 80 年代初推行家庭联产承包责任制以来，许多农村地区长期处于无人管状态，农民各自为政，农业生产无序，水利、机耕路长期失修，农田高度分散得不到有效整治，农业资源得不到充分有效利用，农业生产环境出现恶化的现象，尤其在集体经济完全瓦解的贫困乡村。发展循环农业，号召农民加入循环农业生产，除依靠农民自身的觉悟及个体积极性以外，还须通过农村社区、乡村集体及农民自己的合作组织，建立一套激励机制与规章制度，把农民群众吸引到循环经济发展道路上来。

一是建立村规民约，实行环境保护责任制，规范村民的生产生活行为，提高广大农民群众的生态意识，引导他们进行积肥还田，对生产生活废旧物品进行分类收集和处置，使人人养成良好的生产生活习惯，推进农村循环型社会形成；二是设立乡村社会收旧利废中心或回收站，对乡村居民废弃物进行有偿回收利用；三是设立乡村社区循环农业技术服务社，推进循环农业技术入户，为村民提供循环技术利用辅导；四是在物质和精神上，对努力实践资源循环利用的村民进行激励，给予他们一定的生产、生活、养老、医疗、设施建设投入等补助；五是投资乡村基础设施建设，资助村民兴建沼气池、地头水柜及太阳能、风能、水能、地热等节能设施，科学进行改舍、改水、改厨、改厕，促进广大乡村居民充分利用生产生活中的人力、才力、物力资源及时间、空间，建设新村，改变旧貌。

（四）完善农业循环经济技术推广服务体系

农业循环经济科技推广体系对于农业新技术的大面积推广应用所起的作用是无可替代的，进一步推动循环农业科技进步，必须对农业技术推广服务体系进行优化，完善其农业技术推广功能，促进农业科技成果向农业生产力的转化。循环农业科技推广体系具有不可替代的公益性职能，承担着农业科技成果转化、实用技术推广应用和指导、组织农业标准化生产、推动无公害及绿色食品发展、加强农业质量检验监测以及开展农民素质培训等重要职能，是实施科技兴农战略的主要载体和推进农业技术成果产业化的基本力量。由政府建立一支履行公益职能的推广队伍，是我国循环农业技术成果产业化的客观需求，也是各国农业发展的共同经验。因此，应首先强化政府事业单位作为循环农业技术推广主体的作用，在此基础上建立健全由科研部门、高等院校、科技企业、农民合作组织、科技示范户等多个主体共同构筑的多元化农业科技推广网络体系。

第四节　农业的产业化经营

一、农业产业化经营的兴起

（一）农业产业化经营是社会主义市场经济发展的必然产物

第一，农业生产向广度、深度发展，必然要求优化农业资源配置，提高农业生产要素的利用率。优化资源配置，就是在工农业之间、地区之间、农业主体之间配置有限的资源。配置得好，农业生产效率就高，生产发展就快；反之，效率就低，发展就慢。农业产业化就是遵循市场经济规律，以国内外市场为导向，利用深层机制优化配置资源，最大限度地发挥农业资源的效力。

第二，农业产业化经营就是在经济价值规律的作用下，合理配置城乡资源，促进深层要素的优化组合，从而通过产业统筹，推进城乡经济社会统筹协调发展，推进农村城镇化进程。产业链各主体之间合理利用各种资源，节约人力、财力，是提高资源利用率和劳动生产率的有效途径。

第三,农业专业化分工需要进行农业产业结构调整,进而推进农业产业化经营的形成。在市场经济体制下,农业企业要对投资的最终效果负责,这就迫使决策者必须深入市场调查,密切注视市场动态,根据市场需要来决定投资的方向和规模。作为宏观管理者的政府,也是根据市场供求关系变化的信息来制定调控政策和措施,使调整的决策易与实际市场相吻合,这就可以有效地减少和避免产业发展的盲目性,使农业产业结构大体上能保持动态的协调平衡,从而推进农业内部专业化生产的提高,进而推进农业产业化经营的发展。

第四,农业向现代化迈进,呼唤组织制度创新。社会生产力的发展和进步客观上要求社会生产方式的不断调整和变化,农业产业化经营是适应市场经济发展要求的农业生产经营组织形式和制度的进步,是社会生产力和生产关系矛盾运动的必然结果。

（二）农业产业化经营是产业发展的必然趋势

经济发展的重要前提是产业结构优化,而产业结构优化需要具备两个基础条件:一是产业结构优化设置应适应其自身演进规律;二是产业结构优化调整应以其自身变化趋势为基础。产业结构从低级到高级演化是在特定条件下存在的一种必然趋势。

长期以来,农业之所以属于弱质产业,是因为农业仅限于从事初级产品生产;滞留隐患性失业即剩余劳动力过多。农业产业化经营通过发展集约高效的种养业、农产品加工业和运销业,延伸和扩展产业链,可以吸纳相当多的农村劳动力就业,创造价值,增大农产品附加值。同时,城市里的农产品加工业及其他劳动密集型产业向农村转移,为农村发展第二、第三产业提供更多机会。乡镇企业以着重发展农产品加工业和运销业为战略方向,适当集中,并与小城镇建设结合,从而形成众多强有力的经济增长点,转移更多的农业劳动力。在相同条件下,农业占用劳动力越少,农业劳动生产率就越高,这是现代农业发展的一般规律。现代科学技术普遍地运用于一体化系统再生产的全过程,使农业生产率增长超过工业生产率的增长,大大提高了农业的比较效益,为农业由弱质产业向强势产业转变创造了广阔的空间和现实的前景。各地先行者取得的良好绩效,以雄辩的事实证明,农业产业化经营是高效益的,农业可以转变为强势产业。产业发展理论给农业产业化经营发展提供的理论依据是:农业产业化经营是推进农业由低级向高级进步的重要手段,产业的发展规律要求农业产业化经营必须站在现代经济的角度发展农业。

（三）农业产业化经营是农村改革与发展中矛盾冲突的必然结果

由于农业产业化经营发端于农产品"卖难",根源在于农产品流通体制。所以,分析农业产业化经营要从农产品流通体制剖析入手。

新中国成立以来，我国的农产品经过短短几年的自由购销形式之后，政府相继提出统购统销、合同派购、议价收购等政策。实际上，在新中国成立以后很长时间内，国家一直把统购、议购、派购作为农产品收购的基本形式，再加上国家统一销售、调配农产品，这就形成了传统农产品的产销形式。

这种高度集权的农产品购销政策是国家在特殊的历史背景下采取的特殊政策，对于国家掌握必要的物资，稳定市场物价，保证人民生活的基本需要和进行社会主义建设都发挥了重要的积极作用。但由于这种购销体制违反了自愿原则和等价交换原则，暴露出对农民和经营者统得过死等弊端，不利于发挥他们的主观能动性，严重地剥夺了农民利益。

党的十一届三中全会以来，农村普遍推行家庭联产承包责任制，重建了农户经济，确立了农户作为农村市场经济微观主体的地位，这极大地解放了农村生产力，使中国农业实现了巨大的飞跃。同时，农产品统派购制度已缺乏存在的基础，成为约束农村经济发展的一个因素。购销体制改革成为国家的必然选择。国家经历了一系列改革，到1992年以后，农产品购销全面进入市场化的新阶段，农产品购销政策和形式形成了以市场购销为主、合同定购为辅的新格局。1998年开始，全国取消合同定购，对粮食收购实行保护价制度，敞开收购。但随之也发现了新的问题：与农村经济市场化程度的提高、农产品消费市场的扩大以及农户生产组织的日趋健全和稳定相对照，农产品流通主体结构的改革还是大大滞后于生产经营制度的变革和消费结构的转换，也滞后于商品流通体制中价格体制和购销体制等方面的改革。这种滞后性突出表现为两大问题：一是千家万户分散的小生产和越来越联通一气的大市场之间的矛盾，真正能代表农民利益把农户和市场连接在一起的流通中介组织严重不足，在很大程度上是农民自己去销售自己的农产品。再者，由于传统农业以追求高产为目标，对农产品的市场需求及与此相联系的产品质量和经济效益考虑不够，再加上农作物集中产出与均衡消费的内在矛盾，随着农产品供给形势的好转和社会需求结构的变化，农产品的产销矛盾变得日益突出。农户面对瞬息万变的市场，始终无法摆脱"买难""卖难"的交替困扰。二是农业的生产率和比较效益都较低，使农业在整个市场竞争中处于弱势地位。集中表现在农业生产方式落后，对农业的资金、技术投入不足，产品科技含量低，多数农产品还处于卖原料阶段，加工增值利润外溢，产业链条短，难以形成专业化生产，农业增产不增收，阻碍着我国农业和农村经济整体地继续向前推进。

为有效解决上述问题，必须有一种符合社会主义市场经济要求的能够整体推进农业和农村经济改革与发展的思路。一方面，为了增强农户抵御自然和市场双重风险的能力，除对原有的流通系统进行改造重组、打破其封闭性、增强开放程度外，还必须培育新的流通组织，把分散的家庭经营同集中的市场需求有机联系起来，引导、组织和带动农户进入市场，帮助农户克服自然风险和市场风险，促进小生产向社会化生产转变。另一方面，还必须创造一种崭新的经营方式，把分散的小规模生产与健全的社会化服务结合起来，以形成不改变家庭经营格局的规模经营和规模效益；把传统的生产方式与现代的科学技术融合起来，以加速农业现代化进程；把农产品生产与农产品加工、运销联结起来，以提高农业的综合效益增加农民收入。在这样的背景下，农业产业化经营应运而生，它是我国农村的又一个伟大创举，在农业生产、流通、增产、增收等方面发挥了巨大作用。

二、农业产业化经营的运作规律与启示

（一）农业一体化发展的条件

农业一体化的发展是有条件的，它是生产力发展到一定阶段的产物。这些条件包括以下几方面：

1. 市场经济是农业一体化发展的体制条件

在一体化的体制中，市场体制主要在三个方面发挥基础作用：

①通过市场调节生产要素的优化组合。分布在城乡之间、工农之间以及各种所有制实体中的生产要素，在利益驱动下，借助市场这个载体发生流动和重新组合，再造市场的微观基础，形成新的经济增长点，在经济增量的增值作用下，推动农村经济以及国民经济的加速发展。

②通过市场体系衔接产销关系。一体化经营打破了地域、行业和所有制等壁垒，以市场为纽带，把初级产品的生产、加工和销售诸环节联系起来。各方面在结构和总量上都能有规则地照应起来，从而提高了农村经济增长的质量和经济运行的稳定性。

③通过市场机制来调节各方面的既得利益，从根本上扭转"生产亏本，流通赚钱"的不合理分配格局。

2. 社会生产力发展水平是农业一体化发展的生产力条件

由于社会生产力发展到一定水平，社会分工分业进一步细化，产业间的相互联系、相互依赖性进一步增强，协作、联合的重要性显得更加突出，从而产生了对农业一体化的强烈需要。农产品加工业和农产品购销成为独立的产业部门，现代技术装备和管理知识的广泛运用，则为农业一体化发展提供了必要的物质技术基础。农业生产专业化、社会化、规模化、集约化是农业一体化最根本的内在条件，其中起关键作用的是农业专业化。随着农业生产力的不断发展，专业分工的不断细化，农业不仅与产前阶段和产后阶段的联系越来

越紧密，而且内部分化出越来越多的行业和部门，彼此之间相互紧密衔接，从而形成一个包括从农用生产资料的生产和供应，到农业生产全过程，再到收购、储运、加工、包装和销售各个环节在内的有机体系，组成产业组织生态系统，并通过规范运作形成良性循环。

规模化、集约化生产必然是农业一体化发展的必备条件。如果没有这一条，产品形不成批量规模，就会因为交易成本高、组织成本高、竞争力弱，难以在现代市场上站住脚跟，更难以加入到农业一体化的社会化大生产中去。

至于农业生产专业化（包括区域专业化、部门专业化、生产经营单位专业化和工艺专业化），在农业一体化中更具有核心作用。这是因为它不仅从根本上极大地密切了有关企业的联系，而且还能把各个生产单位分散的小批量生产转化成专门行业的大批量生产，从而大大提高生产率，这对于采用专用机械设备和先进工艺提高农业的规模化和集约化程度极为有利。

3. 农业生产的自然特性和农产品的生物特性是影响农业一体化发展的重要因素

在同样的市场经济条件和生产力水平下，为什么农产品对产加销一条龙的要求比工业品强烈？原因在于农业再生产的自然特性。第一，农业不仅要承担市场风险，而且要承担自然风险，加上农业在劳动生产率与工业的客观差别的历史积淀，单纯农业生产天生具有弱质性，这就要求对农业生产必须进行特殊的保护和倾斜扶持。第二，农业具有生产周期长、市场供应量调整滞后的特点，而农产品需求是常年不断、瞬息万变的，这就增加了供需衔接的难度，一旦发生供需失调，将导致波动期长、波幅大，使生产和市场风险增强。第三，农业生产具有分散性特点，空间跨度大，而商品化消费往往相对集中，独立的小生产者和经营者难以做到产、加、销的有效衔接。所有这些，都使得农产品比工业品更强烈地要求农业开展一体化经营，通过提高三大产业间的组织协调力度，维护农业再生产的持续发展。

同样是农产品，为什么有的产品一体化程度高，有的产品一体化程度低？原因在于农产品的生物特性。首先，是生鲜产品，易腐易烂，保鲜期短，从生产出来到最终消费必须在极短的时间内完成。其次，是活销产品，受生物成长规律的制约，有特定的适宜产出时间，而这一时间与市场需求时间并不总是一致。当市场供不应求时，适时产出，就会卖得快，卖个好价钱；而当市场供过于求时，产品就会出现卖难，价格下跌；如果为适应市场晚产出、超期饲养又会造成亏损运行。因此，对于鲜活产品，促进产加销紧密结合，避免多环节周转，缩短流通时间，加快信息反馈，及早应变调整，具有十分重要的意义。这就是鲜活农产品的一体化程度往往高于其他农产品的原因所在。

同一种农产品系列，为什么有的品种一体化程度高，有的品种一体化程度低？原因在于这种农产品的内在特质不同。农产品的标准化生产是从工业生产引来的新概念。虽然农产品的标准化程度可能永远赶不上工业品，但为了适应农产品加工和消费的特定需求，在现代科学技术的支撑下，加快了农业生产标准化的进程。科技的突出贡献在于培育出了一批具有特定内在品质的优良作物品种，即在特定的蛋白质和油料成分含量等方面不同于一般谷物，且生产过程也与众不同。比如，含油料成分多的油菜籽、加工用的低农药大豆、在加工阶段可以减少砂糖使用量的小麦，还有保存时间长的土豆等。由于这些产品有特定用途，生产成本一般比较高，在生产之前决定加工方式和发货对象，实施一体化经营比一般谷物具有特别的重要性。

4.市场经济体制的确立是农业一体化发展的体制基础，而"非市场安排"则是必不可少的制度条件

农业一体化必须建立在市场经济体制的基础上，并不是说计划作为一种调节手段没用了，农业一体化内部的"非市场安排"仍然是必不可少的制度条件。

早期的资本主义市场经济是建立在完全私有、自由放任的经济学基础上的。由于农业的自然再生产特点和农产品需求弹性较低，一、二、三次产业间的劳动生产率差别客观存在，农业难以获得社会平均利润率，产业之间矛盾日益激化，农产品价格不稳、经济危机困扰着所有企业。面对这些问题，自由经济学一筹莫展。这时以凯恩斯为代表的一批经济学家提出了实行混合经济体制的理论，主张国家干预农业，承认非市场安排。事实也是这样，农业一体化最初都是在抗御中间资本剥削的旗帜下组织发展起来的。在一体化内部也正是通过一定程度的非市场安排，协调三大产业间的关系，实现利益的合理分配，从而塑造一体化长久发展的合理模式。

（二）农业一体化发展的一般规律

农业一体化进程受农产品的生物特性和市场需求等多种因素影响。纵观发达国家农业一体化的发展过程，可以总结出它的演进规律，即农业一体化的发展路线是：农业生产专业化—规模化—产业化。

农业专业化包括地区专业化、部门专业化、企业专业化和环节专业化。地区专业化是指在一个地区专门生产某种或几种农产品。也就是要依据经济效益原则，在空间上合理配置农业资源，充分发挥各地区的自然条件和经济条件。农业部门专业化，指在某一地区或企业内以专门生产某种或某几种农产品作为主导部门，重点发展。主导部门代表一个地区或企业的发展重点、发展方向。产品专业化和工艺专业化是在部门专业化的基础上发展起来的，是专业化的高级阶段。农业专业化与规模化经营相辅相成。专业化把多种经营条件下各个生产单位分散的小批量生产转换成专门企业的大批量生产，这就有利于采用专用机械设备、先进工艺及科学的生产组织形式与管理方式，从而增加产品产量和降低成本，发挥农业规模经营的经济效益。伴随农业生产专业化程度的提高和农业经营的规模化生产，客观上要求发展工业、商业、运输业和各种服务业，并实行农工商综合经营或农业一体化。因为专业化大大密切了农业与其关联产业的联系，如果不同它的前后作业保持衔接，它的生产、经营就会中断。此外，大规模的商品生产要以大规模的市场容量为前提。而市场对初级农产品的需求弹性是很低的，只有通过延长产业链，不断对农产品进行多层次的深加工和精加工，才能扩大市场需求，增大市场容量，提高产品附加值，从而增加农民收入。由此可见，规模化的商品经济发展过程，也就是由多种经营到混合的部分专业化，再到单一的生产高度专业化过程。这个过程表明，农业专业化发展到一定程度，必然导致农工商一体化经营形式的出现。这是符合农业生产关系的发展规律变化的。

1. 农业一体化受生产力发展水平的制约，在地域上一般遵从由经济发达国家（地区）到次发达国家（地区），到欠发达国家（地区）的递进次序。

2. 在同等条件下，受农产品生物特性和市场需求弹性的影响，农业一体化在行业上一般遵从由畜牧水产业（特别是乳业）到果菜业，再到大田作物的递进次序。

3. 受农产品内在品质的影响，对于同一种农产品，农业一体化一般遵从由特质品种向一般品种的递进次序。

4. 农业一体化的演进方向是一体化程度由低到高不断向前推进。这是由生产力由低到高、社会分工由粗到细的发展走向所决定的。

5. 农业一体化的系统功能大于每一部分单独功能的简单相加，形象地讲就是"1+1+1＞3"。农业一体化、产加销一条龙不是几个单元的简单相加，而是一个相互联系、相互衔接的协作系统，各联合单位之间过去的自由买卖、相互割裂关系日益被一种有组织、有计划、相对稳定的市场关系所代替。这种体制通过内部统筹安排，不仅减少了中间环节，降低了交易费用，而且能够扩大生产要素的优化组合范围，实现优势互补，提高资源配置效率，从而产生整合和协同效应。

（三）推行农业一体化经营的基本做法

1. 确立"以工补农"的发展战略，建立有利于农业一体化发展的投入和积累机制。

2. 适应市场经济体制要求，加快生产、经营和服务方式的转变。在生产规模逐步扩大的基础上，实行地区、农场、部门和生产工艺的专业化。通过向关联产业延伸，同关联产业协作、联合，实现经营一体化。按专业化、一体化要求，建立产前、产中、产后全程服务的社会化服务体系，从而大大提高农业劳动生产率和经济效益。

3.强化政府扶持力度,制定健全的促进农业一体化发展的基本政策和法律保护体系。为推进农业一体化,各国政府通过政策、法律、信贷、价格等手段大力扶持。

④大力发展农业科研,推进科技成果转化应用。发达国家都把发展农业科研、推广农业科技、提高生产经营者的科技素质、提高农产品科技含量,作为提高农业一体化水平的战略措施予以高度重视,切实加大投入,使产品的科技含量一般都高达 60% 以上。

参考文献

[1] 李秉龙，薛兴利. 农业经济学 [M]. 第 4 版北京：中国农业大学出版社，2021.04.

[2] 崔海洋. 西南民族地区农业经济研究 [M]. 北京：知识产权出版社，2021.10.

[3] 衣莉芹. 农业会展经济影响路径机理与效应研究 [M]. 北京：知识产权出版社，2021.04.

[4] 孔祥智，钟真，柯水发. 农业经济管理导论 [M]. 中国人民大学出版社有限公司，2021.01.

[5] 向云. 中国南方地区农业经济增长的空间分异与路径选择研究 [M]. 北京：中国农业出版社，2021.08.

[6] 解静. 农业产业转型与农村经济结构升级路径研究 [M]. 北京：北京工业大学出版社，2020.04.

[7] 刘雯. 农业经济基础 [M]. 北京：中国农业大学出版社，2020.08.

[8] 曹慧娟. 新时期农业经济与管理实务 [M]. 沈阳：辽海出版社，2020.01.

[9] 李劲. 农业经济发展与改革研究 [M]. 北京：中华工商联合出版社，2020.01.

[10] 刘佶鹏. 农业经济合作组织发展模式研究 [M]. 北京：中国农业出版社，2020.08.

[11] 罗眉. 农业经济增长动能影响要素分析研究 [M]. 哈尔滨：哈尔滨工业大学出版社，2020.08.

[12] 秦尊文，杨慧，张宁. 长江经济带农业转型发展研究 [M]. 武汉：武汉大学出版社，2020.

[13] 方天坤. 农业经济管理 [M]. 中国农业大学出版社，2019.09.

[14] 张忠根. 农业经济学 [M]. 北京：科学出版社，2019.11.

[15] 邢旭英，李晓清，冯春营. 农林资源经济与生态农业建设 [M]. 北京：经济日报出版社，2019.07.

[16] 高子清，张金萍. 农业经济增长研究 [M]. 国家行政学院出版社，2019.03.

[17] 顾莉丽. 农业经济管理 [M]. 北京：中国农业出版社，2019.12.

[18] 唐忠，曾寅初. 中国农业经济制度创新研究 [M]. 北京：中国农业出版社，2019.03.

[19] 李永东. 农业经济学 [M]. 北京：中国人民大学出版社，2019.10.

[20] 赵丽红，刘薇. 绿色农业经济发展 [M]. 咸阳：西北农林科技大学出版社，2019.08.

[21] 施孝忠. 农业经济管理与可持续发展研究 [M]. 北京：科学技术文献出版社，2019.08.

[22] 朱俊峰. 农业经济基础 [M]. 国家开放大学出版社，2019.01.